Wirklichkeit und Existenz

Mit freundlichen Grüßen

Michael Wolff

8. VI 98

Europäische Hochschulschriften
Publications Universitaires Européennes
European University Studies

Reihe I
Deutsche Sprache und Literatur

Série I   Series I
Langue et littérature allemandes
German Language and Literature

Bd./Vol. 1685

PETER LANG
Frankfurt am Main · Berlin · Bern · New York · Paris · Wien

Michael Vrüsch

Wirklichkeit und Existenz

Doderers Wirklichkeits-
und Literaturverständnis zwischen
Ideologie und Erfahrung

PETER LANG
Europäischer Verlag der Wissenschaften

Die Deutsche Bibliothek - CIP-Einheitsaufnahme

Vrüsch, Michael:

Wirklichkeit und Existenz : Doderers Wirklichkeits- und
Literaturverständnis zwischen Ideologie und Erfahrung /
Michael Vrüsch. - Frankfurt am Main ; Berlin ; Bern ; New
York ; Paris ; Wien : Lang, 1998
   (Europäische Hochschulschriften : Reihe 1, Deutsche
   Sprache und Literatur ; Bd. 1685)
   Zugl.: Düsseldorf, Univ., Diss., 1998
   ISBN 3-631-33559-8

Gedruckt auf alterungsbeständigem,
säurefreiem Papier.

D 61
ISSN 0721-3301
ISBN 3-631-33559-8
© Peter Lang GmbH
Europäischer Verlag der Wissenschaften
Frankfurt am Main 1998
Alle Rechte vorbehalten.

Printed in Germany 1 2   4 5 6 7

Meinen Eltern
Barbara und Heinz Vrüsch

Ich danke
Herrn Prof. Dr. Manfred Windfuhr

INHALT

Einleitung

Heimito von Doderer (1896-1966) gehört einer Schriftstellergeneration an, die dem Vorwurf ausgesetzt ist, einer bürgerlich–konservativen Gesinnung anzuhängen, was sie gleichzeitig verdächtigt, besonders ideologieanfällig zu sein. Im Falle Doderers, der für sich in Anspruch nimmt, die äußere Wirklichkeit möglichst unvoreingenommen zu erfahren und erfahrbar zu machen, führt dies zur zirkulären Argumentation, daß Doderer eine „Ideologie der Ideologielosigkeit" (Hans Joachim Schröder[1]) entwickle.

Die Problematik dieser wiederum ideologiebehafteten Sichtweise bewußt zu machen, ist vorrangiges Ziel dieser Arbeit. Doderer versucht, einer ideengeleiteten, im weitesten Sinne ideologischen Betrachtungsweise durch Ab–Stand zu entkommen, durch einen Abstand, der in der Reproduktion von Vergangenem die gewesene Gegenwart als nicht rationalisierte und damit nicht–ideologische bewußt hält.

Die entsprechende Begrifflichkeit („Apperzeption" = *eigentliches* Gedächtnis ⇨ „erste Wirklichkeit; „Deperzeption" = *uneigentliches* Gedächtnis ⇨ „zweite Wirklichkeit") Doderers, die weitgehend in seinen Tagebüchern entwickelt worden ist, wird philosophisch und literaturtheoretisch bzw. *ästhetisch* eingeordnet und durch die Interpretation ausgewählter Werke fundiert. Aspekte der Philosophien der »Zeitzeugen« Martin Heidegger und Henri Bergson werden zur Verteidigung der Auffassung Doderers vergleichend hinzugezogen. Psychoanalytische Aspekte (Sigmund Freud) werden interpretatorisch eingebunden, sofern sie sich unmittelbar aufdrängen. Weiterführende Anknüpfungspunkte ergeben sich aus den Positionen Th. W. Adornos, Odo Marquards u.a.

Ein Vergleich zwischen den genannten Begriffen Doderers und Theoremen Heideggers, welcher bisher kaum versucht worden ist, zeigt Möglichkeiten auf, den Vorwurf, die literarischen Texte Doderers seien ideologisch motiviert, zu entkräften. Die »Spannung« liegt darin, daß Heidegger ähnlichen Vorwürfen ausgesetzt ist.

Hauptthese ist, daß Doderer versucht, die Erfahrungsbereiche der e i n z e l n e n Existenz innerhalb der durch gesellschaftliche und historische Entwicklungen vermittelteten a l l g e m e i n e n Erfahrung transparent zu machen.

Doderer weiß um den *circulus vitiosus* des Seins, der S c h r i f t s t e l l e r propagiert eine Lösung in der Annahme, daß Literatur als Kunst aufgrund ihres *fiktionalen* (somit nicht notwendig teleologischen) Potentials *trotzdem* Horizonte öffnen kann, die sich nicht unmittelbar *rationalen* Kategorien verdanken, welche

---

[1] Vgl. Hans Joachim Schröder: Apperzeption und Vorurteil, Untersuchungen zur Reflexion Heimito von Doderers, Heidelberg, 1976.

von einer bestimmten Forschungsströmung als wesentliche Kriterien für die Aussagekraft von Literatur erachtet werden. Die existentialistische und lebensphilosophische Dimension in den literarischen Texten und in der Haltung Doderers impliziert eine rationalitätskritische Auseinandersetzung. Sie hinterfragt, inwieweit W i r k l i c h k e i t u n d E x i s t e n z entgegen der bezüglichen Entfremdungs- und Erfahrungsdifferenzen (Subjekt vs. Objekt, Besonderes vs. Allgemeines usf.) dennoch eine *sprachliche* (literarische) Symbiose finden können. Die Dichotomien des Dodererschen Denkens sollen nicht aufgelöst, sondern dargestellt werden, wiewohl gerade sein Werk diesen Anspruch erhebt.

Doderer zählt zu den Literaten, die durch stetiges Sich–Selbst–Infragestellen (in erster Linie in seinem umfangreichen Tagebuchwerk) ihre Produktivität erarbeitet haben, was sich bei ihm insbesondere an seiner *Sprachvereidigung*[2] festmachen läßt und sich in seinem unermüdlichen Ringen zeigt, eine Sprache zu finden, die von Weltanschauungen dispensiert. *Sein* Realismus ist jedoch kein naiver, sondern vermittelt sich gerade durch die Divergenzen zwischen innerer und äußerer Wirklichkeit bzw. Scheinwirklichkeit, um deren Auflösung nicht nur Doderer, sondern natürlich auch seine Figuren zu kämpfen haben.
Die Arbeit konzentriert sich hierbei wesentlich auf die theoretischen Vorstellungen Heimito von Doderers. Die Absicht ist es, Doderers Apperzeptions– und Wirklichkeitsverständnis einerseits in seinen Grundzügen zu skizzieren und zum anderen seine Theoreme von vornherein in einen erkenntnistheoretischen und ästhetischen Gesamtzusammenhang zu stellen. Das philosophische Interesse wird damit in den Vordergrund gerückt. Entsprechenden Ansätzen – insbesondere auch literaturtheoretischer Provenienz – bezüglich ihrer Wirklichkeits*verarbeitung* wird Raum gegeben (vgl. S. 25ff).

Zentral ist Doderers Verständnis der „Apperzeption", die sich einerseits als Organon des Schriftstellers versteht und sich dadurch auszeichnen soll, die subjektive „Präfixierung" von Wirklichkeit zu unterminieren. Auf der anderen Seite wird die Apperzeption zugleich als Konstitutivum für Doderers Begriff der „Menschwerdung" in die literarischen Figuren projiziert. Das so vermittelte Menschenbild entspricht damit der Aufwertung des Individuums gegen die Entfremdung, die aus der Vermassung der modernen Gesellschaft resultiert. Insofern ist Doderer auch ein »Utopist«, zwar nicht im Sinne *großer* gesellschaftlicher Entwürfe, sondern gerade im Gegenteil dadurch, daß er in Rückbesinnung auf den Einzelnen die (im Sinne Adornos) „Nicht–Identität", das Konkrete, dem Allgemeinen vorzieht. „Menschwerdung" meint damit nicht, in der Masse aufgeho-

---

[2]   Vgl. Zitat Doderers, Fußnote Nr. 690, S. 9 in dieser Arbeit.

ben zu werden, *Identität* anzunehmen, sondern die existentielle Qualität gegen die nivellierte Quantität zu behaupten. Es gilt der Selbstvergessenheit, dem „Verfall" (Heidegger) des Einzelnen, die sich eben der Nivellierung verdankt, die jede Konstruktion, jedes System, jede Ideologie, im weiteren Sinne auch *Sprache*, mit sich bringt, durch „Er–Innerung" gegenzusteuern. Der „Apperzeption" wird gegen diese Selbstvergessenheit ein Korrelat zur Seite gestellt, nämlich das Gedächtnis.

Leitgedanke: Dem Gedächtnis kommt sicherlich gerade für den Literaten ein besonderer Stellenwert zu. Erinnern und Vergleichen sind Grundvoraussetzung für das literarische Schaffen, wenn sich Literatur z. B. nicht mit dadaistischen Prosastückchen begnügen will, sondern sich insbesondere auch noch dem R o - m a n verpflichtet sieht, also einer Form, die das Fragmentarische zwar, wie im Falle Doderers[3], vorsieht, dennoch Verbindungen, Verknüpfungen herstellt, ohne daß diese vorschnell als übergeordnete hypostasiert werden.

Im Zusammenhang mit der Bedeutung des Gedächtnisses für Doderer dürften sich die Erklärungen Henri Bergsons als fruchtbar erweisen (vgl. im weiteren S. 51 ff in dieser Arbeit).

Im allgemeinen zeigt sich das Gedächtnis wesentlich durch seinen Wiederholungs–charakter, in der Widerspiegelung früherer Zustände. Es ist damit das Vermögen, Erinnerungen hervorzubringen und diese zugleich auch im Verborgenen (Vergessenen) zu behalten, zu bewahren. Daß das Gedächtnis stetig diese verborgenen Vergangenheitszustände gezielt oder auch unvermittelt zu Verfügung stellt, zeigt, daß es offensichtlich Zugriff auf das *Ganze* (Bergson) der jeweiligen Vergangenheitsstruktur hat. Erst die Doppelfunktion des Gedächtnisses, die sich eben aus dem stetigen Erinnern und Vergessen vergangener Zustände ergibt, ermöglicht dem Gedächtnis gegenüber der Gegenwart zu dispositionieren, das heißt eine gemäße Auswahl zu treffen:

> „Unsere Vergangenheit, <...>, erhält sich notwendigerweise von selbst. Sie überlebt in ihrer Ganzheit. Aber unser praktisches Interesse geht davon aus, sie in den Hintergrund zu drängen, oder wenigstens von ihr nur das aktuell werden zu lassen, was imstande ist, in mehr oder weniger nützlicher Weise die augenblickliche Situation aufzuhellen und zu vervollständigen. Das Gehirn dient dazu, diese Auswahl zu

---

[3] „Streben nach Vollständigkeit ist Apperzeptions–Verweigerung dem notwendig Fragmentarischen gegenüber, ist letztlich Leugnung des Lebens selbst. Denn es steht nicht geschrieben: ‚damit ihr vollständig werdet, wie euer Vater im Himmel', sondern: ‚damit ihr vollkommen werdet ...' Diese Qualität wird nur so viel Quantität an sich reißen – mit einer Art von Gravitation – wie sie bedarf, sich selbst ganz darzustellen." COM 1951–1956, 9. August 1951.

bewerkstelligen: es aktualisiert die nützlichen Erinnerungen und drängt in das Unterbewußtsein die wenigen zurück, die dazu nicht dienlich sind."[4]

Insofern ist das Gedächtnis „*eliminativ*" tätig, um „uns davor zu schützen, von dieser Menge größtenteils unnützen und belanglosen Wissens überwältigt und verwirrt zu werden"[5], was im weiteren bedeutet, daß die Aktualisierung a l l e r möglichen Vergangenheitszustände als *totales* Gedächtnis dasselbe kollabieren lassen würde. Gedächtnis dient damit in der „Normalrepräsentation" dem „*Gebrauch*"[6], ist damit utilitär vermittelt.

Dennoch dürfte es gerade für den Romancier darauf ankommen, diese Eliminationen, die die alltägliche Weltbewältigung aufnötigen, möglichst zu hintertreiben, um sie in Dichtung *aufzuheben* und den Leser damit gleichsam zur eigenen Reflexion (im Sinne von *reflectere* – mithin Gedächtnis) zu inspirieren und Sichtweisen zu öffnen, die ansonsten in der Normalität dieses utilitären *common sense* vergessen bleiben würden.

Die Funktion des Romans wäre insofern durch die Enthüllung *jener* Memoria zu bestimmen, die den gegenwartsbezogenen, pragmatischen Gegebenheiten stetig geopfert wird.

Für den Literaten und den Leser konstituiert sich Gedächtnis notwendig durch, mit bzw. über Sprache. Gedächtnis kann insofern als Sprach-/Schriftvermögen verstanden werden. Das Erinnern geht folglich einher mit der »Sprachfindungsgabe«, die einen Schriftsteller eo ipso wesentlich auszeichnet. Das Produkt, Literatur (mithin Schrift), entspricht daran anschließend einem externalisierten (veräußerten) Gedächtnis; das heißt, es synchronisiert den diachronischen Zeitablauf und fixiert damit die Vergangenheit. Im letzteren dürfte auch die *propädeutische* Bedeutung des umfangreichen Tagebuchwerks Doderers liegen.

Methodische Referenz – Martin Heidegger: Es wird methodisch vorausgesetzt, daß die Existenz (im weiteren auch *Sprache*) der Essenz (»Bewußtsein«) zeitlich vorausgeht bzw. für dieselbe bestimmend ist, *insofern* fühlt sich die Methode dem »Existentialismus« verpflichtet.

---

4   Henri Bergson: Denken und schöpferisches Werden, Kap. „Wahrnehmung der Veränderung", S. 157, Frankfurt am Main, 1985.
5   Vgl. C. D. Broad, zitiert nach Aldous Huxley: Die Pforten der Wahrnehmung Himmel und Hölle – Erfahrungen mit Drogen, München 1970, 1980, S. 17.
6   Vgl. Rudolf Heinz: Pathognostische Äquivalente zu »Erinnern, Wiederholen und Durcharbeiten«, S. 22ff, aus: „KAUM, Halbjahresschrift für Pathognostik, hrsg. von Rudolf Heinz, Bd. 2, »Die kranken Dinge« • I, Büchse der Pandora 1986.

13

Subjektivität im Sinne der „Einheit des Bewußtseins" (vgl. Kap.»Apperzeption bei Kant«, S. 134ff) kann folglich nicht als Prämisse verstanden werden, sondern als epiphänomenale Konstruktion, die selbst an Existenz (Sein, Wirklichkeit) gebunden bleibt. Heideggers Begriff der „Geworfenheit"[7] greift diesen Zusammenhang in zweifacher Hinsicht auf. Einerseits zeigt er, daß sich das Subjekt nicht seiner selbst verdankt, und zum anderen, daß Welt und Sprache oder Welt *als* Sprache und damit natürlich auch»Gesellschaft« dem jeweiligen Subjekt vorgegeben sind. Dieses *geworfene* Subjekt wird quasi *a priori* genötigt, diese *seine* Welt anzunehmen, ohne dafür eigens verantwortlich zu sein. Das»Ich« nimmt so vorfindliche Identitäten an, in Heideggers Terminologie»verfällt« es an vorhandene Strukturen, deren Entfremdungsdifferenz zum Ich d a n n   e r s t zu „destruieren" sind. Inwiefern das „Sein zum Tode" dazu der exklusive Topos ist, um „Dasein" in seiner „Ganzheit" (vgl. SuZ 235ff) *identisch* zu machen, soll hier nicht thematisiert werden (vgl. hierzu Kap.»Martin Heidegger – Phänomenologische Destruktion«, S. 32ff und Kap.»„Das letzte Abenteuer" in einer „existenzial-ontologischen" Lesart« S. 172 ff in dieser Arbeit), sondern die Option, daß das Dasein sich gegen oder trotz der herrschenden Identitäten zu etablieren s u c h t. Somit steht die S u c h e, der W e g im Vordergrund, um Dasein in seiner „Ganzheit" zu konstituieren, das heißt in Überwindung aller Entfremdung zu dekonstruieren, auch wenn dieses Unterfangen letztlich zum Scheitern verurteilt zu sein scheint.[8]

Doderer entspricht durch sein Verständnis der „Menschwerdung" dieser Thematik, sieht in seinem Schaffen sogar selbst existentialistische Züge:

> „Faktisch befinden wir uns, schreibend, in einer gewissermaßen existentialistischen Verfassung, <...>"[9]

Der Mensch ist zunächst bestrebt, sich einer „zweiten Wirklichkeit" anzupassen, sich Befangenheitszuständen hinzugeben, die sich aus intentionaler, rationaler, sprachlicher Welt(v)erklärung ergeben, sich damit für das Subjekt als zweckmäßig und bequem erweisen. Im Zentrum steht daher das Bemühen, sich davon zu befreien, um eine möglichst authentische Sicht zu erlangen, die dann die „erste Wirklichkeit" zutage bringt; eine Wirklichkeit, die in sprachlicher Konkretion aufgeht und das vorschnelle Verabsolutieren hinter sich lassen soll.

---

[7] Martin Heidegger: Sein und Zeit, zuerst erschienen 1927, 16. Aufl. Tübingen 1986, S. 135. Weiter wird nach dem Sigl **SuZ** und der nachfolgenden Angabe der Paginierung zitiert.

[8] Vgl. hierzu etwa Albert Camus: „Er <Heidegger> hält sich in dieser absurden Welt und beklagt ihre Vergänglichkeit. Mitten durch diese Trümmer sucht er seinen Weg." Mythos von Sisyphos – Ein Versuch über das Absurde, Hamburg, Juni 1959, 1988, S. 26.

[9] Vgl. COM 9. Mai 1951. Vgl. auch „existentielle Apperzeption", Tangenten 267.

Der Zusammenhang – *Doderer und Heidegger* – ist verschiedentlich aufgefallen, bisher jedoch kaum angemessen erörtert worden. Anton Reininger sieht Verbindungen zwischen dem Menschenbild Doderers und dem Heideggers, was hier im Zusammenhang zitiert wird:

> „Anfänglich ist die Apperzeption wesentlich Negation. Sie denunziert die Erfahrung, daß das Leben des einzelnen darauf beschränkt blieb, die Verwirklichung von Zwecken zu erreichen, in denen er sich zumeist nicht einmal wiedererkennt. Der Mensch wurde zum Exekutor eines anonymen Willens, über dessen wahre Bedeutung er sich nur zu oft täuschen konnte, indem er sich mit ihm identifizierte, statt seine zerstörerische Kraft zu erkennen. Heideggers Philosophie des 'man' hat ihre Wurzeln im gleichen Erdreich, nährt sich vom gleichen Bewußtsein: jenem, daß die Tage des Individuums in der Massengesellschaft gezählt sind. Die fortschreitende Vergesellschaftung schließt die Menschen zwanghaft in einen Zusammenhang ein, in dem sie ihr Selbstsein verlieren und ihre Substanz einzig in kollektiven Gefühlen und Gedanken haben. Die Wirklichkeitserfahrung verarmt unter diesen Bedingungen zu einem eingeschliffenen Spiel von Reflexen, mit denen das Individuum auf die ihm täglich gestellten Anforderungen reagiert. Das Bewußtsein unterwirft sich unbemerkt dieser Konditionierung und akzeptiert das Bild der Wirklichkeit, das es dadurch erhält, als Wahrheit."[10]

Über diese durchaus zutreffende Bestandsaufnahme hinaus sieht Reininger in der „Apperzeption", die er als „Zerstörung" alter Werte verstanden wissen will[11], lediglich ein Negationsinstrumentarium, das die „Rolle als polemisches Gegenprinzip zum ideologischen Denken auf sich <nimmt>"[12], insofern dialektisch darin selbst verstrickt bleibt. Das heißt die Negation von Ideologie würde die Positionierung derselben bereits voraussetzen. Die Dialektik zwischen Subjekt und Gesellschaft, im weiteren zwischen Besonderem und Begriff anzuerkennen, heißt jedoch nicht notwendig, darin zu zirkulieren. Reininger unterschlägt die *emanzipatorische* Kraft der Apperzeption im Sinne Doderers. Sie ist eben nicht „Revolte gegen die zweckmäßige Rationalität"[13], damit wäre sie in der Tat aktionistisch der selben Ideologie verbunden, die sie zu stürzen trachtet, sondern sie verzichtet gerade auf die Konstituierung dieser Negation, weil sie sich passiv verhält. Die Apperzeption als Unvoreingenommenheit, wie Doderer sie versteht, kann keinen Gegensatz, keine Negation bilden, genausowenig wie sich das Sein konträr bzw. oktroyierend zum Subjekt situiert, wie Reininger meint:

---

[10] Anton Reininger: Die Erlösung des Bürgers – Eine ideologiekritische Studie zum Werk Heimito von Doderers, Bonn 1975, S. 88.
[11] Reininger: S. 196.
[12] Reininger: S. 88.
[13] Reininger: S. 89.

„<wie> HEIDEGGER zielt Doderer auf eine Restauration der Vorherrschaft des Seins über die Subjekte, nachdem diese dem Wahn verfallen sind, die Wirklichkeit sei machbar"[14],

denn das Subjekt modifiziert sich schließlich selbst als Sein, als »Dasein«. Der emanzipatorische Aspekt liegt darin, einen (nicht zuletzt *literarischen*) Standpunkt zu konsolidieren, zumindest anzustreben, der Wirklichkeit (das Sein) nicht *gegen*, sondern *trotz* der ideologischen Entwürfe (politischer, gesellschaftlicher, sexueller Natur) – damit auch der von Reininger oben zu Recht konstatierten Entfremdung des Subjekts – sprachlich wieder sichtbar macht. Darin besteht auch die Problematik »ideologiekritischer Studien«, weil sie selbst ideologieimmanent zirkeln. Nur weil Reininger (und auch H. J. Schröder, vgl. weiter unten) Ideologie schlechterdings voraussetzt, kann er die für Doderer konstatierten ideologiekritschen Motive selbst wieder »ideologiekritisch«, d. h. systemimmanent auf Ideologie zurückführen. E m a n z i p a t o r i s c h sein hieße in diesem Zusammenhang, den Absolutheitsanspruch – alles ist Ideologie, oder nichts ist ohne Ideologie – aufzubrechen, wörtlich: *sich* davon *freizusetzen*.

Hans Joachim Schröder erkennt, trotz seiner sonst akribischen Recherche, den »Heidegger–Aspekt« bei Doderer nur insofern, als daß die „sprachliche Beschaffenheit der späten Tagebücher Doderers" an die Sprache Heideggers erinnere[15]. Darin hat er ohne Zweifel Recht, nur bleibt die vergleichende Analyse aus. »Heidegger« *dient* bei ihm nur dazu, sein »Vorurteil«, daß es sich bei Doderer wie bei Heidegger um eine „total objektlos gewordene Sprache" handele, was von ihm bloß zitiert wird[16], zu bestärken. Es handelt sich damit gleichsam um eine ideologische Restriktion, die sich nicht mehr die Mühe machen muß, erst zu lesen und dann zu urteilen, weil *Heidegger* qua Zeitgeist dem philosophischen »Manierismus« zugeordnet wird, damit ohne weiteres ad acta gelegt werden könne.

Desweiteren wird der *Sprache* von vornherein eine Funktion zugewiesen, nämlich, daß sie sich an „gesellschaftlicher Wirklichkeit" zu orientieren habe, sich ansonsten in ein stilisiertes „Kunst–Leben"[17] verflüchtigen würde. Schröder reduziert Sprache auf ein normiertes (somit ideologisches) Kommunikationsgeschehen, das sich einem (*seinem*?) Sprachverständnis zu fügen hat, nach der

---

[14] Reininger: S. 89.
[15] Schröder: Apperzeption und Vorurteil, vgl. Fußnote 42), S. 435.
[16] „Es befriedigt sich hier eine total objektlos gewordene Sprache mit sich selber." Hans Joachim Schröder zitiert hier Robert Minder: Heidegger und Hebel oder die Sprache von Meßkirch. In: Minder, „Hölderlin unter den Deutschen" und andere Aufsätze zur deutschen Literatur. Frankfurt a.M. 1968, vgl. Apperzeption und Vorurteil, Fußnote „42)", S. 435.
[17] Vgl. Schröder: Apperzeption und Vorurteil, S. 435.

Sprache, die sich diesem *common sense* nicht beugt oder beugen will, in die
Sphäre der Hermetik und des Irrealen abgeschoben werden kann, in der doch
fraglichen Annahme, es gäbe eine Sprache, die Realität »autorisiert« beschreiben
könnte, wie Rudolf Helmstetter zu Recht gegen Schröder einwirft: denn „vielleicht fängt Denken da an, wo der Glaube an approbierte und autorisierte Erklärungen aufhört"[18], oder ergänzend: vielleicht fängt *Literatur* (Kunst) da an, wo
(gesellschaftliche, wissenschaftliche etc.) Erklärungen (eben auch sprachlich)
nicht mehr tragen.

Der Stellenwert der Studie Schröder liegt allerdings nach wie vor darin, daß die
theoretische Komplexität bei Doderer hinsichtlich der Exegese ihrer Herkunft
und Entwicklung sehr weitreichende Darstellung fand. Die Tendenz neuerer Forschungsliteratur, den theoretischen Befund (so sehr er auch bei Schröder tenden-
ziös vermittelt ist) schlicht zu ignorieren, dürfte dem Anspruch Doderers bzw.
seiner Selbstlegitimation als Autor nicht gerecht werden. Ein Beispiel hierfür ist
die Arbeit von Imke Henkel.[19] Sie versucht ernsthaft, gerade die „Wahrnehmung" aus dem (theoretischen) Bereich der „Apperzeption" (die für Doderer
eben ein Synonym für eine spezifizierte Wahrnehmung darstellt und zudem von
existentieller Bedeutung ist) herauszunehmen:

> „Die vorliegende Arbeit nimmt sich vor, die Untersuchung der Wahrnehmung Do-
> derers jenseits des Apperzeptionsbegriffs neu zu beginnen."[20]

Was sie dann der „älteren Forschungsliteratur" (gemeint ist Schröder) als „Irr-
weg der Realismus-Foschung" vorwirft, schlägt bei ihr ins krasse Gegenteil um:

> „<...> kann es doch bei der Analyse der Roman-Bilder nicht darum gehen, sie in
> Bezug zu einer wie auch immer gearteten Vorstellung von Realität zu setzen."[21]

Nun müssen sich auch „Roman-Bilder" reziprok auf *irgend etwas* beziehen; allein wegen ihrer sprachlichen Vermittlung ist schon eine „Vorstellung von Realität" gegeben. Der Vorwurf an die „Realismus-Forschung", daß sie ihren „Realismus platt an der außerliterarischen Realität messe"[22], ist zwar gerechtfertigt,
daraus folgt jedoch nicht ein Eigenleben von „Roman-Bildern", so als gäbe es

---

[18] Vgl. Rudolf Helmstetter: Das Ornament der Grammatik in der Eskalation der Zitate – »Die
Strudlhofstiege« – Doderers moderne Poetik des Romans und die Rezeptionsgeschichte, Mün-
chen 1995, S. 104, vgl. hierzu auch Kap. „Hermeneutische Probleme der »Ideologiekritik«",
S. 95–106.

[19] Imke Henkel: Lebens-Bilder, Beobachtungen zur Wahrnehmung in Heimito von Doderers Romanwerk, Tübingen 1995.

[20] Henkel: S. 37.

[21] Henkel: S. 37.

[22] Henkel: S. 36.

eine autonom „dargestellte Wahrnehmung und Wirklichkeit in Doderers Romanen". Sowohl Schröder als auch in Umkehr Henkel erkennen nicht, daß es sich
i m m e r um „dargestellte Wirklichkeit" handelt.[23]

»Wissenschaft« etwa ist *eine* Modalität von *Wirklichkeit*, genauso, wie Literatur
eine vorstellt.

Paradigmatisch für die Überschätzung der »Wissenschaft«, um auf Schröder zurückzukommen, ist seine einleitende Fragestellung:

> „1.) Wie stellt Doderer sich als Romanschriftsteller den Erkenntnisforderungen der
> Wissenschaft?"[24]

Die „erkenntnistheoretischen Grenzen", die Schröder auch für den Literaten re-
glementierend voraussetzt, lesen sich wie ein Propädeutikum zum »wissenschaftlichen« Procedere und schließen eine *künstlerische* Alternative aus:

> „Daraus folgt zunächst, daß es ein Denken und Erkennen ohne Prämissen nicht
> gibt. Andererseits macht es gerade die Gebundenheit des Denkens an seine Voraus-
> setzungen erforderlich, diese in der Auseinandersetzung mit dem Objekt ständig zu
> überprüfen und gegebenenfalls zu korrigieren. Da weder die Denkvoraussetzungen
> noch die Offenheit von sich aus die Richtigkeit einer Erkenntnis verbürgen, können
> nur in der dialektischen Rückkopplung beider Bedingungen an das Objekt, an die
> Welt der Erscheinungen, verläßliche Wahrheitskriterien gewonnen werden."[25]

Schröder geht hierbei noch einen Schritt weiter, wenn er für die Epik einfordert,
sich an „wissenschaftlichen" Maßstäben orientieren zu müssen.

> „Die genaue Analyse zeigte dann, daß Doderer in seinem Romanen und in seiner
> Reflexion einem 'wissenschaftlichen' Objektivitätsanspruch in keiner Weise ge-
> recht wird <...> Nur äußerlich nähert er <Doderer> sich den fortschrittlichen Be-
> strebungen der Wissenschaft."[26]

Es dürfte unschwer einzusehen sein, daß Schröder hier offensichtlich durch seine
Wissenschaftsgläubigkeit einer Normierung, einem *Vorurteil* unterliegt. Seine

---

[23] Die von Henkel wieder hervorgebrachte Autonomiethese, somit die behauptete Bezugslosigkeit
von „Roman-Bildern" zur *Realität*, ist erkenntnistheoretisch nicht haltbar. Henkel bezieht sich
hier offensichtlich selbst auf einen »älteren« literaturwissenschaftlichen Forschungsstand. Vgl.
hierzu insbesondere die kritische Auseinandersetzung Hildegard Stauchs mit dem von Käte
Hamburger vertretenen Standpunkt einer „absoluten Fiktivität" des Romans als „Nicht-
Wirklichkeitsaussage". Stauch: Kritik der klassischen Literaturwissenschaft, Zur Entwicklung
einer modernen Literaturtheorie, München 1973, S. 99-113.

[24] Vgl. Schröder: Apperzeption und Vorurteil, S. 13.

[25] Vgl. Schröder: Apperzeption und Vorurteil, S. 77.

[26] Vgl. Schröder: Apperzeption und Vorurteil, S. 420/421.

Kritik richtet sich dabei nicht allein gegen Doderer, sondern der *Realitätsanspruch* von Literatur an sich liegt nach Schröder darin, „ob der Roman noch Realitätsbilder zu entwerfen vermag, die in ihrer 'Evidenz' oder 'Stichhaltigkeit' denen der Wissenschaft gleichbedeutend sind."[27] Es kommt Schröder gar nicht in den Sinn, die »wissenschaftliche« Aneignung und Verarbeitung von Wirklichkeit selbst in Frage zu stellen.

Ähnlich wie Odo Marquard (vgl. 43ff in dieser Arbeit) sieht Helmstetter, mit Rückverweis auf Niklas Luhmann[28], zu Recht in der »Wissenschaft« keinen Maßstab gegeben, der sich dann Literatur (bzw. Kunst) zu beugen hätte:

> „Luhmann bricht hier auch mit der fast unüberwindlichen Denkgewohnheit, die »Wissenschaft« habe alles wesentliche bereits gesagt, und die Kunst habe sich daran ehrerbietig zu orientieren. Die Wahrheit wissenschaftlicher Beschreibung der Gesellschaft, die lediglich auf der gesellschaftlichen *Autorität* der Wissenschaft beruht, ist eine Fiktion <...>"[29]

Stellen somit die von Schröder eingeforderten »wissenschaftlichen« „Wahrheitskriterien" nicht vielmehr eine einseitige Restriktion für die Beschreibung von »Wirklichkeit« dar?

Schröder vergißt zudem, daß Wissenschaft und Literatur dasselbe Medium benutzen, nämlich das System der Sprache. Der Unterschied besteht darin, daß der Literat Sprache nicht bloß utilitär *benutzt*, um „stichhaltige" »Ergebnisse« ausweisen zu können, sondern sie ist eigenst sein „Material".[30] Sprache wird damit zwar vorausgesetzt, jedoch nicht bereits von vornherein *übersetzt* in ein Denksystem mit Anspruch auf »wissenschaftliche« Nachprüfbarkeit. Es geht damit vielmehr um die Aufhellung der Sprachlichkeit selber, um – wie sich Doderer ausdrückt – die „Entschleierung der Grammatik".[31] Die „Realitätsbilder" sind somit unmittelbar mit einem *authentischen* Sprachgebrauch verknüpft und leiten sich nicht nach den „Erkenntnisanforderungen der Wissenschaft".

Es ist richtig, daß sich Doderer „in Opposition zur Wissenschaft"[32] setzt. Doderer versucht dabei eine künstlerische Alternative zu einer zweckmäßigen, technisierten, verwissenschaftlichten, letztlich entfremdeten Realität zu konsolidieren. Allein deswegen ist sein Apperzeptionsbestreben nicht vergleichbar mit einem

---

[27] Vgl. Schröder: Apperzeption und Vorurteil, S. 420.
[28] Die Zitation Helmstetters ist nicht nachvollziehbar. Er zitiert nach dem Erscheinungsjahr „Luhmann 1993: 24", S. 201. Helmstetters Verzeichnis bezüglich des Eintrags „Luhmann" endet allerdings mit „Luhmann 1990c", vgl. sein Verzeichnis, S. 423.
[29] Vgl. Helmstetter: S. 201.
[30] Vgl. WdD 167f.
[31] Vgl. hierzu auch Helmstetter: S. 163ff.
[32] Vgl. Schröder: Apperzeption und Vorurteil, S. 419.

rationalen, »wissenschaftlichen« Unterfangen[33], sondern dient vielmehr der Überwindung solchen intentionalen Denkens. Insofern ist die Konstatierung Schröders, daß sich das »Apperzeptionsgeschehen« im „Irrationalen" [34] aufhält, treffend; allerdings *positiv* gewendet: Doderer rückbesinnt sich, um den Heidegger-Aspekt miteinzubeziehen, auf die Existenz, auf das konkrete Leben (darin hat Henkel recht[35]), das allein durch »Rationalität« keine umfassende Bestimmung bzw. Beschreibung erlangen kann.[36] Nicht zuletzt deswegen präferiert Doderer ähnlich wie Heidegger[37] die Aussagekraft von Literatur und Kunst – von Dichtung – gegen die der Wissenschaft.

Das maßgebliche Defizit Schröders besteht darin, daß er die rationalitätskritischen, lebensphilosophischen und existentialistischen Betrachtungen von Wirklichkeit im Zusammenhang mit Doderer nur in Betracht zieht, um auf Doderers

---

[33] Vgl. hierzu auch Theodor W. Adorno: Ästhetische Theorie, Frankfurt am Main 1970, 1973, S. 86ff.

[34] Vgl. Schröder: Apperzeption und Vorurteil, S. 419ff.

[35] Vgl. Henkel: S. 39.

[36] Die Rationalisierungshypostase, der Schröder obliegt, erweist sich zudem durch die Heranziehung von Auflagenzahlen der Romane Doderers. Schröders eigene ideologische Befangenheit zeigt sich gerade in der Interpretation dieser Statistik (inklusive des gleichzeitigen Dementis über die Aussagekraft solchen Unterfangens) :

> „Um eine Vorstellung davon zu geben, in welchem Maß das Werk Doderers bekannt geworden ist, seien hier die Auflagenziffern seiner vier wichtigstens Romane genannt: <...> Die Dämonen 36.-38 Tausend <Stand: 1976 laut Schröder>
> Es versteht sich, daß der Aussagewert solcher Zahlen nur begrenzt und relativ ist."

Dennoch, so Schröder, läßt sich „allgemein höchstens feststellen, daß alle angegebenen Romane einen Leserkreis gefunden haben, der nicht übermäßig groß, aber auch keinesfalls mehr klein genannt werden kann." <sic!> Allerdings bietetet diese »Statistik« offensichtlich genug Potential für eine *soziologische* Einordnung und Spezifizierung der „Leserschaft" Doderers im „Bürgertum":

> „Die Ziffern bestätigen offensichtlich die Annahme, daß Doderers Werk nicht in der Gesamtgesellschaft, wohl aber in bestimmten Schichten des Bürgertums eine gewisse Wirkung erlangt hat."

Schröder weist keine entsprechende Studie nach, die die Auflagenanzahl mit einer bestimmten „Schicht" in Verbindung bringt. Relativiert wird seine Feststellung allein dadurch, daß die Auflage eines Werkes keinerlei Signifikanz über die tatsächliche Anzahl der Leser hergibt, weniger denn über ihre Herkunft. Auch zieht er daraus keinerlei weiterreichenden Schlüsse. Wie sieht es etwa mit den zur »Weltliteratur« gehörenden Werken Goethes aus? Wie sah etwa die »soziologische Struktur« der Leserschaft zu Zeiten Goethes aus? Keinesfalls waren diese Werke der damaligen „Gesamtgesellschaft" bekannt bzw. verfügbar. Der Rang eines Werkes läßt sich damit nicht dem vermeintlichen Klientel abgewinnen, das es zeitgenössisch liest, dann wäre z. B. Konsalik der bedeutendste Autor dieses Jahrhunderts, weil er sicherlich die breiteste Leserschaft anspricht. Vgl. Schröder, Apperzeption und Vorurteil, S. 2.

[37] Vgl. Heidegger: Wozu Dichter?, S. 269ff, in: Holzwege, Frankfurt am Main, 1950, 1994.

Konservatismus zu insistieren.[38] Er erkennt nicht, daß Topoi wie *Liebe, Angst, Sorge, Schicksal, Tod* usw. auf Erfahrungsbereiche des L e b e n s verweisen, denen durch bloße Vernunft – durch »Wissenschaft« – keine adäquate Bestimmung abzuringen ist.

Helga Blaschek–Hahn[39] ist es zunächst zu verdanken, daß sie die Verbindungen zwischen Doderer und Heidegger in einem größeren Zusammenhang aufzeigt. Nur geht es ihr dabei eigentlich nicht um *Doderer*[40], sondern *Doderer* soll exemplarisch – „<die> Wahl fiel auf Heimito von Doderer"[41] – dazu fungieren, eine »Literaturbetrachtung« zu etablieren, die sich aus der kongenialen Überbietung – vor allem hinsichtlich der Sprachstilistik – Heideggers ergibt. Durch ihre Sprachmontage (inklusive der Inflation von Bindestrichen[42]) stellt sich das „intermundane Gespräch" schon fast als persiflierte Initiierung eines Selbstgespräches Heideggers dar; es „ent–spricht so dem An–spruch der Dichtung"[43], wie sie meint. Diese sogenannte *„philosophische* Literaturanalyse", die für ein „spezifisches Nach–Denken" stehen soll, erweist sich – neben der *Heidegger*–Adaption – letztlich als hypostasiertes h e r m e n e u t i s c h e s Verfahren:

> „Sodann soll er <der Text> wiederholt über–**gangen** werden zur Aufarbeit, Aufbesserung oder Instandsetzung – übergehen kommt nun dem lateinischen **renovare** gleich –, und zwar so, daß nicht ein neuer, besserer Text entstünde, sondern daß er in seiner Vollform zur Erscheinung komme, in den gebührenden Stand und Rang gehoben werde, indem Verborgenes und Verschüttetes entdeckt und freigelegt wird."[44]

Daß Literaturbetrachtungen – gleich welcher Art – versuchen, „Verborgenes" sichtbar zu machen, Texte zu dechiffrieren, zu rekonstruieren usw., somit sinnkonstituiv durch „intensives Lesen" <sic! Wie auch sonst?> einen »Über–Gang«

---

[38] Schröder: Apperzeption und Vorurteil, S. 407ff. Schröder verweist hier im wesentlichen auf Jaspers. Vgl. auch S. 374: "Seine Vorstellung von Dialektik bestätigt nur zusätzlich, daß er ein Schüler der Lebensphilosophie sei."

[39] Helga Blaschek-Hahn: Übergänge und Abgründe: Phänomenologische Betrachtungen zu Doderers Roman Die Wasserfälle von Slunj, Würzburg, 1988.

[40] Blaschek–Hahn sieht in den Hölderlin–Interpretationen Heideggers ein Vorbild für *ihren* „Gesprächskontakt" mit Doderer <vgl. Fußnote 6) S. 5>. Aber auch Heidegger *benutzt* Hölderlin (und auch Rilke), um *seinen* »Denkweg« zu transportieren, d.h. auch hier müßte kritisch nachgefragt werden, inwiefern es Heidegger überhaupt um den l i t e r a r i s c h e n Stellenwert dieser Dichter ging.

[41] Blaschek–Hahn: S. 11.

[42] Manche Bindestrichführungen sind an Absurdität nicht zu überbieten, gehören schon fast dem Kabarett an: etwa „An-Knüpfungs-Punkte", „Kon-Kretion", „Aus-ein-ander-setzung", alle S. 37, unter vielen anderen.

[43] Blaschek–Hahn: S. 5.

[44] Blaschek–Hahn: S. 1.

von der Textur (der Schrift) zu *einem* Verständnis derselben schaffen, ist Gemeinplatz. Hybrid wird es, wenn methodisch reklamiert wird, einen Text in „Vollform" in Erscheinung bringen zu können. Daß sich z. B. nicht einmal Emil Staiger und Martin Heidegger darüber einig werden konnten, ob das Wörtchen »scheint« in einem Möricke-Gedicht im Sinne von *videtur* oder *lucet* zu verstehen ist[45], zeigt die Unangemessenheit eines Verfahrens mit Totalitätsanspruch, trotz der Vorbehaltsklausel, es könne sich der "Weg unversehens als Sackgasse"[46] erweisen. Anmaßend wirkt zudem, daß »wir« Leser (Interpreten) Doderers für das vorangestellte *(ganzheitliche)* Verfahren als „Gesprächspartner" rekrutiert werden und allesamt an der „Re-Novierung" von Dichtung in *ihrem Sinne* zu laborieren hätten:

> „Korrektur der eingebrachten Ansätze ist hier kein Mangel, sondern Erfordernis eines Übergangs in ständiger Re–Novierung aller <!> beteiligten 'Gesprächspartner'."[47]

Auch ihr Gedanke, das „Roman–geschehen", im weiteren die „Lebens–Kunst", sei den „Tropoi" „Spiel", „Spielen" verbunden, was sie anhand eines Doderer–Zitats exemplifiziert[48], wo das „Spiel" gegen die Zweckmäßigkeit der Wirklichkeitsbewältigung gesetzt wird, ist keinesfalls so originär (nicht einmal originell), daß „es wünschenswert und lang an der Zeit wäre"[49] eine „Phänomenologie des Spiels" noch vorlegen zu müssen. Daß das »Spiel« ein „Modell des 'wirklichen' Lebens" bedeuten mag, daß es sogar „das Leben und seinen 'Fortbestand'" als „Medium" zu sichern im Stande sei, hält sich in einem *hermeneutischen* Rahmen auf, wie ihn etwa Hans–Georg Gadamer bezüglich des *Kunstgeschehens* längst entworfen hat und der demgemäß hätte zu Rate gezogen werden können:

> „Was lebendig ist, hat den Antrieb in sich selber, ist Selbstbewegung. Das Spiel erscheint nun als eine Selbstbewegung, die durch ihre Bewegung nicht Zwecke und Ziele anstrebt, sondern die Bewegung als Bewegung, die sozusagen ein Phänomen des Überschusses, der Selbstdarstellung des Lebendigseins, meint."[50]

---

[45] Vgl. Wolfgang Kaiser: Die Vortragsreise, Studien zur Literatur, Bern, 1958, S. 45–46.
[46] Blaschek–Hahn: S. 6.
[47] Blaschek–Hahn: S. 6.
[48] Vgl. Tangenten 835.
[49] Blaschek–Hahn: vgl. ihre Fußnote Nr. 65, S. 41.
[50] Vgl. Hans–Georg Gadamer: Die Aktualität des Schönen, Reclam, Stuttgart 1977, 1986, S. 30ff. Gegen dieses Spielverständnis, das synonym für „Lebendigsein" firmieren soll, ließe sich ein Modell setzen, nachdem »Spielen« als stete Aufsichselbstbezogenheit eine zirkuläre Gedächtnisnegierung impliziert. Gemeint ist das Spiel des *Spieler*, der Hasarden, genauer: die Dekadenz der Wiederholung des Immergleichen, wie Walter Benjamin mit Alain ausführt: »„Der Begriff ... des Spiels ... beinhaltet ..., daß keine Partie von der vorhergehenden abhängt ... Das Spiel will von keiner gesicherten Position wissen ... Verdienste, die vorher erworben sind, stellt es nicht in

Gleiches gilt für die Interpretation des Spiels, nach der es nach Blaschek–Hahn als „Drittes", somit Nichtbegriffliches, „zwischen den Zeilen" zu finden sei, so Gadamer:

> „Aber hier <in der Kunst> ist es ein *freies*, nicht auf Begriff zielendes Spiel."[51]

Trotz einiger erhellender Aspekte, auf die noch eingegangen wird, bleibt bei der Arbeit von Blaschek–Hahn der Eindruck des Epigonalen bzw. des Adeptentums. Gerade das, was sie methodisch ausblendet und diskreditiert, nämlich daß es ihr („freilich") n i c h t darum ginge,

> „daß Begriffe, Theoreme oder Denksysteme, die in einer Dichtung 'impliziert', eigentlich aber 'relevant' seien, nun eruiert und expliziert werden sollen, um sie entsprechenden philosophischen 'Richtungen', Schulen oder gar einzelnen Denkern zuzuordnen",

bzw. die Notwendigkeit verneint wird, darzustellen, wie sich „Transformationen <...> zwischen wissenschaftlichen Disziplinen wie Philosophie <sic!>, Philologie, Poetologie" verhalten und sich solche „Transkriptionen ins Werk setzen"[52], zeigt die immanente Unzulänglichkeit auf. Die Überschätzung liegt abschließend darin, daß sie ihren Rekurs auf Heidegger nicht rechtfertigt, genauer: daß sie »Philosophie« schlechterdings mit »Phänomenologie« gleichsetzt, ohne die m e t h o d i s c h e Präferenz dieses Vorgehens darzustellen, sich statt dessen „j e n s e i t s a l l e r disziplinären, methodologischen und terminologischen Fixierung <sic!>"[53] in „hermetische" und *hermeneutische* „Weltengespräche" verliert.

Es geht meiner Arbeit deshalb nicht darum, eine mit Heidegger modifizierte Hermeneutik zu propagieren, sondern i n h a l t l i c h die philosophischen Topoi Heideggers mit Theoremen Doderers zu konfrontieren. Die Philosophie Heideggers wird dabei nicht affirmativ vorausgesetzt, sondern zunächst hinsichtlich ihres methodischen Vorgehens (vgl. Kap. »Martin Heidegger – Phänomenologische Destruktion«, S. 32ff) betrachtet. Im weiteren wird sie für eine philosophische Fundierung des Apperzeptionsverständnisses und der Zwei–Wirklichkeitskonstruktion Doderers in Betracht gezogen.

Rechnung, und darin unterscheidet es sich von der Arbeit <Alain meint damit nach Benjamin eine qualifizierte, 'hochdifferenzierte' Arbeit nicht die 'der meisten Fabrikarbeiter'>. Das Spiel macht ... mit der gewichtigen Vergangenheit, auf die sich die Arbeit stützt, kurzen Prozeß." Vgl. Walter Benjamin: Illuminationen, S. 210, Frankfurt am Main, 1977.

51   Vgl. Gadamer: S. 39.
52   Vgl. Blaschek–Hahn: S. 1.
53   Vgl. Blaschek–Hahn: S.1

Die Aufgabenstellung richtete sich insofern weniger danach, inwiefern Doderer mit der Philosophie Heideggers explizit vertraut gewesen ist.[54] Vielmehr interessiert – neben dem *theoretischen* Vergleich – die Darstellung der existentialistischen bzw. lebensphilosophischen Prägung der literarischen Texte Doderers.[55]

Darüber hinaus müßte an anderer Stelle der Versuch unternommen werden, Doderers Sprachverständnis in Zusammenhang mit den Begriffen „Destruktion" (Heidegger) und „Dekonstruktion" (Derrida) einzuordnen, was somit, wie oben angesprochen, auf eine Entideologisierung von Sprache hinauslaufen würde, genauer: auf die Erkenntnis der Differenz, différence zwischen Sprache und Objekt[56], worin auch Doderers *Modernität* gründen könnte. Entsprechende Verweise sind in dieser Arbeit bereits enthalten.

Textauswahl – Interpretationsbeispiele: Die Interpretationen greifen den allgemeinen Theoriebefund auf. Sie richten sich dabei wesentlich nach dem *Leitgedanken* (Gedächtnis) und den existentialistischen Implikationen (hier insbesondere »Heidegger«). Einige Texte Doderers sind so ausgewählt, daß von einer autobiographischen Verdichtung ausgegangen werden kann, wobei die Lesarten nicht maßgeblich »(Autor-)biographisch« ausfallen, sondern sich vielmehr der in ihnen enthaltenen Theorieprojektionen Doderers annehmen.

Bei den „Posaunen von Jericho" geht es um das Krisenmanagement eines nicht zuletzt durch Alkoholeinfluß[57] gehandikapten Schriftstellers/Erzählers und seiner *Sprachfindung*, womit folglich auch autobiographische Bezüge gegeben sind. Hier kommt primär ex negativum die Bedeutung des Gedächtnisses zur Geltung. Desweiteren finden sich die Bestimmungen zur „zweiten Wirklichkeit" bzw. zur „Deperzeption" maßgeblich wieder; hier werden zusätzlich Freudsche Erläuterungen hinzugezogen, um das neurotische Zwangsverhalten des Erzählers ein-

---

[54] Daß Doderer Notiz von »Heidegger« genommen hat, ist nachweisbar. Vgl. z.B. Doderer/Gütersloh Briefwechsel, S. 235, Brief vom 11. Mai 1958: „Ich frage mich, ob Sie heute vormittags bei der Heidegger-Matinée im Burgtheater waren <...>". Vgl. auch Doderers Heidegger-Zitat in „Merowinger", S. 363 und der Eintrag in COM 1951–1956, 16. Januar 1953, S. 183.

[55] Neben Heidegger muß hierbei auch an Henri Bergson und Albert Camus gedacht werden.

[56] Vgl. auch Helmstetter: „Daher die Probleme mit der Sprache und den Texten: Wohin damit? Sind sie nun innerhalb oder außerhalb der Wirklichkeit? Doderer erklärt in »Grundlagen und Funktion des Romans«, daß der Tod einer Sache Bedingung seiner Erzählbarkeit sei (WdD 158), deutlicher kann man die *Differenz* zwischen Sache und Sprache eigentlich nicht machen." Fußnote 82, S. 94.

[57] Die „Erinnerungen an Heimito von Doderer", München 1972, der Freunde, Bekannten, Verleger etc. sind jeweils durchsetzt mit Beschreibungen von Alkoholexzessen seitens Doderers. Hans Flesch von Brunningen bringt es auf den Punkt: „Aber seine große Selbstbeherrschung kämpfte einen erbitterten und geradezu pedantischen Kampf gegen seine Neigung zum Alkohol", S. 65.

ordnen zu können. Für die Auswahl dieser Erzählung ist mit ausschlaggebend, daß Doderer ihr seine größte Wertschätzung zollt und sie allen seinen Werken voranstellt:

> „Ein scheeler Blick darf nicht fehlen auf's eigene Werk. Als solches bezeichne ich in erster Linie Roman Nr. 7, den ersten Teil <...>, ferner die „Merowinger" und das Divertimento „Die Posaunen von Jericho". <...> Von meinen Nebenarbeiten erscheint mir ein Roman, welcher „Die Dämonen" heißt, als relativ gelungen."[58]

> *„ Von den Werken, die Sie schon veröffentlicht haben, welches ist für Sie <das> vollkommenste, d. h., welchem dieser Werke glauben Sie, daß sich Ihre Ideen über die literarische Kunst und die Rolle in unserer Gesellschaft am besten verwirklicht haben?* Dieses Werk heißt „Die Posaunen von Jericho" und ist im Jahre 1958 erschienen. Es ist, wenn Sie es so wollen, mein Hauptwerk."[59]

Die Leonhard–Handlung aus dem Roman „Die Dämonen" dient zur Kontrastierung der „Posaunen von Jericho" (vgl. S. 116ff). Die entsprechenden Textstellen sind exemplarisch ausgewählt, um die positive Funktion und Ausgestaltung des Gedächtnisses aufzuzeigen. Prägend ist hierbei insbesondere die Sprachtransformation, die der Protagonist durchläuft.

In der Parabel „Der Tod und der Starke" und der Erzählung „Das letzte Abenteuer" firmiert wesentlich der »Heidegger–Aspekt«, das heißt, es geht um »existentialistische« Bezüge mit autobiographischer Referenz. Im „letzten Abenteuer" finden sich zudem bereits alle wesentlichen Topoi, die auch später in Doderers »großen« Romanen zur Geltung kommen, nämlich die »Menschwerdung«, der Lebens–»Umweg« über eine zweite Welt, Schicksalsgestaltung, Apperzeption und Deperzeption, Gedächtnis etc.

> „Ohne Zweifel hat *Das letzte Abenteuer* eine Ausnahmestellung unter Doderers Schriften. Doch sind durch die raffinierte, teils sagenartige, teils historisierende Einkleidung hindurch die zentralen Motive und Themen Doderers fast allesamt kenntlich <...>"[60]

Anstelle einer Zusammenfassung wird die Arbeit mit dem Kap. »Apperzeptive Aussichten – Peter Handke« geschlossen, wo einerseits der *Einfluß* des Amtsrats Melzer aus der „Strudlhofstiege" auf Peter Handke („Das Gewicht der Welt") angeschnitten und zum anderen eine spezifische Fortführung der Dodererschen „Apperzeption" gesehen wird.

Krefeld, im März 1998

---

[58] Vgl. Doderer: Meine neunzehn Lebensläufe und neun andere Geschichten, S. 36.
[59] Vgl. José A. Palma Caetano: Ein Interview; in: Erinnerungen an Heimito von Doderer, hg. von Xaver Schaffgotsch, München 1972, S. 34.
[60] Vgl. Wendelin Schmidt–Dengler: Nachwort zum *letzen Abenteuer*, S. 107.

Wirklichkeit und Wahrheit in Philosophie und Literatur hinsichtlich ihrer dichotomischen Ausprägung

Das nachfolgende Kapitel versteht sich nicht als monographische Darstellung des in der Überschrift angesprochenen Themenkomplexes, sondern will beispielhaft aufzeigen, daß das von Doderer entwickelte Zwei–Wirklichkeitsmodell keine originäre Schöpfung ist. Von der Antike bis in die Moderne ist das Denken in Dichotomien Praxis. Doderers Dualismus von Innen– und Außenwelt, von Sein und Schein bzw. Wirklichkeit und Ideologie (vgl. S. 51f) folgt damit traditionellen Diskussionen zum Realitätsanspruch, nicht zuletzt solchen von Literatur bzw. Kunst selbst.

Wirklichkeit und Wahrheit in der Philosophie

Wirklich ist alles das, was ist. Was nicht ist, ist nicht wirklich, ist allenfalls möglich.[61]
»Wirklichkeit« wird somit zurückverwiesen auf die Existenz, auf das Sein (der Dinge); das Nicht–Sein, die Unwirklichkeit deutet auf den Schein (doxa). Nunmehr müssen Sein und Schein gewissermaßen *entdeckt* werden und geraten somit in den Bereich des Denkens. Anfänglich, bei Parmenides, findet sich das Sein im Denken selbst wieder, genauer: „daß man erkennt, ist dasselbe, wie daß es ist“.[62] Der Schein kommt erst durch jene Menschen („die Doppelköpfigen“) in die Welt, die versuchen das Nicht–Sein zu denken, was jedoch eigentlich unmöglich ist, „denn niemals kann erzwungen werden, daß ist, was nicht ist.“[63] Hieraus ergeben sich zwei Ausgänge: zum einen der Weg des Irrtums ins Dunkle und zum anderen der Weg ins Licht der Wahrheit, wo die „Zeichen“ des Seins gelesen werden sollen.

Bei Platon werden die Seins– und Scheinssphären genauer ausdifferenziert, wobei der *Schein* nicht Falschheit indiziert, sondern zu *Erscheinung* konnotiert. Geschieden wird zwischen der Ideenwelt und der Sinnenwelt. Das eigentliche Sein

---

[61] Im Kern entspricht diese Explikation dem »Satz der Identität« bei Kant: „Es gibt zwei unbedingt erste Grundsätze für alle Wahrheiten, den einen für die bejahenden Wahrheiten, nämlich den Satz: alles, w a s   i s t ,   i s t , den anderen für die verneinenden Wahrheiten, nämlich den Satz: a l l e s ,   w a s   n i c h t   i s t ,   i s t   n i c h t . Beide zusammen werden allgemein der Satz der Identität genannt.“ I. Kant: Werke in 6 Bänden. Hrsg. von Wilhelm Weischedel. Bd. 1. Wiesbaden: Insel Verlag 1960. S. 409–415, 423–439. Hier aus Geschichte der Philosophie in Text und Darstellung in 8 Bänden, 6. Bd., Rationalismus, S. 378.
[62] Vgl. Parmenides, hier aus: Die Vorsokratiker, Griechisch/Deutsch, Reclam, Stuttgart, 1983, 1991, S. 317.
[63] Parmenides: S. 319.

ist das Reich der Ideen (*Ort des reinen Gedankens*), wo die Urbilder aller Dinge in »Ewigkeit« versammelt sind. In der stetig werdenden und vergehenden *Sinnenwelt* ist nur die Teilhabe an den Ideen möglich, wodurch die Dinge zu *empirischen* Repliken der Ideen werden. Für den Menschen ist das Wissen um die Ideen angeboren. Deswegen kann die empirische Umwelt nur dann kognitiv verarbeitet werden, wenn die präexistenten Ideen[64] wiedere r i n n e r t (Anamnesis) werden, bzw. weil die „unsterbliche Seele" als Kontinium Anteil an den Ideen hat („denn da die ganze Natur unter sich verwandt und die Seele alles innegehabt hat"), womit sich natürlich elementar G e d ä c h t n i s initiiert.[65]

Im Gegenzug zu Platon nimmt Aristoteles nicht einen abgetrennten, für sich bestehenden *Ideenhimmel* als eigentlich wirklich an, sondern sieht erst die Zusammenkunft von F o r m (*eidos*) und M a t e r i e (Stoff, *ulae*) als verwirklichte **existentia**[66] an.

Für Aristoteles ist die Materie nur jähe Möglichkeit. Sie ist für sich genommen zum einen unbestimmt bzw. *prädikatenlos*[67], zum anderen ist sie veränderlich. Erst durch die Formgebung als e s s e n t i a wird Seiendes als das, was es ist, ins tatsächliche Leben gerufen.

> „Die Form wurde ausgelegt als Phase, worin das Seiende ist. Auch das wesentliche Wassein war wesentlich Form, eine Form ausgezeichneter Art. Es ist die Phase, in die ein Seiendes (das sich damit als Materie) bestimmt am Ende seiner Entstehung gelangt als Grenze und Ziel des Werdens, worin es, solange es dieses Seiende ist, ruht, und die es im Vergehen verläßt."[68]

Aufgrund der Unbestimmtheit der Materie kann das, was Seiendes in Wirklichkeit ist, auch nur in der Form als Wesensgrund jedes Seienden gesucht werden. Die reine (letzte) Form besteht ohne jegliche Möglichkeit (Seinkönnen) und somit ohne Materie als die reine Wirklichkeit[69]. Sie ist der *unbewegte Beweger*, die reine Vernunft als Gott[70]. Die Form bestimmt als (Ur–)Grund letztlich das, was die Wirklichkeit in ihrem Was–Sein in Wahrheit ist.

---

64   Vgl. Ernst von Aster: Geschichte der Philosophie, 17. Aufl., Stuttgart, 1932, 1980, S. 68.
65   Vgl. Platon: Menon, aus Sämtliche Werke, Bd. 2, Hamburg 1957, 1986, Kap. 4: Die Wiedererinnerungslehre, 80 d 5, S. 21f.
66   Es sei hier angemerkt, daß die lateinischen Worte „essentia" und „existentia" erst später, wohl durch Cicero bzw. Victorinus, geprägt worden sind. Vgl. hier auch: Erich Schönleben, Wahrheit und Existenz, S. 177f.
67   Aristoteles: Metaphysik, Reclam, Stuttgart 1984, 1987. 1029 a 20 ff, 1049 a 36 ff.
68   Walter Bröcker: Aristoteles, S. 206.
69   Walter Bröcker: Aristoteles, S. 218/219.
70   Vgl. Metaphysik: 1072–1073.

„Deshalb müssen auch die Prinzipien des ewig Seienden die in höchstem Grade wahren sein; diese nämlich sind nicht nur bisweilen wahr, und es gibt keine Ursache für ihr Sein, sondern jene sind für die anderen Dinge Ursachen des Seins, so daß also sich jedes Ding so zur Wahrheit verhält, wie es sich zum Sein verhält."[71]

Die Wahrheit bezieht sich somit auf das tatsächliche Sein bzw. auf die Verwirklichung durch die Form; sie entsteht jedoch erst durch den Menschen. Ausgehend von *seinem* Satz des Widerspruchs ist die Möglichkeit (das Vermögen) ein Dispositionsbegriff. Dem Vermögen nach wird nämlich Gegenteiliges zugleich ausgesagt,

„<...> wie etwa das, wovon man sagt, es sei vermögend, gesund zu sein, ist wie das, wovon man sagt, es sei vermögend krank zu sein – und zwar zugleich. <...> Es ist also das Vermögend–sein zu den Gegenteilen zur selben Zeit vorhanden."[72]

Dem Vermögen nach wird also Wirklichkeit und Unwirklichkeit, potentiell Wahres und Falsches zugleich angenommen. Erst durch die Verwirklichung bzw. die Nicht–Verwirklichung eines möglichen Zusammenhangs kann über Wahrheit bzw. Falschheit dessen entschieden werden. Die Möglichkeit bleibt bezüglich ihres Wahrheitsgehalts indifferent, denn etwas kann so oder nicht so *sein*. Die Wirklichkeit als Verwirklichung hingegen ist notwendig wahr, denn es ist ja so, wie es *ist*.

„Das Sein aber im Sinne des Wahren und das Nichtsein im Sinne des Falschen gibt es einerseits in der Bedeutung, daß etwas wahr ist, wenn es zusammengesetzt ist, und falsch, wenn es nicht zusammengesetzt ist; andererseits in der Bedeutung, daß etwas ist, »so ist«, und wenn es nicht so ist, nicht »ist«. Wahrheit aber ist hier, die Dinge zu denken. Falsches aber oder Täuschung gibt es da nicht, sondern nur Unwissenheit <...>."[73]

Aristoteles macht darauf aufmerksam, daß es Falsches nicht in den Dingen gibt, sofern sie das sind, was sie sind, sondern nur in der Einschätzung bzw. in der Beurteilung durch den Menschen, der behauptet, daß die Dinge nicht das sind, was sie sind. Wahrheit wird somit als das *übereinstimmende* Denken mit dem Sein bestimmt. Dieses sich gründende Verhalten der Wahrheit zum Sein erfährt in der Scholastik (es wird hier nur auf Thomas von Aquin zurückgegriffen, da gerade er für Doderers Wirklichkeitsverständnis eine zentrale Rolle spielt) eine Wendung zu Gott, die bei Aristoteles bereits angelegt worden ist. Die Wahrheit wird in Gott als das Sein gefunden, konkret:

---

[71] Metaphysik: 993 b 25.
[72] Metaphysik: 1051 a 10.
[73] Metaphysik: 1051 b 30/35.

„Gott aber ist die Wahrheit, <...>"[74]

Analog der aristotelischen Analyse stellt Thomas von Aquin fest, daß Gott als die reine Wirklichkeit (actus purus) frei von jeder Möglichkeit (potentialis) existiert[75]. Deswegen ist Gott vollkommen, da in ihm alles Wirkliche –

> „es heißt nämlich etwas vollkommen dementsprechend, als es wirklich ist; denn vollkommen heißt, wem nichts fehlt in Betracht seiner Vollendung <...>"[76]

– zusammenkommt. Gott ist die „Urheit" allen Seins, er ist die Wesenheit des Seins („esse essentia"[77]). Da Thomas eine Identität zwischen Sein und Wahrheit sieht und somit einen ontologischen Wahrheitsbegriff präferiert, das heißt alles Seiende ist notwendig wahr, bzw. alles Wahre ist notwendig seiend[78], fällt folglich die Wirklichkeit sachlich mit der Wahrheit zusammen, und beide finden ihre Ursache in Gott.[79] Die dem Menschen gegebene Wirklichkeit entsteht hierherrührend durch die Analogie (Ähnlichkeit) zur Wirklichkeit Gottes, der a n a l o g i a   e n t i s :

> „Ist also etwas, das nicht in einer Gattung enthalten ist, ein Tuendes, so werden seine Wirkungen in noch entferntere Ähnlichkeit mit der tuenden Wesungsform zu stehen kommen, freilich nicht so, daß sie an Ähnlichkeit mit der tuenden Wesungsform dem nämlichen Art– oder Gattungsbegriff nach, sondern einem irgend wie beschaffenen Gleichmaßverhältnis (analogiam) nach teilgewinnen, gerade wie das Sein selbst allen gemein ist. Und in dieser Weise ist alles, was von Gott herrührt, ihm selbst, insofern es seiend ist, als der vordersten und alleinslichen (universali) Urheit des gesamten Seins angeähnelt."[80]

Kants Agnostizismus entzieht die Existenz bzw. die Wirklichkeit dem theologischen Zugriff. Die Wirklichkeit gründet nicht in Gott, sondern in der empirischen Aneignung des Menschen. Kant grenzt den Wirklichkeitsbegriff auf die Möglichkeit der Erfahrbarkeit der Dinge ein. Nur wenn die Dinge mittels Wahrnehmung, Empfindung bewußt gemacht werden, kann von ihrem wirklichen D a s e i n ausgegangen werden. Der Begriff, die Vorstellung allein eines Dings, besagt nur dessen Möglichkeit, erst durch die tatsächliche Wahrnehmung, mithin

---

[74] Thomas von Aquin: Summe der Theologie, 1. Bd., S. 18.
[75] Thomas von Aquin: Summe der Theologie, 1. Bd., S. 27.
[76] Thomas von Aquin: Summe der Theologie, 1. Bd., S. 42.
[77] Thomas von Aquin: Über Seiendes und Wesenheit, S. 49.
[78] Vgl. Summe der Theologie: Einleitung des Hrsg. Joseph Bernhart, S. LX.
[79] Dies betrifft die göttliche 1. Wahrheit, vgl. hierzu S. 87f.
[80] Thomas von Aquin: Summe der Theologie, S. 47.

Verknüpfung von Verstand und Wahrnehmung[81], kann von Wirklichkeit die Rede sein,

> „denn, daß der Begriff vor der Wahrnehmung vorhergeht, bedeutet dessen bloße Möglichkeit; die Wahrnehmung aber, die den Stoff zum Begriff hergibt, ist der einzige Charakter der Wirklichkeit."[82]

Kant zeigt auf, daß Wirklichkeit mit dem Begriff der Erfahrung korrespondiert und somit erst gegenüber einer zunächst nur behaupteten Wirklichkeit verifizierbar wird. Denn der bloße Begriff von Seiendem allein besagt noch nichts über das wirkliche Dasein der Dinge.[83] Die reine Wirklichkeit entspricht nach Kant der Objektivierung der subjektiven Erfahrung, die sich in Verbindung der apriorischen Begriffe R a u m und Z e i t mit den reinen Verstandesbegriffen als tranzendentallogische Wahrheit findet, die selbst in der ursprünglich–synthetischen Einheit der A p p e r z e p t i o n gründet[84]. Die transzendentale Deduktion erweist sich letztlich als f o r m a l e r Geltungsbereich (a priori), in dem „empirische Tatbestände", also die Wirklichkeit (a posteriori) ihren „Rechtsgrund der Gültigkeit"[85] erhalten. Insofern sind die für die Wirklichkeit bindenden Konstanten in der Erkenntniskraft des Menschen selbst zu finden, bzw. die Erkenntnis richtet sich nach den apriorischen Begriffen des (menschlichen) Verstandes im transzendentalen Subjekt.

Kant hält an dem Dualismus zwischen Subjekt und Objekt fest. Die Wirklichkeit zeigt sich dem Menschen lediglich als Erscheinung, die zwar *begrifflich* (formal-objektiv) gefaßt werden kann. Der Zugang zur *reinen Wirklichkeit* jedoch als „Ding an sich" – letztlich das Sein selbst – muß aufgrund der mangelnden Erkenntniskraft des Menschen notwendig verschlossen bleiben.

Exkurs

Die Bezeichnung „Ding an sich" verbirgt einen Antagonismus, der dazu verführen könnte, eine Zweiweltentheorie aufzustellen:

> „Der Ausdruck »Ding an sich« ist kennzeichnender als der Ausdruck Noumenon, weil er den Widerspruch unmittelbar in sich selber trägt. Als »Ding« kann nur Erscheinung gedacht werden; »an sich« besagt, daß es nicht Erscheinung sein soll. Noumenon heißt das Gedachte, aber was darin gedacht ist, ist undenkbar.

> Erscheinung und Ding an sich sind logisch als gegenständliches Wissen ein unhaltbarer, aber im Scheitern unumgänglicher Gedanke. Er verführt, wenn er als ein haltbares Etwas genommen wird, zu einer Verkehrung. Es entstehen zwei Welten,

---

[81] Immanuel Kant: Kritik der reinen Vernunft, S. 315, im weiteren nach dem Sigle **KrV** zitiert.
[82] KrV 302.
[83] KrV 301/302.
[84] Vgl. Kap. Apperzeption bei Kant S. 134 in dieser Arbeit.
[85] Karl Jaspers: Die großen Philosophen, Erster Band, München 1957, 1989, S. 436/437.

eine Vorderwelt und eine Hinterwelt, eine Weltverdopplung. D a n n   k a n n   e s
s c h e i n e n ,   d a ß   b e i d e   f ü r   s i c h   b e s t e h e n ,   e i n e   s i c h   a u f
d i e   a n d e r e   b e z i e h t .   D a n n   w i r d   d i e   z w e i t e   W e l t ,   d i e
H i n t e r w e l t ,   z u   e i n e m   R e i c h   v o n   P h a n t a s m e n ,   d e r e n
I n h a l t e   a l l e   a u s   d i e s e r   W e l t   s t a m m e n . "[86]
(Hervorhebung durch den Verfasser)

Diese „Weltverdopplung" entspricht, übertragen auf die psychologische Ebene,
in ihrer Schematik dem Zwei–Wirklichkeitsmodell Doderers. Beide Wirklichkeiten Doderers beziehen ihre Informationen aus ein und derselben Welt, konstituieren sich jedoch diametral. Der Ist–Wirklichkeit (Doderers erste Wirklichkeit) wird eine zweite Soll–Wirklichkeit, die sich durch „Phantasmagorie" vermittelt, entgegengesetzt (vgl. hierzu S. 51f in dieser Arbeit). Daß solche
Scheinwirklichkeiten lediglich Effekte der *realen* Wirklichkeit sind, steht für
Kant außer Zweifel:

> „daß jede Vorstellung äußerer Dinge zugleich die Existenz derselben einschließe,
> denn jene kann gar wohl die bloße Wirkung der Einbildungskraft (i n   T r ä u -
> m e n   s o w o h l   a l s   i m   W a h n s i n n) sein; sie ist es aber bloß durch die
> Reproduktion ehemaliger äußerer Wahrnehmungen, welche, wie gezeigt worden,
> nur durch die Wirklichkeit äußerer Gegenstände möglich sind <...>"[87]
> (Hervorhebung durch den Verfasser)

An dieser Stelle stellt sich die Frage, inwiefern für das Subjekt, das träumt oder
sich im Wahn befindet, die Referenz *seiner* (zweiten) Wirklichkeit überhaupt
Relevanz erkennen läßt; für den *Wahnsinningen* i s t seine Welt offensichtlich
real. Zugespitzt: gäbe es keine anderen (*Gesunden*) als Korrektiv, wäre seine sogar die einzig mögliche Welt.
Zu untersuchen, wie sich solche Wahnvorstellungen konstituieren, ist sicherlich
nicht Aufgabe einer „Kritik der reinen Vernunft". Anhand der Funktion des Gedächtnisses kann der Vorgang aber ansatzweise dargestellt werden.
Den entscheidenden Wink gibt Doderer selbst, der anschaulich den möglichen
Übergang vom Traum zum Wahn beschreibt und damit ex negativum auf die
konstitutive Bedeutung des Gedächtnisses hinsichtlich der Permanenz von Wirklichkeit, das heißt das *Andauern* derselben, aufmerksam macht:

> „Abends, wenn mein Kopf beim Zurückliegen das Kissen berührt, tritt in diesem
> Kopfe die Traumstimmung der zuletzt durchschlafenen Nacht hervor, als wollte
> diese heutige daran wieder anschließen, den Traum fortsetzen, <...>
> Schlösse eine Nacht wirklich an die andere, gäbe es ein Kontinuum der Nächte und
> Träume, einen dauernden Zusammenhang, träte hier in den Traum das *Gedächtnis*

---

[86]   Jaspers: S. 446.
[87]   KrV 307.

(und manchmal ist es nahe an dem): wodurch, frage ich, unterschiede diese Folge der Befangenheiten sich noch von einem zweiten Leben?"[88]

Die Pathologie dieser Traumfolge läßt sich *positiv* gewendet auf die Wirklichkeitsherstellung übertragen. Das „Kontinuum", das als Traumgedächtnis den völligen Realitätsverlust verursacht, garantiert gleichsam im *Wachzustand* den Fortbestand des Wirklichkeitsbezuges im »ersten Leben«. Die Schlußfolgerung läge nahe, daß zwischen »erstem« und »zweitem« Leben kein qualitativer Unterschied bestünde. Die Differenz besteht hingegen in der absoluten Selbstreferentialität des Traumkontinuums, in dessen innerer Abgeschlossenheit, das heißt unter Ausschluß *äußerer* Informationen, das Gedächtnis sich immanent – gleich einer Psychose (vgl. S. 85f in dieser Arbeit) – selbst spiegelt. Gegen diese (Be-)Gefangenheit wird im »ersten Leben« das Bewußtsein, mithin das Gedächtnis, durch die Insistenz („Beharrlichkeit"[89]) der *externen Dinge* gezwungen, sich stets neu herzustellen.

Das „Ding an sich" wird in dieser Hinsicht von Kant auf seinen Funktionscharakter reduziert, um zu vermeiden, daß die Vorstellung eines Dinges mit dem selbigen zusammenfällt (bzw. daß ein Traum *sich selbst* ad infinitum träumen können sollte) –

> „ferner ist dieser Begriff notwendig, um die sinnliche Anschauung nicht bis über die Dinge an sich selbst auszudehnen <...>"[90] –

wie es etwa in dem sensualistischen Postulat des „esse est percipi" Berkeleys wiederzufinden ist, nachdem die Außenwelt vollends geleugnet wird[91], denn auch hier würden die Wahrnehmung und das Objekt der Wahrnehmung zusammenfallen bzw. selbstreferentiell kollabieren. Insofern wird das „Noumenon" („Ding an sich") zum „G r e n z b e g r i f f", „um <diese> Anmaßung der Sinnlichkeit einzuschränken, und also nur von negativem Gebrauch".[92] (*Positiv* gewendet, wäre diese *Grenze* keine Beschränkung, sondern, wie bei Doderer, eine anzustrebende infinitesimale Größe, vgl. S. 69f in dieser Arbeit.) Gleichwohl bleibt *das* „Ding an sich" für Kant nur „Gedachtes", welches nicht *real* auftritt, sich selbst also nicht anzeigen kann, was bei Hegel dazu führte, diese Differenzierung, die eigentlich keine ist, sondern der lediglich regulativer Charakter inhäriert, fallen zu lassen.

---

[88] Tangenten 203.
[89] KrV 304f.
[90] KrV 341.
[91] Vgl. George Berkeley: Eine Abhandlung über die Prinzipien der menschlichen Erkenntnis, Hamburg, 1979.
[92] KrV 341.

Führt bei Kant jedes metaphysische Postulat, das empirisch nicht rückführbar ist, notwendig zu Antinomien – d.h. die Negation der Behauptung ist implizit, da eben Position und Negation den Erfahrungsbereich überschreiten und somit nicht belegt werden können –, so sieht Hegel gerade in dieser Dialektik die Wirklichkeit selbst aufgehoben. Was Kant als metaphysische Spekulation ablehnt, wird bei Hegel zur Methode[93]. Hegel versucht die Differenz zwischen Subjekt und Objekt aufzuheben. Es sind nicht – wie bei Kant – nur die Erscheinungen als Wirklichkeit, die wir erkennen, sondern die Dinge selbst. Subjektives Denken und objektive Gegebenheiten stimmen überein, sie sollen letztlich eine Symbiose (Synthese) bilden, sich somit als Identisches erweisen. Die von Kant aufgedeckten Antinomien finden sich folglich nicht nur im subjektiven Denken, sondern in der Objektwelt selbst. Die (reine) Wirklichkeit konstituiert sich dann über ein evolutionäres, begriffliches Denken („dialektische Triade"), das über Thesis und Antithesis zur absoluten Idee fortschreitet, mithin zur reinen Wahrheit.

> „Hier zeigt sich, daß der Grundwiderspruch, nämlich der Gegensatz zwischen Subjekt und Objekt, zwischen Bewußtsein und Sein, durch eine immer vollkommener werdende Erkenntnis überwunden werden soll, die in der absoluten Idee gipfelt. Über sie schreibt Hegel am Ende der *Wissenschaft der Logik*, ihr allein komme Wirklichkeit zu, sie allein sei `Sein, unvergängliches *Leben, sich wissende Wahrheit* und <...> alle Wahrheit.` Aus diesem Kontext geht hervor, daß die absolute Idee durch die systematische Selbstreflexion des historischen Subjekts zustande kommt, das sich schließlich mit der Wirklichkeit identifiziert und versöhnt, nachdem es alle Antinomien und Entfremdungen hinter sich gelassen hat."[94]

Martin Heidegger – Phänomenologische Destruktion

Heidegger versteht „Sein und Zeit" methodisch als „phänomenologische Destruktion" (SuZ 19–25 u.a., vgl. auch „Über den Humanismus"[95], S. 21). Lat. destructio heißt »Zerstörung«. Das Adjektiv destruktiv kann desweiteren lexikalisch für »zersetzend« und »auf Umsturz bedacht« verwendet werden, im weiteren für Revolution, was wohl nicht Heideggers Absicht entspricht, denn Revolutionen kehren W e r t e um oder setzen neue. Heideggers Destruktion hingegen wirkt nicht dialektisch (allenfalls n e g a t i v : der Wert der Wertnegation), sondern immanent, bloß als E n t – w e r t u n g : d.h. »Zerstörung« allein ist (»zunächst«) noch keine (neue) Wertekonstitution. Dieser Sachzwang ist Heidegger natürlich aufgefallen. „Sein und Zeit" will keinen philosophiegeschichtli-

---

[93] Vgl. Karl Raimund Popper: Die offene Gesellschaft und ihre Feinde; 6. Aufl.; Tübingen 1980; S. 50ff.

[94] Peter V. Zima: Literarische Ästhetik, UTB, Tübingen 1991, S. 25.

[95] Martin Heidegger: Über den Humanismus, Frankfurt am Main 1949, 9. Aufl. 1991. Weiter wird nach dem Sigl (**Hum**) und der nachfolgenden Angabe der Paginierung zitiert.

chen Umbruch einleiten[96], sondern dient der „Zerlegung", dem „Abbau"[97] metaphysischer Systematik, hier insbesondere auch hinsichtlich eines der Welt enthobenen idealistischen Subjektes. Der „Destruktion" kann insofern auch ein positiver Akzent abgerungen werden:

> „Die Destruktion hat ebensowenig den negativen Sinn einer Abschüttlung der ontologischen Tradition. Sie soll umgekehrt diese in ihren positiven Möglichkeiten, und das besagt immer, in ihren Grenzen abstecken, die mit der jeweiligen Fragestellung und der aus dieser vorgezeichneten Umgrenzung des möglichen Feldes der Untersuchung faktisch gegeben sind. Negierend verhält sich die Destruktion nicht zur Vergangenheit, ihre Kritik trifft das »Heute« und die herrschende Behandlungsart der Geschichte der Ontologie, <...>. Die Destruktion will aber nicht die Vergangenheit in Nichtigkeit begraben, sie hat positive Absichten; ihre negative Funktion bleibt unausdrücklich und indirekt." (SuZ 23)

Wesentlich hierbei ist die Abkehr von idealistischen Konstruktionen hinsichtlich des Verhältnisses von Subjekt und Objekt. Der Status quo eines „isolierten" (SuZ 204ff) Subjektes, das sich zu einer Außenwelt verhält, die zudem noch – laut Kant – erst zu beweisen sei, wird von Grund auf in Frage gestellt. Das Objekt (die Außenwelt) ist nicht ein dem Subjekt Entgegengestelltes, sondern beide sind ursprünglich bereits vermittelt, bevor das Subjekt (das Ich) meint, sich als Konstitutivum für Welt situieren zu müssen. Der Skeptizismus bezüglich der Existenz einer (Außen–)Welt und die daraus resultierende Beweisnot erweisen sich als nachträgliches theoretisches Problem, denn „das recht verstandene Dasein widersetzt sich solchen Beweisen, weil es in seinem Sein je schon ist, was nachkommende Beweise ihm erst anzudemonstrieren für notwendig halten." (Vgl. SuZ 205)

Desweiteren sperrt sich Heidegger auch gegen realistische Positionen, weil sie den Menschen – das Dasein – lediglich als Objekt neben andere Objekte stellt, damit vorgibt, Realität sei lediglich das Inventar von Realem.

---

[96] Im Sinne Heideggers bleibt die bloße »ontologische« Umkehr dem Seienden verfallen und somit Metaphysik. Ob die Essenz die Existenz bedingt oder umgekehrt, ist als ontische *Wertung* dessen, was (trad. ontologisch) zum *Wesen* des Seienden erhoben werden soll, (fundamental-)ontologisch irrelevant. Heidegger: "Sartre spricht dagegen den Grundsatz des Existentialismus so aus: die Existenz geht der Essenz voran. Er nimmt dabei existentia im Sinne der Metaphysik, die seit Plato sagt: die essentia geht der existentia voraus. Sartre kehrt diesen Satz um. Aber die Umkehrung eines metaphysischen Satzes bleibt ein metaphysischer Satz. Als dieser Satz verharrt er mit der Metaphysik in der Vergessenheit der Wahrheit des Seins." (Hum 19) Ferner meint er, daß in SuZ diese beiden metaphysischen Bestimmungen, überhaupt noch gar nicht zur Disposition stehen (vgl. Hum 16) und zitiert sich selbst dahingehend, daß »Wesen« in SuZ Seite 42 *gesperrt* steht, um den tradierten Implikationen zu entgehen. Ungeachtet dessen, nimmt Heidegger trotzdem die *Umkehr* Sartres selbst vorweg, wenn er eine Seite weiter (SuZ 43) den „Vorrang der »existentia« vor der essentia" proklamiert.

[97] Vgl. Peter V. Zima: Dekonstruktion, Basel 1994, S. 28ff.

Realität ist dagegen nach Heidegger immer an das Dasein selbst gebunden. Dasein versteht sich aber eben nicht im idealistischen Sinne als Erzeuger von Realität und auch nicht im Sinne eines bloß Vorkommenden in einer Welt, sondern das Dasein ist seine Welt jäh schon selbst – in Heideggers Idiom – als „In–der–Welt–sein". Hieraus ergibt sich, daß sich Heideggers Analyse an die Modi dieses „In–der–Welt–seins" hält bzw. versucht, die Existenzbedingungen des Daseins zu eruieren. Heidegger, dem es freilich um das Sein selbst geht, was an dieser Stelle vernachläßigt werden soll, entwickelt dabei in „Sein und Zeit" dichotomische Vorstellungen, die dem Dasein seine „existenzialen" Möglichkeiten aufzeigen sollen. Über das „Existenzial" der „Sorge", die als „Apriori" (vgl. SuZ 206) für das Dasein dasselbe durch Intentionalität bestimmt, ergeben sich zwei Existenzentwürfe, nämlich die der „Uneigentlichkeit" bzw. „Eigentlichkeit".

Der pragmatische Ansatz, der durch den Ausdruck „Entwurf" anklingt, erweckt den Anschein, „Sein und Zeit" sei als Ethik zu verstehen – „Uneigentlichkeit" und „Eigentlichkeit" stünden mithin für unsittliches bzw. sittliches Verhalten. Beides geht insofern fehl, als daß es Heidegger nicht um normative Festschreibungen geht, sondern um die Darstellung der Vorfindlichkeit des Daseins.

Das destruktive Verfahren modifiziert sich deswegen auch nicht in Begründungssequenzen hinsichtlich etwa ethischer Konzeptionen; vielmehr handelt es sich um die K o n s t a t i e r u n g der Eigenschaften menschlicher Existenz. Insofern bilden »Eigentlichkeit« und »Uneigentlichkeit« keine Wertskalen, sondern Feststellungen faktizitärer Praxis, weswegen Heidegger seine Methode auch "Hermeneutik der Faktizität"[98] nennt. Es werden daran anschließend eben keine k a u s a l e n Verhältnisse abgehandelt, vielmehr kommt es der Destruktion darauf an, die Priorität des »W i e « gegenüber dem »Was« bzw. »Warum« (vgl. SuZ 27) herauszustellen.

Während – traditionell – seit Aristoteles Ursachenforschung gemäß der Formel „Was–es–ist–dies–zu–sein"[99] (causa formalis) betrieben worden ist[100], so wird bei Heidegger die Maxime Husserls „Zu den Sachen selbst" (vgl. SuZ 27) im übertragenen Sinne zum „»Daß es ist und zu sein hat«" (vgl. SuZ 135), was Heidegger unter dem bekannten – für den Existentialismus paradigmatischen – Terminus „Geworfenheit" zusammenfaßt.

Aus dieser „Geworfenheit" heraus ergeben sich die Möglichkeiten, sich „uneigentlich" oder „eigentlich" zu entwerfen: „Dasein *kann sich* als verstehendes aus

---

[98] Vgl. SuZ Anmerkung auf S. 72.

[99] Aristoteles: Metaphysik 1013 a 25.

[100] „Letztes Ziel der Erkenntnis ist es nicht nur zu wissen, *daß*, sondern warum die Dinge so sind und sich so verhalten, <...>". Vgl. Ernst von Aster: Geschichte der Philosophie, Kap. Aristoteles: Erkenntnislehre und Logik, S. 83, Stuttgart 1932, 1980.

der »Welt« und den Anderen verstehen oder aus seinem eigensten Seinkönnen." (Vgl. SuZ 221)

Gleichwohl ist an dieser Stelle einzuräumen, daß die Bezeichnungen, die die „Uneigentlichkeit" charakterisieren, eindeutig negativ konnotieren. Trotz Heideggers Versicherung, daß „die Uneigentlichkeit des Daseins nicht etwa ein »weniger« Sein oder einen »niedrigeren« Seinsgrad <bedeute>" (vgl. SuZ 43), bleibt damit die Wert–Frage gerade wegen des Dementis hintergründig bestehen[101]. Bezeichnend hierfür ist die Sprachlichkeit der „Uneigentlichkeit". Das Dasein ist seiner Welt – „den Anderen" – „verfallen" bzw. in der Welt „verloren" (vgl. SuZ 221), die sich über Gerede, Nachrede und Hörensagen (vgl. SuZ 167ff) konstituiert. Gemeint ist damit die »öffentliche« Sprache bzw. Alltagssprache, die allzeit oberflächliches Verstehen garantiert bzw. oktroyiert, ohne daß der Gegenstand, der zur Rede steht, noch eigenst aufgegriffen werden müßte. Das „Weiter- und Nachreden" (vgl. SuZ 168f) ließe sich hier vorgreifend auch als G e r ü c h t auffassen (vgl. zum Gerücht auch Odo Marquard, S. 43ff in dieser Arbeit).

Heideggers Analyse der »Uneigentlichkeit« zeigt – abgesehen von der in ihr enthaltenen Wertung –, daß sich der Mensch nicht von vornherein aus sich selbst heraus versteht, das heißt als selbstbewußtes Subjekt agiert, sondern sich über vorhandene Strukturen, die Heidegger als das „Man" zusammenfaßt, definiert (vgl. SuZ 126-130). Die Wirklichkeitssphäre dieser „Uneigentlichkeit" entspricht damit einer durch Gesellschaft („Öffentlichkeit") assimilierten Identität des Menschen bzw. einer entfremdeten Existenz (vgl. hierzu auch Kap. »Heideggers Kritik am Apperzeptionsverständnis Kants«, S. 135ff in dieser Arbeit). Weitergeführt ließe sich sagen: der Mensch richtet sich zunächst nach einer Weltanschauung (Ideologie), die ihm vorgegeben ist und sein „Selbst-Sein" verdeckt. Doderers „zweite Wirklichkeit", die sich als (ideologische) Befangenheit manifestiert (vgl. Kap. »Die zweite Wirklichkeit«, S. 71ff in dieser Arbeit u.a.), ließe sich damit im wesentlichen mit Heideggers „Uneigentlichkeit" identifizieren bzw. auch rechtfertigen. Die „phänomenologische Destruktion" hebt somit an, die »uneigentlichen« Strukturen aufzubrechen, um das „Selbst-Sein" in seiner „Eigentlichkeit" gegen die Tradition von System und Konstruktion zu etablieren.

---

[101] „Die Philosophie der Eigentlichkeit braucht ihre Vorbehaltsklauseln, um sich gelegentlich darauf herauszureden, daß sie keine sei. Das Ansehen wissenschaftlicher Objektivität wächst ihrer Autorität zu und stellt zugleich die Entscheidung zwischen eigentlichem und uneigentlichem Sein einer Willkür anheim, die gar nicht soviel anders als Max Webers »Wert«, vom vernünftigen Urteil dispensiert." Vgl. Theodor W. Adorno: Jargon der Eigentlichkeit, Frankfurt am Main 1964, 1989, S. 81. Im weiteren wird nach dem Sigl (**Jargon**) und der nachfolgenden Angabe der Paginierung zitiert.

„Wenn das Dasein die Welt eigenst entdeckt und sich nahebringt, wenn es ihm
selbst sein eigentliches Sein erschließt, dann vollzieht sich dieses Entdecken von
»Welt« und Erschließen von Dasein immer als Wegräumen der Verdeckungen und
Verdunkelungen, als Zerbrechen der Verstellungen, mit denen sich sich das Dasein
gegen es selbst abriegelt." (SuZ 129)

„Der Mensch muß, bevor er spricht, erst vom Sein sich wieder ansprechen lassen
auf die Gefahr, daß er unter diesem Anspruch wenig oder selten etwas zu sagen
hat. <...> Er muß zuvor lernen, im Namenlosen zu existieren"[102], heißt es an anderer Stelle bei Heidegger. Die Destruktion entspricht damit wesentlich einer
Sprachkritik. Erst der Schritt ins „Namenlose" entzieht der Sprache (des „Mans")
ihre utilitäre Vordergründigkeit, ihre „alltägliche" Vereinnahmung (vgl. SuZ S.
167ff), durch deren bloßen Gebrauchswert der Einzelne bloß meint, über die sogenannte Gesellschaft mit sich selbst identisch zu sein.
Die Aufschlüsselung der „Eigentlichkeit" sieht Heidegger daher im Bewußtein
des „Seins zum Tode", weil der Tod dem Dasein für sich selbst unveräußerlich
entgegensteht. Der Tod ist zwar sprachlich delegierbar, indem „»man stirbt«"
(vgl. SuZ 253), also selbst unbetroffen bleibt, er steht deswegen dennoch aus:

„Das »Sterben« wird auf ein Vorkommnis nivelliert, das zwar das Dasein trifft,
aber niemandem eigens zugehört. Wenn je dem Gerede die Zweideutigkeit eignet,
dann dieser Rede vom Tode. Das Sterben, das wesenhaft unvertretbar das meine ist,
wird in ein öffentliches vorkommendes Ereignis verkehrt, das dem Man begegnet."
(SuZ 253)

Erst jedoch durch die „Stimmung" der „Angst", die das »eigentliche« „Sein zum
Tode" hervorruft, besteht die Aussicht für das Dasein, sein Selbst zu erkennen
(vgl. SuZ 260ff), da der Tod die einzige und eigenste Möglichkeit vorstellen soll,
die nicht durch Gesellschaft (»Man«) und auch nicht durch Sprache vertretbar,
das heißt an dieselben abzugeben ist. Das „Vorlaufen in den Tod" kompromit-
tiert damit die vermeintliche Identität mit den „Anderen", wirft damit das Dasein
in seiner Endlichkeit auf sich selbst zurück; eröffnet im weiteren die Erkenntnis
der Nicht-Identität. Der Begriff »Nicht-Identität« wird von Heidegger selbst
nicht verwendet. Er ist hier eingeführt, um kurz auf eine gewisse Übereinstimmung zu der Position Theodor W. Adornos hinzuweisen.
Für Adorno ist die Sprache Heideggers zwar Jargon; sie ist „Jargon der Eigentlichkeit".

---

[102] Hum 10.

Adornos daran anschließende Polemik gegen Heidegger[103] muß sich dabei allerdings fragen lassen, ob Heidegger durch seine Destruktion nicht bereits das herausgearbeitet hat, was bei Adorno dann unter der genannten Direktive „Nicht–Identität" »sich anschickt«, das Einzelne, das Besondere (somit auch das »Selbst«) vor der sich aufdrängenden Subsumtion durch Klassifizierung zu bewahren, bzw. gegen Systeme (philosophischer oder gesellschaftlich-ideologischer Art) zu etablieren sucht:

> „Dialektisch ist Erkenntnis des Nichtidentischen auch darin, daß gerade sie mehr und anders als das Identitätsdenken, identifiziert. Sie will sagen, was etwas sei <!>, während das Identitätsdenken sagt, worunter etwas fällt, wovon es Exemplar ist oder Repräsentant, was es also nicht selbst ist. <...> Hybris ist, daß Identität sei, daß die Sache an sich ihrem Begriff entspreche. Aber ihr Ideal wäre nicht einfach wegzuwerfen: im Vorwurf, die Sache sei dem Begriff nicht identisch, lebt auch dessen Sehnsucht, er möge es werden. Dergestalt enthält das Bewußtsein der Nichtidentität Identität."[104]

Natürlich ist gegen Heidegger kritisch einzuwenden, daß er ausschließlich das Bewußtsein vom „Sein zum Tode" bezüglich der Befreiung vom „Man-Sein" (Identität) hin zum »Selbst-Sein« (Nicht-Identität) entwickelt, was sich offensichtlich einer eschatologischen Grundhaltung verdankt, damit optimistische Entwürfe außen vorläßt. Hans Heinz Holz stellt hier mit einiger Berechtigung fest, daß Heidegger „die Bevorzugung negativer Existenzstrukturen", nämlich „Angst statt Hoffnung, Sorge (cura) statt Voraussicht (prudentia), Geworfensein statt Getragensein", nicht begründet.[105]

Auch Jean-Paul Sartre lehnt Heideggers »Sein zum Tode« ab, indem er gegen Heidegger argumentiert, daß der Tod zeitlich nicht erwartbar sei (allenfalls etwa bei einer zeitlichen Fixierung, z.B. bei einer Hinrichtung[106]), somit als Entwurfshorizont für das Dasein ausfalle.

> „So ist der Tod keineswegs ontologische Struktur meines Seins, zumindest insofern dieses für sich ist; aber der andere ist in seinem Sein sterblich. Im Für-sich-sein ist kein Platz für den Tod; es kann ihn weder erwarten noch realisieren, noch sich auf ihn hin entwerfen; <...>"[107]

---

[103] Deren Spannbreite von „philosophischer Banalität" (Jargon 46), über „nichtige Veranstaltung", „Quatsch" (Jargon 74), „blühender Blödsinn" (Jargon 78) bis hin zur „Binsenwahrheit" (Jargon 114) und „dämlicher Weltklugheit" reicht.

[104] Theodor W. Adorno: Negative Dialektik, 8. Aufl., Frankfurt am Main, 1994, S. 152.

[105] Vgl. Hans Heinz Holz: Kap. Metaphysik, S. 147, in Enzyklopädie zur bürgerlichen Philosophie im 19. Und 20. Jahrhundert, Hrsg. Manfred Buhr, 1. Aufl. Köln: Pahl-Rugenstein, 1988.

[106] Vgl. Jean-Paul Sartre: Das Sein und das Nichts, Versuch einer phänomenologischen Ontologie, Philosopische Schriften Band 3, Hrsg. von Traugott König, erste Auflage der Neuübersetzung, Hamburg, 1991, S. 920.

[107] Sartre: S. 939.

Sartre sieht im Tod vielmehr eine äußere Grenze („Exteriorität"[108], die das Dasein selbst nichts angeht, weil es den Tod nicht denken kann. Sartre meint deswegen, den Tod verbannen zu können, indem er stattdessen auf Endlichkeit insistiert. Gemeint ist damit die »Verzeitlichung« als „Freiheitsakt". Jede Wahl (jeder Entwurf) ist in der Zeit, das heißt unumkehrbar, wodurch sich das Leben individualisiert, sich im weiteren damit als Besonderes konstituiert.

> „Endlich sein ist nämlich sich wählen, das heißt sich das, was man ist, anzeigen lassen, indem man sich auf eine Möglichkeit hin unter Ausschluß anderer entwirft. Wenn ich mich mache, mache ich mich endlich, und daher ist mein Leben einmalig."[109]

In der Konsequenz erweist sich Sartres Differenzierung zwischen dem »Sein zum Tode« und der „Wahl der Endlichkeit" als graduelle Verschiebung bzw. als Perspektivenwechsel. Für Heidegger ist die Zeit selbst endlich und ermöglicht deswegen ein „Nachholen der Wahl" (vgl. SuZ 268), d. h. das Dasein enwirft sich selbst über den Vorlauf in seine Endlichkeit (»Sein zum Tode«) rückwirkend – die Freiheit muß als »eigentliches Seinkönnen« quasi erst *verdient* werden –, während Sartre Freiheit von vornherein als „meine Freiheit" individualisierend voraussetzt.

Eine ausführliche Diskussion der Unterschiede zwischen Heidegger und Sartre (im weiteren Albert Camus, vgl. zu Camus S. 167ff in dieser Arbeit) kann an dieser Stelle nicht geführt werden. Festzuhalten sind die »existenzialistischen« Topoi der „phänomenologischen Destruktion", die sich für Doderer als wesentlich erweisen werden. Zu nennen sind hier:

— die Priorität der Faktizität, Existenz (des »Wie«) gegenüber der Kausalität, Essenz (dem »Warum«) (vgl. besonders S. 51ff in dieser Arbeit u.a.)

— die Konstatierung zweier Wirklichkeits–, im weiteren Sprachsphären: die „Uneigentlichkeit" als Identifikationsmodus über die anderen, über das »Man« (Doderers zweite Wirklichkeit, vgl. S. 71ff und S. 73ff in dieser Arbeit u.a.), und die „Eigentlichkeit" als Selbstfindung (Doderers erste Wirklichkeit)

— das »Sein zum Tode« als wesentliches Motiv insbesondere der frühen Doderer–Texte (vgl. S. 167ff und S. 172ff in dieser Arbeit).

---

[108] Sartre: S. 940.
[109] Sartre: S. 938.

Literarische Wirklichkeit

Eine Aufarbeitung des literaturgeschichtlichen Wirklichkeitsverständnisses soll hier nicht geleistet werden. Als Aufriß soll

a) eine kritische Betrachtung von Explikationen aus einem Sachwörterbuch (Gero von Wilpert, *Sachwörterbuch der Literatur*,) genügen, im Zusammenhang mit einer kurzen Darstellung der Ausgangsthesen der Arbeiten von

b) Friedrich Gaede (*Realismus von Brant bis Brecht*) und

c) Peter V. Zima (*Literarische Ästhetik*), welche mit

d) Odo Marquard (*Kunst als Antifiktion*) zu einer vorläufigen Synthese weitergeführt werden sollen, um im nachhinein das ästhetische Selbstverständnis Doderers zu fixieren.

Gero von Wilpert

Der literarischen Wirklichkeit wird nach v. Wilpert Autonomie zugesprochen. Eine Übereinstimmung mit der „außerdichterischen Wirklichkeit" kann daher nicht gefordert werden.

> „**Wirklichkeit**, Realität. Dichterische W. im Ggs. zur außerdichterischen ist diejenige W., die erst durch die Sprache der Dichtung beschworen, geschaffen wird und Gestalt gewinnt. Sie braucht nicht mit der äußeren W. in Natur und Geschichte übereinzustimmen, nicht einmal auf sie zu verweisen, sie darf nicht an der Realität gemessen werden, sondern muß nur in sich stimmig sein. Die Dichtung schafft ihre eigene W. und deren eigene Gesetze."[110]

Der hier vertretene Standpunkt der Kunstautonomie ist sicherlich fragwürdig. Es ist richtig, daß „die Aussagen im Roman, im Gedicht oder im Drama <...> nicht wörtlich wahr <sind>; es sind keine logischen Sätze"[111]; daß ihnen aber jeglicher Bezug zur außerdichterischen Wirklichkeit abgesprochen wird, ist ästhetischer Idealismus, der einerseits erkenntnistheoretisch anfechtbar ist[112], zum anderen jeglicher Literaturkritik, die vom nur *Formalen* (z.B. der *Werkimmanenz*) abheben will, einen Riegel vorschiebt.

---

[110] Gero von Wilpert: Sachwörterbuch der Literatur, 7. verb. u. erw. Aufl., Stuttgart 1989, S. 1035

[111] Hans Christoph Buch: *Ut Pictura Poesis*, Die Beschreibungsliteratur und ihre Kritiker von Lessing bis Lukács, München 1972, vgl. hier Zitat von *Wellek und Warren*, S. 17.

[112] Vgl. Hildegard Stauch: „Die *Realität* eines Autor–Erzählers, dessen "historisches Ich", ist *empirisch* und nicht fiktiv, weil es eine fiktive Realität nicht gibt. Die *Fiktionalität* der Aussagen des "epischen Ichs" (erzählerische Aussageform eines Autors) ist eine *relative Fiktion*, die auf die mögliche oder für möglich genommene Erfahrung der Realität (eines historischen Ichs – Autor, Leser) rückführbar sein muß, weil es keine empirische Idealität gibt." Aus: *Kritik der klassischen Literaturwissenschaften – Zur Entwicklung einer modernen Literaturtheorie –*, München 1973. S. 102.

Mit der traditionellen Autonomie–These geht dann auch die Darstellung der *Fiktion* einher.

> „Ihre Figuren und Ereignisse <der *Fiktion*, Anm. d. Verf.> sind imaginär oder fiktiv, d.h. Teil e. als wirklich erscheinenden, tatsächl. aber nichtwirkl. Welt, sie sind jedoch nicht fingiert, d.h. in der Absicht geschaffen, den Eindruck realer Existenz zu vermitteln."[113]
> „Da jedoch zumindest die pragmat. Gattungen ihre Stoffe und ihr Anschauungsmaterial im wesentlichen aus der Erfahrungswelt und damit der außerdichterischen W. beziehen, <...>"[114],

können auch Bezüge zur außerdichterischen Wirklichkeit hergestellt werden. Letzteres zeigt die erkenntnistheoretische Problematik auf: denn, wenn nicht aus der Erfahrungswelt, aus welcher *Welt* sollten dann die „Stoffe <!>" und insbesondere das „Anschauungsmaterial" stammen?[115]

Zu konstatieren bleibt, daß v. Wilpert die literarische Wirklichkeit als autonome Kategorie auffaßt, die eigengesetzlich und folglich unabhängig von der – nicht zuletzt historisch–gesellschaftlichen – Realität zu betrachten ist.

Friedrich Gaede
Gaedes Untersuchungen zum *Realismus* sehen für die literarische Wirklichkeit eine enge Verknüpfung mit der geistesgeschichtlichen (philosophischen) Entwicklung. Im wesentlichen läßt sich für die Literatur eine *mimetische* (antirealistische) und eine *antimimetische* (realistische) Tradition aufzeigen.

Die mimetische Tradition gründet im Prinzip der *Entelechie* gemäß der Ästhetik Aristoteles'. Jedes Seiende ist ziel– bzw. zweckbestimmt, was durch sein Wesen definiert wird. Übertragen auf die Kunst (bzw. auf das Drama) vollzieht sich die wesentliche Zweckbestimmung als Katharsis, somit als *Reinigung* des Rezipienten (Zuschauers). Um dieser Aufgabe gerecht zu werden, „muß das Drama Notwendigkeit und dadurch Wahrscheinlichkeit haben, es muß eine geschlossene oder `einheitliche Handlung' sein, in der jeder Teil Baustein des Ganzen ist und episodische Strukturen vermieden sind."[116] Durch die Verbindung von *imitatio* und *poesis* wird das Einzelne durch die poetische, „dichterische Schöpfung" in

---

[113] Wilpert: S. 1035, S. 298.

[114] Wilpert: S. 1035.

[115] Es ist gerade für die nicht–pragmatischen Gattungen bezeichnend, daß sie notwendig empirisch vermitteln müssen (z.B. *Science Fiction*), um überhaupt verstanden werden zu können. Selbst die phantastischsten Geschichten müssen Figuren und Handlungen zumindestens so darstellen, *als ob* sie empirisch gegeben seien. Oder anders ausgedrückt: *Minotaurus* kann nur deswegen *vorgestellt* werden, weil es das „Anschauungsmaterial" „Stier" und „Mensch" gibt.

[116] Vgl. Friedrich Gaede: Realismus von Brant bis Brecht, München 1972, S. 11.

einen allgemeinen, harmonischen Zusammenhang gebracht. Der schöpferische Akt als *poesis* ist das Erkennen und Nachbilden des teleologischen Prinzips des Seins, das durch den Aufbau (der Form) immer erkennbar bleiben soll. Da die Ästhetik Aristoteles' an das *Mythische* gebunden ist, fehlt der moderneren (idealistischen) *mimetischen* Aneignung dieser Hintergrund.

> „Damit bekam der Begriff Mimesis einen anderen Gehalt. Es ging weniger um Nachahmung des Seins als um die Herstellung einer z w e i - t e n   W i r k l i c h k e i t . "[117]
> (Hervorhebung durch d. Verfasser)

Hervorgerufen durch eine *gottverlassene*, brüchige Welt, der das einigende Seinsprinzip – das Allgemeine – verlorengegangen ist, kann nur noch der Dichter »velut alter deus« das Besondere mit dem Allgemeinen in der „Eigenwelt" der Dichtung zusammenfügen. Die mimetische Funktion der Dichtung wird zur genialen Übersteigerung ins Allgemeine bzw. zu einer Zusammenführung des Einzelnen in einen Sinnzusammenhang, der selbst in der Realität verloren gegangen ist. Die Zweckbestimmung der Dichtung wird dahingehend zum Selbstzweck als „das vom Genie geschaffene Schöne". (Vgl. auch Kant: *Das interesselose Wohlgefallen am Schönen*, nur die *Zweckmäßigkeit* der *Form* und nicht des Inhalts führt zu einem reinen Geschmacksurteil.[118])

> „Dieses Schöne übertrifft das Schöne im Einzelnen der Natur, also im Besonderen, weil es auf der Nachahmung des Allgemeinen oder, wie Goethe formuliert, »der großen und majestätischen Verhältnisse des allumfassenden Ganzen der Natur« beruht. Dadurch werden die »hohen Kunstwerke« zu den »höchsten Naturwerken«, und wo diese sind, »da ist die Notwendigkeit, da ist Gott«. Notwendigkeit und Gott sind dort, wo das Genie und sein Gegenstand eines werden, sie müssen fehlen wo Mensch und Objekt entzweit sind."[119]

Die so (von Goethe und Schiller) postulierte geniale Eigenwelt, die als Kunst »die möglichst vollständige Nachahmung des Wirklichen« (Schiller[120]) hervorzubringen hat, widerspricht, so Gaede, der Realität selbst, und er sieht folglich in der antimimetischen Dichtung die eigentlich *realistische*.

Die antimimetische Tradition macht ihren Anfang im Homerschen Epos. Die Helden sind eingebettet in eine determinierte mythologische *Realität*. Das Göttliche ist noch mit dem menschlichen Schicksal vermittelt. Das Einzelne birgt das

---

[117] Gaede: S. 13.
[118] Vgl. Immanuel Kant: *Die drei Kritiken* in ihrem Zusammenhang mit dem Gesamtwerk. Mit verbindendem Text zusammengestellt von Raymund Schmidt; Kröner Stuttgart 1975. Kapitel: Die Kritik der ästhetischen Urteilskraft, S. 290/291.
[119] Gaede: S. 14.
[120] Gaede: S. 14

Allgemeine; der Mensch ist noch nicht aus der Transzendenz des Göttlichen gefallen. Erst durch die Entfremdung von diesem Selbstverständnis bedarf es einer poetisch gestalteten *zweiten Wirklichkeit*, in der der Mensch wieder mit dieser Welt versöhnt wird. Dieser antirealistischen Harmonisierung setzt Gaede das Groteske und Absurde entgegen. In der Groteske wird „Physisches und Metaphysisches" nicht erneut zur Einheit gebracht, sondern gerade in der Trennung von Subjekt und Objekt soll „die sinnentleerte Welt" zur Darstellung gelangen.
Die Gebrochenheit, der Verzicht auf Handlungseinheit, auf »innere Notwendigkeit oder Wahrscheinlichkeit« (Schiller), das Zulassen des Widersprüchlichen (Brecht[121]) sind realistisch zu nennen, denn nur so kommt das *reale* Verhältnis (die Entfremdung) zwischen Mensch und Welt zur Geltung.
Die abstrakte Polarisierung zwischen einer mimetischen (antirealistischen) und einer antimimetischen (realistischen) Tradition wird sicherlich der gesamten literarischen Verarbeitung von Wirklichkeit nicht gerecht, sie zeigt dennoch für die literarische Wirklichkeit ein wesentliches Spannungsverhälnis auf, in dem sich auch Doderer befindet (vgl. Fixierung der ästhetischen Stellung Doderers, S.46 in dieser Arbeit).

Peter V. Zima
Einen ähnlichen Dualismus, wenn auch methodisch anders hergeleitet, zeigt Peter V. Zima auf. Für Zima bewegt sich die „literarische Ästhetik"[122] in einer Pendelbewegung zwischen den Positionen Kants und Hegels.

Kant lehnt für die Ästhetik die Herleitung einer objektiven Begrifflichkeit ab. Kunst ist eine „Als ob"[123]–Wirklichkeit, die in ihrer Beurteilung keinen logischen, mithin objektiven Regeln unterliegt, sondern der subjektiven Einbildungskraft. Gleichwohl erkennt Kant einen allgemeingültigen Anspruch des ästhetischen Urteils an, in der Annahme, daß wir bei einer *interesselosen, zweckfreien* Begegnung mit Kunst vom Schönen so sprechen, „als ob Schönheit eine Beschaffenheit des Gegenstandes und das Urteil logisch (durch Begriff vom Objekte eine Erkenntnis desselben ausmachend) wäre."[124] Die Bestimmung der Kunst als eine „als ob" logisch abgeleitete Welt verweist zusammen mit der Bestimmung des Künstlers, der als *Genie* artifiziell wirkt – „Genie ist das Talent

---

[121] Vgl. Bertolt Brecht: Schriften zum Theater – *Über eine nicht–aristotelische Dramatik –*, 21. Aufl., Frankfurt am Main 1989, S. 18f, S. 152f u.a.

[122] Peter V. Zima: Literarische Ästhetik, UTB, Tübingen 1991.

[123] „<...> als ob es ein Produkt der bloßen Natur sei". Immanuel Kant: *Die drei Kritiken* in ihrem Zusammenhang mit dem Gesamtwerk. Mit verbindendem Text zusammengestellt von Raymund Schmidt; Kröner Stuttgart 1975. Kapitel: Die Kritik der ästhetischen Urteilskraft, S. 303.

[124] Kant: *Die drei Kritiken*, S. 289.

(Naturgabe), welches der Kunst die Regel gibt"[125] –, auf die Autonomie der Kunst, in der über die logischen Betrachtungen hinaus das Objekt einen *Mehrwert* bekommt, der nicht mehr eindeutig (begrifflich) zu bestimmen ist. Während Kant also die b e g r i f f l i c h e Erkenntnis vom Schönen ausschließt und das Problem auf das „interesselose Wohlgefallen" eines „reinen Geschmacksurteils"[126] des Subjekts verweist, sieht Hegel, der davon ausgeht, daß wir zu den Dingen selbst einen Zugang haben, durchaus in der Kunst die Wirklichkeit als solche aufgehoben,

> „<...> weil Hegel – wie sich zeigen wird – versucht, die Kantische Begrenzung der Erkenntnis sowie den Dualismus zwischen Subjekt und Objekt aufzuheben. Im Gegensatz zu Kant ist Hegel, <...>, ein `Realist', weil er von der Annahme ausgeht, daß subjektives Denken und objektive Beschaffenheit übereinstimmen: `Was wir erkennen, das sind die Dinge selbst, ihre Eigenschaften, Einheiten und Beziehungen.'"[127]

Durch die Verschmelzung von Subjekt und Objekt, wird auch die Kunst – das Schöne – nicht auf das, „<...> was ohne Begriff als Objekt eines allgemeinen Wohlgefallens vorgestellt wird"[128], eingegrenzt, sondern kann selbst auf den Begriff gebracht werden. Kunst wird somit in den dialektisch–historischen Prozeß einbezogen und verliert ihren autonomen Charakter; sie wird teleologisch dem begrifflichen Denken subsumiert.

Die Weiterentwicklung der beiden Stränge, die Zima in seiner Untersuchung herausstellt, sollen hier vernachlässigt werden; ansätzlich zu nennen sind im Gefolge Kants der Formalismus, die Werkimmanenz, der Strukturalismus, die Semiotik u.a., die die Ambivalenz von Literatur herausstellen, und im Gefolge Hegels der sozialistische Realismus und insbesondere die für das theoretische Selbstverständnis Doderers nicht unwesentliche marxistisch–hegelianische Ästhetik Georg Lukács´.

Odo Marquard
Die bisherigen Erörterungen leben im wesentlichen von dem vermeintlichen Antagonismus einer angenommenen (objektiven) Realität und ihres artifiziellen (subjektiven) Pendants, kurz: zwischen S e i n und S c h e i n, I s t und S o l l, E m p i r i e und F i k t i o n, wobei sich die Verhältnisse auch verkehren können, was nunmehr Odo Marquard zum Thema macht:

---

[125] Kant: *Die drei Kritiken*, S. 304.
[126] Kant: *Die drei Kritiken*, S. 290.
[127] Peter V. Zima: Literarische Ästhetik, UTB, Tübingen 1991, S. 22.
[128] Kant: *Die drei Kritiken*, S. 289.

„Ist das wirklich ein Gegensatz: das Wirkliche und das Fiktive? Oder ist er selber fiktiv?"[129]

Für Marquard bleibt das Fiktive nicht exklusiv Synonym für Kunst–Wirklichkeiten, sondern hat längst das Real–Geglaubte selbst „unterwandert", was er anhand des Einzugs des Fiktionalismus in die Philosophie veranschaulicht. Hans Vaihingers »idealistischer Positivismus«, unter dem Titel „Philosophie des Als–ob" publiziert[130], instrumentalisiert die Wahrheits– und die Fiktions– (Irrtums–) Kriterien gleichsam zu Mitteln des Wissenschaftsfortschrittes zwecks Beherrschung der Natur (Außenwelt), nach denen dann nur noch zwischen „zweckmäßigen" Funktionsmerkmalen und „unzweckmäßigen" geschieden wird. Die aus der (Wissenschafts–)Vorstellung deduzierte Wirklichkeit wird also selbst hypothetisch, wobei sich Wahrheit dann „als zweckmäßiger Irrtum" entpuppt, jederzeit einholbar durch neue »Erkenntnisse«.

Die Wahrheit des Wirklichen wird somit, wie Marquard mit Nietzsche sagt, zum „Zurechtmachen" der Wirklichkeit, zur „Umfälschung ins Lebensdienliche", Wahrheit, so faßt Marquard zusammen, „heißt die erfolgreichste Fiktion".[131]

Rekurriert werden kann diesbezüglich direkt auf Kant, dessen »Als–ob´s« nicht nur Bestimmungen für die Kunst (»Als ob«–Wirklichkeit) und seine formale Ethik (die ihr Handlungspostulat durch die Annahme „als ob Gott existiere" rückversichert) sind. Sondern bereits durch den Apriorismus der transzendentalen Deduktion als Bedingung der Möglichkeit von Erkenntnis überhaupt verschreibt sich die Vernunft ein „Nötigungsprinzip"[132], das die „besten aller möglichen Wissenschaften", nämlich die mathematischen Naturwissenschaften, rechtfertigen soll.[133] Durch die (Apriori–)Hypothesen der (Natur–)Wissenschaften, die durch Rückführbarkeit auf Erfahrung ihre Bestätigung finden sollen, sich selbst aber zugleich durch stetig neue (Apriori–)Hypothesen einholen bzw. eingrenzen, fällt das Verifikationsprinzip zugunsten des Falsifikationsprinzips, womit sich Vaihinger mit dem modernen Positivismus (Karl R. Poppers) trifft.[134] Wissenschaftsgeschichtlich, so Marquard, werden „Fiktionen durch Fiktionen ersetzt."[135]

---

[129] Odo Marquard: Aesthetica und Anaesthetica – Philosophische Überlegungen –, Kap.: Kunst als Antifiktion – Versuch über den Weg der Wirklichkeit ins Fiktive, S. 82–99, Paderborn 1989, S. 82.

[130] Vgl. Marquard: S. 84.

[131] Marquard: S. 84.

[132] Marquard: S. 90.

[133] Marquard: S. 91.

[134] Marquard: S. 94.

[135] Marquard: S. 91.

Die Rückführbarkeit auf Erfahrung mag für die Naturwissenschaften durch Experimente noch gesichert sein, sie ist jedoch nur noch für wenige Eingeweihte nachvollziehbar. Die wissenschaftliche Wirklichkeit verwehrt sich

> „– seit sie exklusiv zum 'Gegenstand möglicher Erfahrung' ernannt wurde (Kant) – weithin für den Einzelnen <...> Gegenstand *eigener* Erfahrung zu sein, <...>, weil die Erfahrung als wissenschaftlich artifizielle Empirie zur Sache apparativ ausgestatteter Sonderexperten wird: m a n macht seine Erfahrung nicht mehr selbst, m a n bekommt sie gemacht. Darum beruht die Mentalgestalt unserer Welt zunehmend auf Hörensagen: sie wird zum G e r ü c h t, das – zum Teil – die Medien verwalten."[136] (Hervorhebung durch den Verfasser)

Die Produktion der Naturwissenschaften, die eh schon durch den oben beschriebenen Fiktionscharakter *stigmatisiert* ist, so läßt sich radikalisierend zusammenfassen, wird in der Öffentlichkeit[137] zur Fiktion der Fiktion, was vom Einzelnen lediglich hingenommen (bzw. konsumiert) werden kann, jedoch kaum noch durchschaubar ist; überspitzt gesagt: es handelt sich wörtlich um *science fiction*, „fiction–science".[138]

Da die moderne Welt in diesem Sinne selbst zur „Fiktur" geworden ist[139], fehlt der Kunst ihr einst zugesprochenes Terrain. Sie muß in der Konsequenz, um „unersetzlich", „unbeendet" zu bleiben, „sich gegen das Fiktive definieren" und somit zur Aufhebung, Auflösung der Fiktion beitragen, indem sie als „*Antifiktion*" versucht, für den Einzelnen „wirkliche Erfahrung" zu werden.

Weitergedacht, bleibt der Kunst als „antifiktive" Aufgabe die Kenntlichmachung, d. h. die Enthüllung, Entlarvung wissenschaftlicher und auch gesellschaftlicher Fiktionen, ohne sie durch neue ersetzen zu wollen. Als darüber hinausreichende Utopie kann sie, mit Adorno gesprochen, ihr Heil nur noch im „Nicht–Identischen"[140] suchen, indem sie als „unversöhnliche Versöhnung", sich gegen Ideologien (Fiktionen) behauptend, das Konkrete zum Sujet macht.[141]

---

[136] Marquard: S. 94.

[137] Vgl. hierzu auch meine Ausführungen zum Heideggerschen »Man« in der Interpretation des „Letzen Abenteuers" weiter unten.

[138] Marquard: S. 99.

[139] Marquard: S. 98.

[140] Vgl. Theodor. W. Adorno: Ästhetische Theorie, Frankfurt am Main, 1970, 1992, S. 202–203.

[141] Vgl. in diesem Zusammenhang auch Zima, Literarische Ästhetik, Kap. Roland Barthes' nietzscheanische Ästhetik des Signifikanten, S. 267ff.

Fixierung der ästhetischen Stellung Doderers

Für Doderer sind in Berufung auf Thomas von Aquin die Dinge dem Wesen nach für den Menschen einsichtig.

> „Die transcendentale Kategorie, in welcher er <der Schriftsteller, Anm. d. Verf.> sich praktisch bei seiner Arbeit bewegt, ist die empirische, und er ist auf jeden Fall so geboren, daß bei ihm ein Zweifel über die Bedeutsamkeit äußerer Fakten gar nicht aufkommen kann, das heißt über ihre Transponierbarkeit in innere Fakten und so auch umgekehrt; von dieser Entsprechung zwischen Innen und Außen geht sein Gestalten und schließlich auch sein abstraktes Denken überhaupt aus. Anders: er ist am allerwenigsten Idealist, und weiß auch mit Platons Höhlengleichnis ebensowenig anzufangen wie mit Kants Ding an sich. Er hat von vornherein innig die Erkennbarkeit der Schöpfung aus dem, was sie uns in wechselndem Flusse darbietet, umarmt, und meint fest, daß die Sachen, wie sie sich als Konkretionen zeigen, durchaus sie selbst sind, ja, mehr noch – daß sie durchaus auch wir selbst sind. Man könnte den Romancier ein Individuum nennen, dem eine ferne Abspiegelung der analogia entis in besonders hervorstechender Weise als persönliche Eigenschaft innewohnt, <...>"[142]

Gegen die idealistische Tradition – von Platons *objektivem* bishin zu Kants *subjektivem* Idealismus – setzt Doderer seine Überzeugung, daß die wechselseitige „Transponierbarkeit" von inneren und äußeren Fakten an sich gegeben ist, bzw. daß „die Sachen" eben „durchaus sie selbst sind" und nicht subjektive Projektion von Welt (Kant), wo die *Dinge an sich* lediglich als unanschauliche Referenzobjekte dienen.

Doderer nähert sich hierin dem Hegelschen Standpunkt, woraus entnommen werden könnte, daß Doderer in seinen ästhetischen Vorstellungen in der Kunst die Wirklichkeit adäquat aufgehoben sieht und somit Kunst immer auf Wirklichkeit verwiesen bleibt.

Gegen Hegels Hypostase des Begrifflichen, die sich in erster Linie die Inhaltsebene aneignet, setzt Doderer jedoch auf die *Form*. Er entzieht sich damit einer begrifflichen Vereinnahmung bzw. der daraus resultierenden Entwertung von Kunst, wodurch er meint, an der *Autonomiethese* festhalten zu können. In seinem Bestreben, das Form–Kunst–Werk *Roman* als *Gralshüter* der Universalität zu etablieren[143], verschreibt er sich dem Prinzip des *l'art pour l'art*, „der Preis heißt: l'art pour l'art"[144] (Kunst ist eine autonome Kategorie[145]), und ist dadurch auf Umwegen wieder bei der Position der Kantschen Tradition angelangt.

---

[142] WdD 166.

[143] WdD 157–179.

[144] Vgl. WdD 198.

[145] Tangenten 605.

Da er (im Sinne Gaedes) zu Recht die „Krise des Romans"[146] als Krise der Wirklichkeit diagnostiziert, ist es zunächst verwunderlich, daß er ein im wesentlichen von der *Form* geleitetes Gebilde des „Totalen Romans"[147] entwickelt und sich gewissermaßen dem annähert, was Gaede für den deutschen Idealismus bezeichnenderweise als *zweite Wirklichkeit* apostrophiert. Um diesen (subjektiven) Verwicklungen zu entgehen, knüpft er an ein antikes, mittelalterliches Wirklichkeits– und Kunstverständnis an[148].

In Rückbesinnung an die aristotelische Ästhetik setzt er auf das Prinzip der Entelechie, wodurch er den Universalitätsanspruch der Roman–Form durch die Einbettung in die vorsäkularisierte Einheit des Seins–Prinzips der *analogia entis* zu begründen sucht[149].

> „Für den Romancier ist die Form die Entelechie jedes Inhaltes <...>",[150]

um die „Form–Apriorität"[151] anstreben zu können. Für den Roman fordert Doderer diesbezüglich eine Abbildfunktion, die in Ansätzen an die (marxistische) Wiederspiegelungstheorie von Georg Lukács erinnert:

> „Ein wirklicher Roman `geht' wie ein Uhrwerk, bewegt in sich selbst, wie ein Planetarium etwa. Er ist's ja auch: Abbild des Kosmos."[152]

Ähnlich wie Doderer sieht Lukács bei Aristoteles die Grundzüge für die *adäquate* poetische Aneignung von Wirklichkeit gegeben:

> „Es ist ohne weiteres klar ersichtlich, was Aristoteles damit meint, daß die Dichtung das Allgemeine ausdrücke und daher philosophischer sei als die Geschichtsschreibung. Er meint, daß die Dichtung in ihren Charakteren, Situationen und Handlungen nicht bloß einzelne Charaktere, Situationen und Handlungen nachahmt, sondern in ihnen zugleich das Gesetzmäßige, das Allgemeine, das Typische zum Ausdruck bringt."[153]

---

[146] WdD 164 u.a.

[147] WdD 174.

[148] „Nie aber wird ein Autor, einmal so der Wirklichkeit verschworen, aus solchem Gefechte mehr weichen: nicht in's Transreale, nicht in die Romantik, nicht in's Ideologische: kein Erbe Goethe's nur, sondern auch der Alten, deren Erfindung und überlebendes Relikt ja der Schriftsteller ist, <...>" WdD 170f.

[149] Vgl. hier insbesondere das Kap. Das Nichts als Unwirklichkeit, S. 76ff in dieser Arbeit.

[150] WdD 172.

[151] WdD 172.

[152] Repertorium, S. 139.

[153] Georg Lukács: Kunst und objektive Wahrheit, Deutsche Zeitschrift für Philosophie 2, 1954, S. 113-148; hier aus Theorien der Kunst, hrsg. von Dieter Henrich und Wolfgang Iser, Frankfurt am Main, 1982, 1992, S. 284.

Lukács richtet sich hierbei insbesondere gegen die subjektivistisch-idealistische Kunstauffassung, der er ein „Wegabstrahieren der Wirklichkeit"[154] unterstellt. Es ginge vielmehr um die angemessene Korrespondenz zwischen Besonderem (Zufälligem) und Allgemeinem (Notwendigem), wodurch das Kunstwerk „einen geschlossenen, in sich abgerundeten, in sich vollendeten Zusammenhang bieten muß, <...>"[155], um als „Totalität des Lebens"[156] erscheinen zu können. Doderers Präferenz der Universalität des Romans, die sich gegen den „Zerfall in Spezialitäten und Spezialgebiete"[157] etablieren soll, dürfte auf den gleichen Zusammenhang zielen: nämlich, daß der „handlungsreiche" Roman in seinem Totalitätsanspruch die Wirklichkeit „möglich, universal und repräsentativ"[158] darstellen müsse. Gleichwohl hier einzuschränken ist, daß Doderer ein weitaus differenzierteres Wirklichkeitsverständnis vorschwebt als der von Lukács – 1954 – vertretene (*naive*) Materialismus inklusive seiner Objektivitätsgläubigkeit. Doderer geht es deswegen auch nicht um die bloße künstlerische Widerspiegelung von Wirklichkeit, schon gar nicht im Sinne einer marxistisch orientierten „Parteilichkeit"[159], sondern im Roman findet die eigentliche „Ver–wirklichung im Sinne einer Durchdringung mit Wirklichkeit"[160] gerade erst statt.

Innerhalb der Polarisierungen Gaedes und Zimas sind die theoretischen Vorstellungen Doderers in der Tradition Kants (*Autonomie der Kunst*) zu sehen bzw. *mimetisch–antirealistisch* (*Prinzip der Entelechie*) zu nennen, was jedoch a) seinem *praktischen* Schaffen und b) seinem eigenen Wirklichkeitsanspruch zu widersprechen droht.

a) Wenn Gaede für die antimimetische (realistische) Tradition die Satire, Groteske und das Absurde deklariert, um der Gebrochenheit der Wirklichkeit (der *Krise der Wirklichkeit*) gerecht zu werden, so lassen sich diese *Formen* sowohl in Doderers Erzählungen (z. B. „Die Posaunen von Jericho") als auch in seinen großen Romanen (z. B. „Die Dämonen") nachweisen[161]. Doderer trägt dem selbst Rechnung, indem er zugibt, daß es nicht Aufgabe des „Totalen Ro-

---

[154] Lukács: S. 270.

[155] Lukács: S. 271.

[156] Lukács: S. 275.

[157] WdD 165.

[158] WdD 169.

[159] Vgl. Lukács: Kunst und objektive Wahrheit, S. 277.

[160] WdD 170.

[161] „In dem Roman 'Die Merowinger', der für das Verständnis der 'Posaunen' von entscheidender Bedeutung ist, verfremdet Doderer das gesamte Geschehen ins Groteske. Das Vergnügen am Grotesken korrespondiert dabei offenkundig mit dem Vergnügen an der Gewalt: Lärmen, Wüten, Prügeln und Treten bestimmen die Handlung nahezu durchgehend." Hans J. Schröder: Apperzeption und Vorurteil, S. 364.

mans" sei, dem Sinnlosen einen Sinn zu geben, sondern die „Diversion" von „geschlossenen Meisterwerken"[162], womit der vermeintliche Anspruch auf Universalität aufgehoben erscheint.

b)   Da es Doderer gerade in seiner dialektischen Wirklichkeit um die „Wiedereroberung der Außenwelt"[163] geht, stellt sich die Frage, wie daraus die Autonomie der Kunst abgeleitet werden kann, wenn das Produkt dieser *Wiedereroberung* gerade im Roman zu finden ist.

Die Diskrepanzen, die Doderer hier aufwirft, lassen sich nur durch eine radikale Ästhetisierung der Wirklichkeit zusammenführen.

Im *totalen Roman* wird die Form–Inhalt–Dichotomie zugunsten der „Form–Apriorität" aufgelöst. Damit steht die Komposition bzw. die Ausdrucksebene im Vordergrund[164]. Die oben angesprochene *Universalität* wird dann zum Repräsentationsrahmen, in dem sich das Sein in Konkretion (Inhaltsebene) entelechisch einfindet[165].

Da darüber hinaus die *wissenschaftlich–rationale* Disponibilität über das Sein (Wirklichkeit) angezweifelt wird[166], kann Hans Joachim Schröder rechtgegeben werden, wenn er diesbezüglich feststellt:

> „Am Bestreben Doderers, der Romankunst den höchsten Rang in der Hierarchie des Geistes zuzuerkennen, gibt es damit keinen Zweifel. <...> "[167]

Und

> „Doderers Alternative jedoch, die Rückbesinnung auf das 'Grundgeflecht', rechtfertigt jene falsche Naivität und Instinktgläubigkeit, die weit stärker als der positivistische Faktenkult zur 'Zerstörung der Vernunft' geführt hat."[168]

Inwiefern es sich um „Naivität" oder „Instinktgläubigkeit" handelt, soll dahingestellt bleiben. Es läßt sich allerdings festhalten, daß Doderer in der Tat zur „Zer-

---

[162] WdD 174.
[163] WdD 169 u.a.
[164] „Ein entscheidender Vorstoß in der Kunst kann nie geschehen durch neue Gedanken oder das Ergreifen neuer Inhalte <...>. Sondern nur neue technische Mittel vermögen die Kunst immer neu zu begründen." WdD, S. 173.
[165] „Universalität ist der geometrische Ort aller Sachen, die heute noch mit einem Mindestgrade von Deckung zwischen Innen und Aussen ergriffen und zur Sprache gebracht werden können." WdD 167.
[166] WdD 165, 173/174.
[167] Schröder: Apperzeption und Vorurteil, S. 440.
[168] Schröder: Apperzeption und Vorurteil, S. 441.

störung der Vernunft" beiträgt bzw. positiv gewendet, daß er die Grenzen der (natur–) wissenschaftlichen r a t i o erkannt hat, dem Sein (dem Leben) angemessen zu begegnen. Hierin stellt Doderer auf seine eigentümliche Weise Hegel *vom Kopf auf die Füße*: Aus der Einsicht in die *Dinge an sich* folgt nicht die Hypostase des Begrifflichen, in der die Kunst (im hegelschen Sinne) *aufgehoben* wird, sondern die Auflösung des Begrifflichen (der Inhaltsebene) in der Kunstwirklichkeit als *eigentliche* „Wissenschaft vom Leben"[169].

Daß darüber hinaus der Wirklichkeit nur durch *Fiktion* beizukommen ist, ergibt sich aus ihrer funktionalen Neubestimmung. Die »Fiktion« ist keine Schein–Wirklichkeit gegen die tatsächliche Welt (v. Wilpert), sie ist auch keine *als ob* Wirklichkeit (Kant), sondern der kompositorische Freiraum, der es trotz der wissenschaftlichen bzw. arbeitstechnischen Spezialisierung und der damit verbundenen Entfremdung ermöglicht, Gesammtzusammenhänge (universal) zu konstituieren. Im Sinne Doderers ist die Fiktion ein notwendiges Hilfsmittel (Kunstgriff), um einen Rahmen zu kreieren, innerhalb dessen sich das Leben – befreit von aktuellen Zweckmäßigkeiten – so darstellen läßt, wie es sich verhält und nicht, wie es sich verhalten sollte oder müßte. Fiktion als Antifiktion?

> „Denn die Fiktion, die Erfindung, zeigt jetzt in diesem Zusammenhang erst ihren hohen heuristischen Wert, ihren eigentlichen geistigen Ort: es ist der eines archimedischen Punkts. Die Fiktion setzt, sei's auch nur einen initiierten Augenblick lang, den Autor außerhalb seiner hier und jetzt so gegebenen Umstände. Sie schenkt ihm jene Ellenbogenfreiheit, deren auch ein Pfeilschütze bedarf, um seinen Bogen zu spannen. So geht der Schuß in's Schwarze der Tatsachen. Die Fiktion ist ohne Eigenbedeutung: eben jenes Gewand, durch das man bei wirklichen Ärmeln herauskommt."[170]

---

[169] WdD 173.
[170] WdD 169.

Der „totale Roman" im Zusammenhang mit Doderers Geschichtsauffassung

Doderer, der selbst ein enthusiastischer Bogenschütze war, gibt in dem o.g. Zitat einen entscheidenden Wink für die G e s t a l t u n g des „totalen Romans". Der totale Roman ist innerhalb dieser Metaphorik die Beschreibung der *Pfeilschüsse* des Lebens, die es gilt, r ü c k w ä r t i g zu rekonstruieren, wodurch implizit eine zeitliche Distanz erzwungen wird. Das heißt der Stoff des Romans ist in der Vergangenheit angesiedelt, muß für den Autor bereits in V o l l e n d u n g verfügbar sein. Letzteres wird in bezug auf die eingeforderte „Entelechie der Inhalte" offensichtlich, denn nur in der Rückschau lassen sich Vorgänge vom *Anfang bis zum Ende* ihrer E n t w i c k l u n g verfolgen. Desweiteren ergibt sich für Doderer durch die zeitliche Distanz auch die entsprechende *Gleichgültigkeit* für die zu verarbeitenden Inhalte, d. h. der Autor verbindet keine gegenwärtigen Interessen mit seinem Sujet, weil es eben vergangen ist und damit sowieso nicht mehr veränderbar. Hieraus ergibt sich die („Ellenbogen-") Freiheit des G e d ä c h t n i s - s e s (vgl. hierzu Kap.»Spiegelungen in dem Divertimento „Die Posaunen von Jericho"«, S. 87ff und »Apperzeption und Genie – Otto Weininger«, S. 137ff in dieser Arbeit), die es ihm ermöglicht, seine „hier und jetzt so gegebenen Umstände" außer acht lassen zu können, um die Dinge aus zeitlicher Ferne möglichst anteillos schildern zu können.

> „Sie <die Erinnerungen> enthalten ein Bild der Vergangenheit, das von den Anforderungen, den Hoffnungen und Befürchtungen der jeweiligen Gegenwart frei ist und sich erst allmählich unter dem Einfluß der Zeit und dem Abbau aller zweckbestimmten Beziehungen ergibt."[171]

Mit der hier für den Autor eingeforderten, „im vollkommensten Grade vorhandenen Gedächtnis–Distanz"[172] setzt sich Doderer von Techniken ab, die versuchen „<mit> den Ereignissen gleichzeitig zu schreiben"[173]. Beispielhaft hierfür sieht er Fjodor Dostojewski und André Gide. Für ersteren konstatiert Doderer, daß ein „unmöglicher Ich–Erzähler" deswegen eingeführt wird, weil dieser als Chronist des Tagesgeschehens eine Auktoralität hinsichtlich der Zukunft vortäuschen muß, für die weder der Erzähler noch sonst jemand hätte Zeugnis ablegen können[174]. Eine *glaubwürdige* – darauf scheint es Doderer anzukommen – Exegese der „gleichzeitigen Ereignisse" insbesondere hinsichtlich ihrer Auswir-

---

[171] Vgl. Wolfgang Düsing: Erinnerung und Identität – Untersuchungen zu einem Erzählproblem bei Musil, Döblin und Doderer, München, 1982, S. 175f.
[172] Vgl. Tangenten 64.
[173] Vgl. Tangenten 64.
[174] Vgl. Tangenten 64.

kungen liefern zu können, bleibt für Doderer der „absoluten Sinnlosigkeit" überantwortet, denn „<wer> kann wissen, ob nicht irgendeine Velleität, deren Notati-
on man sich billig glaubt schenken zu können, die wahre Sprengladung der Zukunft seltsam verklausuliert in sich enthält <...>"[175]. Das synchrone Schreiben
müßte im Umkehrschluß jedes Detail registrieren; es dürfte keine Auswahl ge-
troffen werden, da nie sicher sein kann, welche Einzelheit eben diese „Spreng-
kraft" evozieren mag. Ein *Roman*, der nunmehr notwendig eine thematische in-
haltliche Selektion darstellt, kann sich damit – im Sinne Doderers – niemals der
Gegenwart des Autors verdanken. Das simultane Aufzeichnen von Erlebnissen
bleibt damit dem, wie es eben heißt: *Tagebuch* vorbehalten. Einzig im Tagebuch
besteht die Möglichkeit aktuale „Momentaufnahmen" „epigrammatisch" zu fixieren (vgl. hierzu auch Kap.»Apperzeptive Aussichten«, S. 192ff in dieser Arbeit), also *Zeichen* zu setzen, die überdauern und damit die Zeit „zum Stehen
<...> bringen". Erst dieses sprachlich festgehaltene, somit externalisierte Ge-
dächtnis, erst die zustandengekommene (abgeschlossene) Zeit, kann, „nachdem
es einmal vergangen ist", also *später*, Material, „Objekt" für die diachronische
„Re–produktion" durch den Roman sein.[176] Das Tagebuch wird so zur Vorform
eines literarischen Prozesses, indem es (epi–) grammatisch das Erlebte in eine
Art *Vor*–Schrift überführt, die sich als „Marke" bzw. „Rune"[177] manifestiert. Das
Erlebte wird durch die Verschriftung notiert, kann damit aktual v e r g e s s e n
werden, damit es vom Tagesgeschehen losgelöst „wiederauferstehen" kann:

> „Denn was dem erzählerischen Zustand zu Grunde liegt ist nichts anderes als der
> Tod einer Sache, nämlich der jeweils in Rede stehenden, die ganz gestorben, voll
> vergessen und vergangen sein muß, um wiederauferstehen zu können. Das Grab der
> Jahre hat sie von allen Wünschbarkeiten und Sinngebungen gereinigt, die ent-
> langspalieren mußte, solange sie lebte."[178]

Das im Tagebuch fixierte *Epigrammatische* wird – durch die Zeit „gereinigt" –
in eine neue (*grammatologische*?[179]) Sprache transformiert, die sich nicht den
Autorinteressen beugt, somit kein intentionales Sprechen intendiert und sich damit den aktuellen Lebensumständen des Autors entzieht. Die Romansprache ist
damit keine subjektiv *er*fundene Sprache, sondern eine durch die Wiederkehr des
Vergangenen *ge*fundene a u t h e n t i s c h e Sprache. Somit stellt sich hier erneut

---

[175] Vgl. Tangenten 63.
[176] Vgl. Tangenten 62.
[177] Vgl. Tangenten 64.
[178] Tangenten 88.
[179] Vgl. hierzu auch Helmstetter: Kap. „Einzeltext, Metatext, Lebenstext, Autor", S. 21ff.

die Frage, inwiefern Doderer der Fiktion, im Sinne von Erfindung, nicht ein „antifiktives" Modell entgegenstellt[180]:

> „Damit aber, mit dem Ausscheiden der Möglichkeit, den 'Stoff' aus irgendwelchen rationalen oder gar rationellen Motiven zu wählen und zu ergreifen, damit, daß jener sich außerhalb der Reichweite solchen Zugriffes befindet: damit ist eine spontane, freisteigende Wiederkehr ermöglicht, sein Wieder–Erscheinen auf einer neuen und anderen Ebene: nämlich jener der Sprache."[181]

Diese Sprachfindung geht nicht einher mit Beliebigkeit, sondern verdankt sich der Memoria des Tagebuchs, aus dem sie schöpft, das heißt das *Epigrammatische* (die Fixierung des Erlebten) wird ins Literarische überführt, die „Entstehungsart <eines> Romanes <gemeint ist die 'Strudlhofstiege'>" entspricht dem „Selbstständig–Werden eines Notizbuches"[182], nämlich bei der „Strudlhofstiege" Kapitel III und IV („Mont de Marsan", „Carnet rouge") der Tangenten S. 101 bis 204.[183]

In seinem Roman „Die Dämonen", den er als sein Hauptwerk betrachtet, versucht Doderer die Prinzipien des totalen Romans zu verwirklichen[184]. Er nimmt sich hier der Wiener Gesellschaft der späten zwanziger Jahre (1925–1927) an. Da er den Roman von 1931–1940 und wesentlich von 1951–1956 verfaßt hat, ist der nötige historische Abstand zur Gegenwart des Romans gewährleistet. Gewissermaßen programmatisch finden sich die Motive des „totalen Romans" in der „Ouvertüre"[185] zu den *Dämonen* wieder. Diese *Einleitung* übernimmt, wie im Untertitel angedeutet, die Chronistenfigur des Sektionsrates Geyrenhoff, die Doderer 1935/1936 zwischengeschaltet haben soll.[186]

Doderer läßt durch Geyrenhoff als Ich–Erzähler einige Kerngedanken des „totalen Romans" durchblicken. Seinen Werdegang zum Chronisten erzählt Geyrenhoff fast durchgängig im Präteritum und verweist so auf längst vergangene Zeiten. Bevor er den Leser in die zurückliegende Handlung einführt, taxiert er den zeitlichen Abstand seiner Chronik auf 28 Jahre. Die Zahl 28 verweist auf die von Doderer teilweise adaptierte Theorie der „Periodiziät" Hermann Swobodas[187].

---

[180] Vgl. Helmstetter: S. 23.
[181] Tangenten 88.
[182] Vgl. Tangenten 524.
[183] Zur Entstehungsgeschichte der „Strudlhofstiege" vgl. Roswitha Fischer: Studien zur Entstehungsgeschichte der „Strudlhofstiege" H. v. Doderer, Wien 1975.
[184] Die „Strudlhofstiege oder Melzer und die Tiefe der Jahre", München 1951, 1966 nimmt sich ebenso dieser Gestaltungsform an. Doderer versteht die *Strudlhofstiege* diesbezüglich jedoch (lediglich) als „Rampe" für die *Dämonen*. Vgl. „Die Dämonen", Vorwort der Hg., a.a.O.
[185] Dämonen 7–20.
[186] Vgl. Dietrich Weber: Heimito von Doderer, Autorenbücher, München 1987, S. 59.
[187] Vgl. Hermann Swoboda: Studien zur Grundlegung der Psychologie, Leipzig, 1905.

Swoboda entwickelt eine Arithmetik, nach der Erinnerungen periodisch wiederkehren sollen. Für Doderer wesentlich ist die Zahl Sieben, die einzeln oder verschieden multipliziert immer wieder in seinen Romanen auftaucht. Daß Erinnerungen sich tatsächlich dieser Siebener–Periodik beugen, dürfte in den Bereich
des Aberglaubens hineinreichen. Schröder konstatiert diesbezüglich zu Recht
den „Sinn und <eher den> Unsinn der ganzen Periodenspekulation"[188]. Interessant ist dieses Periodensystem allenfalls als Kompositionsprinzip, was Wolfgang
Düsing für die „Strudelhofstiege" herausstellt[189].

Wesentlich ist hier der zeitliche Abstand, der – so Dietrich Weber –, den „idea-
len Chronisten"[190] initiieren soll, welcher, verräumlicht gesprochen, vom *Turm
der Zeit* aus den vermeintlich neutralen *Panoramablick* innehat:

> „Man sitzt hoch wie auf dem Gefechtsstande eines Artilleriebeobachters oder in ei-
> nem Leuchtturme. <...> Hier also, in diesen unter meinem Aug´ gebreiteten neuen
> und daneben wieder hundertjährigen Gassen hat ein wesentlicher Teil jener
> Begebenheiten vollzogen, deren Zeuge ich vielfach war, deren Chronist ich gewor-
> den bin, und das letztere oft fast gleichzeitig mit den Ereignissen. Denn sehr bald
> hatte ich den Entschluß gefaßt, meine gelegentlichen Aufzeichnungen mit größerer
> Genauigkeit zu machen und meine Notizen zu verarbeiten." (Dämonen 7f)

Da jedoch das »Gleichzeitig–Schreiben« „mit den Ereignissen" den Mangel intendiert, um die resultierenden Abfolgen zu wissen, muß der „Chronist" eingestehen, daß zu jener Zeit auch eigene Verstrickungen nicht vorhersehbar waren.[191] Seine (vorgebliche) Neutralität ist der Gegenwart nicht abzuringen. Erst
die Erinnung „trifft <...> die wunde Stelle" (Dämonen 18), ermöglicht im nachhinein die Ereignisse einzuordnen, dient zugleich als Einlaß der Erzählung:

> „Eine Dreiviertelstunde danach ging ich über den belebten ´Graben´, und als um
> die Ecke gegenüber dem sogenannten ´Stock im Eisen´ der Turm von St. Stephan
> gleichsam mit einem einzigen Riesenschritt hervortrat, machte meine Erinnerung
> einen Sprung um achtundzwanzig Jahre zurück und eben in jene Zeit, da ich diese
> Aufzeichnungen recht eigentlich begonnen hatte.

---

[188] Schröder: Apperzeption und Vorurteil, S. 160.
[189] Vgl. Wolfgang Düsing: Erinnerung und Identität, S. 197ff.
[190] „Die Idealität des Standortes ist dem Chronisten freilich erst mit dem zeitlichen Abstand von
seinem Gegenstand zuteil geworden. Jetzt erst achtundzwanzig Jahre danach, ist sein Überblick
vollkommen <...>", vgl. Dietrich Weber, Heimito von Doderer, Studien zu seinem Romanwerk,
München 1963, S. 127.
[191] Vgl. hierzu auch Ulrike Schupp: Ordnung und Bruch – Antinomien in Heimito von Doderers
Roman *Die Dämonen*, Frankfurt am Main, 1994, S. 94ff.

Gerade an dieser Stelle hier war mir der Kammerrat Levielle begegnet, 1927 im Vorfrühling. Als wär's gestern gewesen: <...>" (Dämonen 11)[192]

„Als wär's gestern gewesen" ist gewissermaßen das Leitmotiv für die „freisteigenden Erinnerungen" des Erzählers, der in „Kenntnis des Ganzen" dann als Hommage an Friedrich Schlegel[193] zum „rückwärts gekehrten Propheten" wird (vgl. Dämonen 11). Da *Propheten* in der Regel *Zukünftiges vorher*sagen, gehört die *Zukunft* gleich wie die Gegenwart in den „Dämonen" der faktischen Vergangenheit des Erzählers selbst an.[194] :

> „Aus jenem Vergangenen aber schwankt wie aus Nebeln zusammen, was aus Wahrheit zusammengehört, wir wußten's oft kaum, aber jetzt reicht das verwandte Gebild dem verwandten die Hand, und sie schlagen eine Brücke durch die Zeit, mögen sie es auch sonst im Leben ganz weit auseinandergestanden haben, in verschiedenen Jahren, an verschiedenen Orten, zwischen denen eine recht eigentlich gangbare Verbindung der Umstände fehlt." (Dämonen 16)

„Die Brücke durch die Zeit" schlagen Déjà–vu–Erlebnisse, die spontan etwa durch die Reprodukition einzelner Sinneswahrnehmungen ausgelöst werden, so durch den

> „Nachklang einer Farbe im dunklen inneren Augenlied, der Geruch des einstmals frischlackierten Spieltischchens in unserer einstmaligen Kinderstube, die fallende Masche an einem Strumpf, der sich um eine sehr schlank eingezogene Fessel spannt." (Dämonen 19)

Dieser „Anruf" aus „unserem geheimsten Wissen" (Dämonen 17) zeitigt sich aus dem Gedächtnis, dessen Bedeutung sich selbstevident anzeigt, so daß keine „Nachprüfung" mehr „verlangt" werden braucht. Im letzteren vorschnell Doderers »Konservatismus« sehen zu wollen[195], übersieht die Möglichkeit, daß sich Erinnerungsbilder durchaus unalteriert erhalten und als solche wieder hervortreten können, genauer, daß sie sich dem »authentischen« Gedächtnis verdanken.

---

[192] Laut Dietrich Weber ist die „Ouvertüre" bereits 1935 geschrieben worden und seitdem unverändert geblieben. A.a.O., S. 59. Addiert man jedoch zu dem Jahr 1927 die achtundzwanzig Jahre, so ergibt sich das Jahr 1955, also ein Jahr bevor „Die Dämonen" fertiggestellt worden sind. Falls Weber allerdings Recht behalten sollte, ergäbe sich die kuriose Situatuion, daß Doderer 1935 die Chronistenfigur aus einer weiten Zukunft (1955) heraus sich erinnern läßt, um so seinem Prinzip der Zeitdistanz gerecht werden zu können.

[193] Vgl. Friedrich Schlegel:»Athenäums« – Fragmente, Fragment 80, S. 85, hier aus Kritische Schriften, Reclam, 1978, 1990: „Der Historiker ist ein rückwärts gekehrter Prophet."

[194] Vgl. Claudio Magris: Dąderers erste Wirklichkeit, S. 5: „Auch Doderer flüchtet sich in die Zukunft, um auf die Gegenwart zu blicken, wenn sie schon vergangen ist; der einzige heiterruhige Blick auf das Leben ist jener zurück in die Vergangenheit, auf ein schon verflossenes und beendetes Leben."

[195] Vgl. Schröder: Apperzeption und Vorurteil, S. 414f.

Dieses resultiert nicht aus der „Gewohnheit"[196] bzw. aus den Restriktionen der gegenwärtigen Alltagsbewältigung, die ein bloß wiederholendes, repetierendes Erinnern verlangen. Letzteres stellt, wie Bergson hervorhebt,

> „genau gesagt <...> unsere Vergangenheit nicht mehr vor, <sondern> es spielt sie, es imaginiert sie nicht, es agiert sie, und wenn es überhaupt noch den Namen Gedächtnis verdient, so nicht, weil es alte Bilder aufbewahrt, sondern weil es ihre Resultate bis in den gegenwärtigen Augenblick hinein zu nützlicher Wirkung lebendig hält."[197]

Wenn Doderer damit die aus zeitlichem Abstand sich selbst anzeigenden, spontanen „freisteigenden" Erinnungen präferiert, weil sie ihren utilitären Beziehungen entzogen sind, zeigt er damit Affinitäten zu der Bergsonschen Unterscheidung zwischen einem *wiederholenden* und einem *vorstellenden* Gedächtnis (vgl. hierzu auch S. 60ff in dieser Arbeit)[198]. Auch Marcel Proust, mit dem Doderer desöfteren zu Recht verglichen wird[199], bezieht seine „mémoire involuntaire" über Bergsons „mémoire pure"[200]. Schröders Kritik hingegen, daß Doderer einem „Trugschluß" unterliege, wenn er „den erinnerten Inhalten eine unwiederlegbare Tatsächlichkeit"[201] zubilligt, was Schröder mit dem Verweis auf Prousts vermeintliche „'subjektive' Realität" rechtfertigt, ließe sich mit Bergson weitgehend relativieren. Bergson differenziert, wie oben angesprochen, zwischen einer erlernten, für die Gegenwart und Zukunft nützlichen Erinnerung und einer „selbsttätigen" Erinnerung, die den direkten Konnex zur Vergangenheit bildet. Letztere stellt sich für das Subjekt, das sich eben „selbsttätig" erinnert (eigentlich passivisch: *dem erinnert wird*), authentisch und unverfälscht dar. Wohingegen erstere einer zwar aktiven aber entfremdeten Erinnerung entspricht:

> „Die selbsttätige Erinnerung ist sofort vollständig; die Zeit kann ihrem Bilde nichts hinzufügen, ohne es zu verfälschen; sie behält ihre Bestimmung nach Ort und Datum. Dagegen hebt sich die erlernte Erinnerung umso mehr aus der Zeit heraus, je besser das Gedicht gekonnt wird <das Auswendiglernen eines Gedichts dient hier als Exempel für das bloß repetierende, wiederholende Gedächtnis, Anm. d. Verf.>; sie wird immer unpersönlicher, unserem vergangenen Leben fremder."[202]

---

[196] Henri Bergson: Materie und Gedächtnis – Eine Abhandlung über die Beziehung zwischen Körper und Geist –, Hamburg, 1991, S. 69ff.

[197] Bergson: Materie und Gedächtnis, S. 71.

[198] Vgl. Bergson: Materie und Gedächtnis, Kap. „Die beiden Formen des Gedächtnisses", S. 68ff.

[199] Vgl. Schröder: Apperzeption und Vorurteil, S. 162ff, und Wolfgang Düsing: Erinnerung und Identität, S. 176 ff u.a.

[200] „Das reine Gedächtnis – die mémoire pure – der Bergsonschen Theorie wird bei ihm zur mémoire involuntaire – einem Gedächtnis, das unwillkürlich ist." Vgl. Walter Benjamin: Illuminationen – Ausgewählte Schriften I, Frankfurt, 1955, 1977, S. 187.

[201] Vgl. Schröder: Apperzeption und Vorurteil, S. 164.

[202] Henri Bergson: Materie und Gedächtnis, S. 73.

Die „unpersönliche", entfremdete Erinnerung korrespondiert mit Doderers Ablehnung einer autobiographischen Fixierung von Vergangenheit, die sich aus der bloßen Merkfähigkeit ergibt[203]. Der Roman restauriert dewegen nicht Geschichte wie etwa eine historische Dokumentation, sondern dient der „Überwindung" „einer erweiterten Autobiographie"[204]. Wesentlich lebt er dabei von dem Ensemble einzelner Erinnerungsbilder, welche durch „jene unsichtbare Mauer, <...> jene gläserne Wand, die uns vom Vergangenen trennt <...> erscheinen, die vielfach einander <überschneiden>" (vgl. Dämonen 19), und deren Verknüpfungen, die selbst die unscheinbarsten Erinnerungen evozieren:

> „Sie stand klein und schlank auf dem Trittbrett des Wagens und reichte mir eine wohlbehandschuhte Hand, an welche ich mich seltsamerweise als an etwas Trockenes erinnere.
>
> Solches aber sind Kleinigkeiten, die jedermann bei sich herumträgt, die allein — Hand aufs Herz — das Große des Lebens ganz enthalten, wenngleich ungestalt noch und keines Namens würdig." (Dämonen 20)

Daß auch „Kleinigkeiten" das ganze Leben enthalten, ist entscheidendes Merkmal für den „totalen Roman", denn alles im Leben, so Doderer, ist miteinander verwoben, verkettet.
Diese Verkettung ist das von Doderer in seinen Tagebüchern oft genannte „Grundgeflecht", das „Gewebe" des Lebens, in dem das Einzelne immer auf das Ganze verweist. So nochmals Geyrenhoff:

> „Und dennoch, in der Tat gälte es nur, den Faden an einer beliebigen Stelle aus dem Geweb' des Lebens zu ziehen, und er liefe durchs Ganze, und in den nun breiteren offenen Bahnen würden auch die anderen, sich ablösend, einzelweis sichtbar. Denn im kleinsten Ausschnitte jeder Lebensgeschichte ist deren Ganzes enthalten, <...>" (Dämonen 11)

Der „totale Roman" folgt somit, in der Metaphorik Doderers, den vorgefertigten *Gleisen des Lebens*[205] als nachträgliche Determinationskreation von Wirklichkeit. Folgerichtig beginnt die *Geschichte* in der Halle eines Fernbahnhofes, wo die „gedehnte Strecke" in die „Ferne hinausweist <–weisend>" (vgl. Dämonen 19) und endet natürlich auf dem Bahnsteig (vgl. Dämonen 1343/1344).

---

[203] Vgl. Wolfgang Düsing: Erinnerung und Identität, S. 194–195.
[204] Vgl. Wolfgang Düsing: Erinnerung und Identität, S. 195.
[205] Vgl. Karl Heinrich Schneider: „Die technisch, moderne Welt im Werk Heimito von Doderers", Frankfurt am Main, Bern, New York 1985, Kap.: „Das determinierte Leben – die Metapher vom Gleis des Lebens", S. 70 – 98. Vgl. auch Hans Joachim Schröder: „Apperzeption und Vorurteil", Heidelberg 1976, Kap.: „Die Veranschaulichung des Apperzeptionsgedankens am Phänomen der Eisenbahn", S. 192 – 220.

Doderer geht damit offensichtlich von einer historischen F a k t i z i t ä t aus (vgl. hierzu S. 60ff in dieser Arbeit).

Da bei Doderer alle drei traditionellen Zeitteile, also Vergangenheit, Gegenwart und Zukunft, selbst in der Vergangenheit angeordnet sind, ergibt sich die Möglichkeit, Geschichte hinsichtlich ihrer n i c h t nur k a u s a l e n , somit auch z u - f ä l l i g e n bzw. schicksalhaften Notwendigkeit[206] darzustellen: Geschehnisse *waren* zunächst, als daß sie stattfanden. Primär ist die Vergangenheit somit faktizitär und zwar in dem zunächst trivialen Sinne, daß es eben *so war, wie es war.*

> „Erzählen in seiner Angewiesenheit aufs Faktische, aufs Alltägliche und aufs Sinnlich-Konkrete; Erzählen, das nicht gedanklich bestimmt ist, etwa durch vorgefaßte Ideen, die es dann in der Erzählung nur zu illustrieren gälte, sondern das sich sachlich reguliert durch den jeweiligen zu erzählenden Fall; Erzählen im beschwörenden Anfangs–Gestus des 'Damals – wie war's' und im schlicht–resigniert–erzählgemütlichen Abschluß–Gestus des 'So ging's dahin'.“[207]

In dieser Hinsicht erschließt der Roman einen anderen Zugang zur Vergangenheit als etwa die Historie, weil er der Lebenspraxis entsprechend auch alltägliche, subjektiv–individuelle Bezüge, Fehleinschätzungen seitens der teilweise „befangenen" Protagonisten und auch des „Chronisten" selbst, denn

> „<die> 'Übersicht' <des 'Chronisten'> ermöglicht eine Kontrolle ebenso wie eine Verkennung der Situation"[208],

miteinbeziehen kann:

> „Der Historiker ist mit dem bloßen W a s beschäftigt, also mit den a l l g e m e i - n e n gegebenen Zuständen und Verhältnissen, unter welchen und gegen welche sich das W i e des individuellen Lebens und Schicksals trotzdem durchzusetzen hat. Deshalb ist der historische Roman widersinnig, denn er nimmt sich eben das zum Gegenstande, dessen Unerheblichkeit letzen Endes zu erweisen ja die Arbeit des Romanschriftstellers ausmacht.

---

[206] Vgl. hierzu Ingrid Werkgartner Ryan: „Zufall und Freiheit in Heimito von Doderers 'Dämonen'", Wien, Köln, Graz, 1986.

[207] Vgl Dietrich Weber: Heimito von Doderer, Autorenbücher, München 1987, S. 11.

[208] Vgl. Ulrike Schupp: Ordnung und Bruch – Antinomien in Heimito von Doderers Roman *Die Dämonen*, Frankfurt am Main, Berlin, Bern, New York, Paris, Wien, 1994, S. 95f.
Ulrike Schupps Einspruch bezüglich der Divergenz der Chronistenfigur ist berechtigt, wenn sie feststellt: „Die Chronik erhebt zunächst den Anspruch eines vollkommen, geordneten Überblicks, der durch gänzliche umfassende Information möglich wird. Dieser Anspruch kann nicht eingelöst werden. Die unterschiedlichen Verfasser, die dem Chronisten die Daten zutragen sollen, entwerfen verschiedene Perspektiven im Hinblick auf den geschilderten Gegenstand, aus denen heraus das Ungelöste aus der jeweiligen Vergangenheit für die anderen an der Niederschrift Beteiligten sichtbar und damit kritisierbar wird.", S. 94.

Der Romanschriftsteller ist nicht Geschichtsschreiber seiner Zeit, etwa en détail oder unter Zeitlupe; sondern er dokumentiert und hält hoch, daß es trotz der Geschichte in seinem Zeitalter auch Leben und Anschaulichkeit gegeben hat."[209] (Hervorhebung durch den Verfasser)

Die Faktizität des *Daß* bzw. des *Wie*, also der Existenz, so ließe sich hier nochmals anmerken, geht somit dem *Was* und *Warum* voraus, genauer noch: das faktische Leben zu beschreiben, w i e es sich eben zugetragen hat(te), ist Aufgabe des „Romanschriftstellers", nicht aber die Konstruktion einer historischen Kausalität, sprich: das Allgemeine dem Besonderen vorzuziehen bzw. zu oktroyieren. Hieraus ergibt sich auch, daß die Zukunft nicht Sujet werden kann, weil sie sich lediglich in der Modalität der Möglichkeit bzw. als Entwurf (Utopie u.a.) nicht aber hinsichtlich ihrer Notwendigkeit darstellen läßt. Insofern geht die Kritik Schröders fehl, wenn er meint, damit sei das Prinzip der Totalität aufgehoben, weil die Zukunft fehlt (vgl. hierzu S. 65ff in dieser Arbeit):

„Die Apperzeption ist, wie sich am Phänomen der Zeit erweist, nicht zu einem Totalitätsprinzip entwickelt, sondern nach vielen Seiten hin eingeschränkt. Doderer nutzt nicht die inhärenten Möglichkeiten seiner 'Theorie'. Er <Doderer> apperzipiert die Zeit gewissermaßen nur zur Hälfte: vollständig als Vergangenheit und teilweise als Gegenwart."[210]

Die oben erwähnte „Verkettung" der jeweiligen Umstände, die als *Gegenwart* derzeit für die Figuren und auch für den Autor selbst firmierten, wird im nachhinein in „Kenntnis des Ganzen", also im Wissen um die Abfolgen, durch den Einsatz des Gedächtnisses gewährleistet, welches die einzelnen Ereignisse, also das Besondere, mit dem Gesamtzusammenhang, dem Allgemeinen, verbindet. Diese Vernetzung entspricht jedoch nicht zugleich einer Harmonisierung, was Gaede für die mimetische–idealistische Kunstauffassung reklamiert (vgl. S. 41 dieser Arbeit), sondern berücksichtigt genauso die Ab–, Irr– und Umwege einzelner Figuren, im weiteren auch »Brüche« in psychologischer, biographischer und historischer Hinsicht.[211]

Die Präferenz gilt im wesentlichen der Konkretion des Individuellen bezüglich dessen disparater Verflechtung[212] und z u g l e i c h dem Aufzeigen der Möglichkeit einer Versöhnung des Einzelnen mit sich selbst bzw. seiner Umwelt auch gegen die Umstände:

---

[209] Tangenten 229.

[210] Schröder: Apperzeption und Vorurteil, S. 191.

[211] Vgl. Ulrike Schupp: Ordnung und Bruch, S. 12ff u.a.

[212] „Jeder Augenblick des Lebens ein hochkomplizierter Akkord, ein Differentialbruch, unauflösbar, eine chemische Unio des Disparatesten <…>" Vgl. Tangenten 741.

„Die Erinnerungsbilder in den Romanen Doderers bringen keine verlorene Zeit und kein verlorenes Paradies zurück, sondern stehen primär im Dienste einer Identifikation, einer 'Menschwerdung' oder 'Persons–Werdung'. <...> Die Erinnerungen sind so für seine Figuren eher ein Weg, im Sinne Doderer sogar ein Umweg, allerdings ein notwendiger <...>"[213]

Was Friedrich Schlegel für die Geschichtsschreibung reklamiert, ließe sich gleichsam auf die Romanvorstellungen Doderers übertragen:

„Der Gegenstand der Historie ist das Wirklichwerden alles dessen, was praktisch notwendig ist."[214]

Der hier angesprochene Pragmatismus entwickelt sich zu Beginn des zwanzigsten Jahrhunderts zum Gegenentwurf einer auf Kontinuität und Kausalität bedachten Welt– und Geschichtsauffassung. Lebensphilosophische und historisch–hermeneutische Konzepte positionieren sich in Konkurrenz zum naturwissenschaftlichen bzw. technischem (Fortschritts-) Denken. Zu nennen sind hier einerseits Henri Bergson, Ludwig Klages[215] und Martin Heidegger, anderseits Wilhelm Dilthey und Oswald Spengler. Letzterer hat mit seinem Werk „Der Untergang des Abendlandes"[216] wesentlichen Einfluß auf den kulturpessimistischen Zeitgeist genommen[217], der nicht zuletzt durch die Apokalypse des 1. Weltkrieges beeinflußt worden ist, und zeigte auch erhebliche Wirkung auf Doderer, was Schröder hinreichend nachgewiesen hat.[218] Während Schröder jedoch einseitig die physiognomischen latent rassistischen Vorstellungen Spenglers in den Vordergrund rückt[219], vernachlässigt er Spenglers Geschichtsauffassung in seiner Bedeutung für die Adaption durch Doderer.

---

[213] Vgl. Düsing: Erinnerung und Identität, S. 177.

[214] Schlegel: »Athenäums« – Fragmente, S. 87, a.a.O.

[215] Vgl. zum Einfluß Ludwig Klages´ auf Doderer: Imke Henkel: „Lebens–Bilder, Beobachtungen zur Wahrnehmung in Heimito von Doderers Romanwerk", Tübingen, 1995.

[216] Oswald Spengler: „Der Untergang des Abendlandes, Umrisse eine Morphologie der Weltgeschichte", in II Bd., Erstausgabe 1918, München 1922, 1923.

[217] Vgl. hierzu auch Heidegger: „Die bekannteste und kurze Deutung unserer Lage ist diejenige geworden, die sich ausdrückt in dem Schlagwort »Untergang des Abendlandes«. Das Wesentliche ist für uns das, was als Grundthese dieser >Prophezeiung< zugrunde liegt. Es ist – auf eine Formel gebracht – dieses: Untergang des Lebens am und durch den Geist. Was der Geist, zumal als Vernunft (ratio), sich bildet und geschaffen hat in der Technik, Wirtschaft, im Weltverkehr, in der ganzen Umbildung des Daseins, symbolisiert durch die Großstadt, das wendet sich gegen die Seele, gegen das Leben und drückt sie und zwingt die Kultur zu Niedergang und Verfall." Heidegger, Gesamtausgabe, II. Abt.: Vorlesungen 1923-1944, Bd. 29/30, Die Grundbegriffe der Metaphysik, S. 105.

[218] Vgl. Schröder: Apperzeption und Vorurteil, S. 307ff. Vgl. auch Doderer TB S. 95: „Spengler / Untergang etc. I. beendet <...>"

[219] Vgl. Schröder: Apperzeption und Vorurteil, S. 311ff.

Spenglers Unterscheidung zwischen der Kausalität bzw. Gesetzmäßigkeit des Raumes, dessen Bearbeitung er den Naturwissenschaften zugedenkt, und der schicksalhaften, zufälligen Notwendigkeit der Zeit[220] steht in Analogie zum Zeit- bzw. Geschichtsverständnis Bergsons, welches aufgrund der offensichtlichen Unverdächtigkeit Bergsons hinsichtlich o.g. rassistischer Latenz vorangestellt wird. Der Prägnanz wegen zitiere ich eine Zusammenfassung Erik Oders[221] :

> „1) Kennzeichnend für geschichtliche Prozesse sind irreversible Veränderungen, die weniger quantitativer, sondern vor allem qualitativer Art sind. Historische Ereignisse sind unwiederholbar, einzigartig, einmalig.

> 2) Die Geschichte gehorcht keinen strengen Gesetzmäßigkeiten. 'Wir glauben nicht an ein Fatum in der Geschichte' <Zitat Bergsons>. Die Zukunft ist offen und nicht prognostizierbar.

> 3) Der geschichtliche Prozeß hat eine Richtung, die insgesamt einen Fortschritt aufzeigt. Dieser Fortschritt kommt jedoch nicht geradlinig zustande, man stößt auf Umwege, Stillstand, ja Rückschritte (wie z.B. Kriege)."

Mit den Begriffen *Unwiederholbarkeit, Unprognostizierbarkeit, Umwege* usw. dürfte das Geschichtsbild Doderers und seine Romankonzeption, wie oben gezeigt, hinreichend beschrieben sein. Verdeutlichungen und Ergänzungen finden sich nunmehr bei Spengler.

Die Problematik des genannten Traktates Spenglers, die Schröder zu Recht konstatiert, wird dabei nicht in Frage gestellt, nur kann es nicht angehen, eine Geschichtskonzeption, die eben auch von Spengler vertreten wird, allein deswegen schon dem»Konservatismus«, im weiteren dem Präfaschismus zuzuordnen, weil etwa, wie im Falle Doderer, der Fortschrittsgedanke materialistischer Prägung geleugnet wird, den Schröder offensichtlich präferiert.[222]

Spengler geht wie Bergson (mithin Sartre) davon aus, daß „alles Geschehen e i n m a l i g <ist> und nie sich wiederholend. Es trägt das Merkmal der Richtung (der 'Zeit'), der N i c h t u m k e h r b a r k e i t."[223] Daraus jedoch den Versuch zu unternehmen, (Natur-)Gesetzmäßigkeiten abzuleiten, nennt Spengler „a n t i h i s t o r i s c h", weil es den „Z u f a l l ausschließt" (Hervorhebungen von

---

[220] Vgl. Spengler: Bd. I, S. 154ff.

[221] Vgl. Henri Bergson: Materie und Gedächtnis, Einleitung von Erik Oder, S. XXIIIf. Erik Oder referiert hier aus: Bergson, Die beiden Quellen der Moral und der Religion, Jena 1933.

[222] „Vom historischen Materialismus fehlt Doderer jeder Begriff. Er sieht eine Geschichte der Klassenkämpfe nicht einmal als eine Möglichkeit <...>", vgl. Fußnote 183), S. 187, weiter: „so denkt er <Doderer> nicht an eine Vorwärtsbewegung der Geschichte im Sinne des 'Fortschrittes', sondern nur an die kausale Verknüpfung der Geschehnisse." Vgl. S. 188. Dem »Fortschritt« sieht Schröder mit Benjamin das „konstruktive Prinzip" der „materialistischen Geschichtsschreibung" zugrunde liegen. Vgl. Fußnote 185), S. 187, Apperzeption und Vorurteil.

[223] Spengler: Bd. I, S. 127

Spengler). *Kausale* Geschichtsschreibung, so ließe sich hier anschließen, ist damit genötigt, Ausblendungen vorzunehmen, insbesondere hinsichtlich der Einzelschicksale, der »kleinen« Geschichte, also dem, was sich um die »großen« Ereignisse herum trotzdem abspielte. Dieser Aspekt wird von Schröder unterschätzt. Ihm geht es um die Bewertung „allgemeiner Geschichtsabläufe", und er stellt fest, „daß die ausschließlich individualisierende Betrachtungsweise für die Geschichtsdarstellung völlig ungeeignet ist."[224] Gemeint ist damit natürlich eine *wissenschaftliche* Geschichtsdarstellung mit dem Anspruch auf (vermeintliche) Objektivität. Nur gestaltet sich Geschichte nicht »wissenschaftlich«; sie wird nachträglich nach bestimmten wissenschaftlichen Kategorien rekonstruiert und interpretiert.

In diesem Sinne stellt Spengler fest: „Geschichte w i s s e n s c h a f t l i c h behandeln wollen ist im letzen Grunde immer etwas Widerspruchsvolles."[225] Damit ist nicht von vornherein dem Irrationalismus das Wort gesprochen, sondern Spengler erweist sich zumindest in der Konstatierung wissenschaftlicher Praxis als »kritischer Rationalist«:

> »Die echte Wissenschaft reicht soweit, als die Begriffe richtig und falsche Geltung haben. Das gilt von der Mathematik, das gilt also auch von der historischen Vorwissenschaft der Sammlung, Ordnung und Sichtung des Stoffes."[226]

Spengler unterstellt wohl zu Recht, daß Historiker (und auch Wissenschaft an sich) paradigmatisch (ideengeleitet) arbeiten, das heißt via Arbeitshypothesen ihr Material ordnen. Unterschiede sieht er zwischen den Naturwissenschaftlern, die ihr Sujet synchronen Gesetzen unterliegen sehen, und den Historikern, die selbst der (ihrer) Zeit ausgesetzt sind, damit Diachronien feststellen müssen, in denen sie selbst noch verstrickt sein mögen. Spengler fordert hier eine zeitliche Distanz ein, und dieses Postulat, darauf kommt es hier wesentlich an, war für Doderer offensichtlich prägend:

> „Es ist jetzt endlich möglich, den entscheidenden Schritt zu tun und ein Bild der Geschichte zu entwerfen, das nicht vom zufälligen Standort des Betrachters in irgendeiner — seiner — 'Gegenwart' und von seiner Eigenschaft als interessiertem Gliede einer einzelnen Kultur abhängig ist <...> Was bisher fehlte, war die Distanz vom Gegenstande. Der Natur gegenüber war sie längst erreicht. Allerdings war sie hier auch leichter erreichbar. Der Physiker entwirft das mechanisch–kausale Bild seiner Welt mit Selbstverständnis so, als ob er selbst gar nicht da wäre. <...>

Weiter fordert Spengler für die »wirkliche« Geschichtsbetrachtung, ihr Sujet

---

[224] Vgl. Schröder: Apperzeption und Vorurteil, S. 183.
[225] Spengler: Bd. I, S. 128.
[226] Spengler: Bd. I, S. 128/129.

„wie etwas unendlich Fernes und Fremdes zu betrachten, als eine Zeitspanne, die
nicht schwerer wiegt als alle anderen, ohne den fälschenden Maßstab irgendwelcher
Ideale, ohne Bezug auf sich selbst, ohne Wunsch, Sorge und persönliche innere
Beteiligung, wie sie das praktische Leben in Anspruch nimmt; einen Abstand also,
der es erlaubt — mit Nietzsche zu reden, der bei weitem nicht genug von ihm besaß
— die ganze Tatsache Mensch aus ungeheurer Entfernung zu überschauen."[227]

Daran anschließend entwickelt Spengler eine Unterscheidung zwischen „Erkennen" und „Anschauung". Das „Erkennen" spricht er dem „Inbegriff des gesetz-
lich Notwendigen" zu, folglich den Naturwissenschaften. „Anschauen" heißt,
„erinnerte" Gestalt anzunehmen, bedeutet: „Erlebtes ist <selbst> Geschehenes,
ist Geschichte."[228]

Spengler geht an dieser Stelle noch einen Schritt weiter, wenn er proklamiert:

„Natur soll man wissenschaftlich behandeln, über Geschichte soll man dichten."[229]

Letzteres erscheint provokativ; hier wird jedoch der entscheidende Wink einer
literarischen (künstlerischen) Alternative zum wissenschaftlichen Procedere gegeben. Erlebtes (*Geschichte*) kann erinnerte Anschauung erfahren oder wissenschaftliche Verallgemeinerung. Wenn Doderer also für den Roman beansprucht,
er sei „Wissenschaft vom Leben", favorisiert er ein Modell, das eher der *praktischen* Lebens- und Geschichtse r f a h r u n g entspricht als den Verfahrensweisen
von Historikern, die sich, so Schröder, „vielmehr <als auf eigene Erinnerungen>
auf objektives Quellenmaterial stützen müssen."[230] Inwiefern »subjektives« Erinnern weniger Glaubwürdigkeit beanspruchen darf als „objektives Quellenmaterial", soll hier nicht weiter diskutiert werden, zu bedenken wäre aber z.B., daß
auch das vermeintlich »objektive Quellenmaterial« vom jeweiligen Standpunkt
des Historikers aus interpretiert werden muß; genauer: wenn es sich etwa um
sprachliche Quellen handelt (z. B. Chroniken u.a.), sind diese selbst durch die
jeweilige Autorenschaft s u b j e k t i v vermittelt.

Nicht vergessen werden darf an dieser Stelle, daß Doderer in erster Linie als Literat und nicht als Historiker in Erscheinung tritt. Insofern stellt sich die Frage,
ob Doderers Geschichtsauffassung, die sich auf Anschauung (somit auch auf
Doderers Verständnis von Apperzeption) bzw. Intuition verläßt, für die Roman-
gestaltung nicht *schöpferischer* ist als das positivistische Sammeln von Quellen-

---

[227] Spengler: Bd. I, S. 125.
[228] Spengler: Bd. I, S. 127.
[229] Spengler: Bd. I, S. 129.
[230] Vgl. Schröder: Apperzeption und Vorurteil, S. 151.

material, was letztlich nur zu einer *Dokumentation* von Ereignissen führen kann.[231]
Doderers Romane stellen Geschichte aus den facettenhaften Blickwinkeln bzw. Erinnerungsfragmenten (natürlich letztlich denen Doderers) verschiedener Figuren dar, wobei sich die Figuren gegenseitig beeinflussen bzw. in verschiedenen Beziehungen und Verflechtungen stehen. Darin manifestiert sich auch Doderers Anspruch auf »Objektivität«. »Objektiv« meint damit nicht den wissenschaftlichen Anspruch auf (Allgemein-)Gültigkeit bzw. kausale Stringenz, sondern die wechselseitige, perspektivische Beziehung des Konkreten, des Erlebten, des Geschehenen, womit Doderer, wie oben angesprochen, die Lebenspraxis zum Maß nimmt. »Objektiv« ließe sich an dieser Stelle auch mit *repräsentativ* übersetzen[232], das heißt der Roman repräsentiert Geschichte (Leben), *wie* sie sich für jeden Einzelnen seiner Protagonisten auch in ihren Widersprüchen darstellt. Somit geht es Doderer in seinen Romanen nicht nur wie Proust um die eindimensionale Darstellung des Erinnerungsprozesses als „Selbsterkenntnis"[233], sondern er entwirft zudem konkurrierende Vorstellungen. Schröder selbst stellt fest, daß durch Doderers Figuren auch verschiedene Geschichtsmodelle transportiert werden.

Für René Stangler (in den „Dämonen") konstatiert Schröder ein „historistisches" Konzept, weil der »Historiker« Stangler den Standpunkt vertritt, daß nur wer sich in Geschichte „eingeliebt" (vgl. Dämonen 445) hat, diese aus sich selbst heraus angemessen zu beurteilen vermag. „Man versteht ja nur, was man liebt", heißt es weiter bei Stangler. Es handelt sich damit um eine Geschichtsauffassung, die Vergangenheit (hier das Mittelalter) versucht *intuitiv* zu erfassen, allerdings unter der sprachkritischen Direktive, daß „der neuzeitliche Wortschatz sich mit dem jener Zeit nicht deckt, daß also in beiden Zeiten ein und dasselbe Wort nicht die gleiche Substanz hat." (Vgl. Dämonen 445) Schröder sieht in der Intuition die Gefahr, daß sie zu einer „subjetivistischen und selbstzweckhaft–gegenwartsabgelösten Geschichtsbetrachtung"[234] führt, wobei zunächst zu fragen ist, ob die Zusammensetzung „selbstzweckhaft–gegenwartsabgelöst" nicht einen Widerspruch in sich darstellt, in Anbetracht, daß die von Doderer und Spengler eingeforderte zeitliche Distanz genau das Gegenteil zur Folge haben müßte, was

---

[231] Gleichwohl hier einzuschränken ist, daß Doderer mit den Praktiken von Historikern in seinen Romanen spielt: „In der Tat läßt er <Doderer> seine Berichterstatter Melzer und Geyrenhoff Verfahrenweisen anwenden, wie sie dem Historiker bzw. Zeithistoriker vertraut sind: Quellenangaben, Lesefrüchte, Zitate anderer Figuren über die Protagonisten usw.", vgl. Manfred Windfuhr: Erfahrung und Erfindung, *Interpretationen zum deutschen Roman vom Barock bis zur Moderne*, Heidelberg, 1992, S. 307.

[232] Vgl. WdD 169.

[233] Vgl. Schröder: Apperzeption und Vorurteil, S. 165

[234] Vgl. Schröder: Apperzeption und Vorurteil, Fußnote Nr. 189), S. 188f.

zudem von Stangler relativiert wird, indem er das „Einlieben" an das Korrektiv der Sprache bindet. Es geht ihm dabei um die derzeitgemäße Exegese des Quellenmaterials (vgl. Dämonen 444–453), die Bedeutungsverschiebungen einbezieht. Anders ausgedrückt: Stangler verwehrt sich dagegen, daß der „neuzeitliche" Sprachgebrauch unkritisch auf den Sprachgebrauch z. B. des Mittelalters übertragen wird, um Anachronismen vorzubeugen.

Stanglers Geschichtsauffassung steht dabei in voller Analogie zu der Doderers, wenn sowohl Vergangenheit, Gegenwart als auch Zukunft perspektivisch aus zeitlicher Distanz heraus gesehen werden sollen, um Gegenwartsimplikationen (z. B. den Sprachgebrauch) zu verhindern:

> „Geschichte ist keineswegs die Kenntnis vom Vergangenen, sondern in Wahrheit: die Wissenschaft von der Zukunft; von dem nämlich, was jeweils in dem betrachteten Abschnitt Zukunft war, oder es werden wollte." (Dämonen 445)

Schröders Historismusvorwurf basiert in erster Linie auf dem Fehlen eines Bezuges zur *tatsächlichen* Gegenwart bzw. zur vermeintlich resultierenden Zukunft des Betrachters. Es fehle eben die „Vorwärtsbewegung der Geschichte im Sinne des 'Fortschritts' <...>"[235], es werde „die Dimension der Zukunft nicht erschlossen <...>, die Zeitbedingung der Zukunft <existiere> im Denken Doderers nicht."[236] Beispielhaft für eine zukunftsorientierte Geschichtsauffassung sei Musil, der „in <...> Utopie–Entwürfen planmäßig nach einem Ausweg aus der Unvollkommenheit der Geschichte und der Gegenwart"[237] suche. Doderers Vorstellungen bezüglich des Geschichtsverlaufes seien hingegen lediglich „additiv".

Es müßte zunächst erkenntnistheoretisch diskutiert werden, inwiefern die Zukunft überhaupt Anschauungsobjekt werden kann. Sind „Utopie-Entwürfe" nicht lediglich Projektionen, die ihr Material aus der Vergangenheit beziehen? Die Frage kann hier nicht erschöpfend beantwortet werden. Als Rechtfertigung für Doderers Präferenz der Vergangenheit (und des G e d ä c h t n i s s e s als diesbezüglichen *Organs*) gegenüber Gegenwart und Zukunft soll an dieser Stelle nochmals eine entsprechende Analyse Bergsons genügen, die ich im Zusammenhang zitiere:

> „Man definiert willkürlich die Gegenwart als das *was ist*, während sie einfach nur das ist, *was geschieht*. Nichts *ist* so wenig wie der gegenwärtige Augenblick, wenn man darunter jene unteilbare Grenze zwischen Vergangenheit und Zukunft versteht. Wenn wir uns diese Gegenwart als sein werdend denken, ist sie noch nicht; und wenn wir sie als seiend denken, ist sie schon vergangen. Wenn man dagegen die konkrete und vom Bewußtsein wirklich erlebte Gegenwart ansieht, kann man sagen, daß diese Gegenwart größtenteils in der unmittelbaren Vergangenheit besteht.

235 Vgl. Schröder: Apperzeption und Vorurteil, S. 188.
236 Vgl. Schröder: Apperzeption und Vorurteil, S. 190.
237 Vgl. Schröder: Apperzeption und Vorurteil, S. 190.

<...> So besteht unsere Wahrnehmung, so momentan sie sein mag, aus einer unzählbaren Menge erinnerter Elemente, und in Wahrheit ist jede Wahrnehmung schon Gedächtnis. *Praktisch nehmen wir nur die Vergangenheit wahr*, die reine Gegenwart ist das unfaßbare Fortschreiten der Vergangenheit, die an der Zukunft nagt."[238] (Hervorhebungen durch Bergson)

Schröders Alternative sieht einen Geschichtsablauf vor, der sich nach „planmäßiger" „Steigerung", „Enwicklung" und „Aufbau"[239] vollziehen soll. Er favorisiert mit Benjamin das „konstruktive Prinzip" der „materialistischen Geschichtsschreibung". Es ginge darum, „das Kontinuum der Geschichte aufzubrechen"[240]. Die Tragweite – etwa hinsichtlich der Berechtigung und Bedeutung von Revolutionen etwa – wird von Schröder nicht weiter exemplifiziert. Natürlich widerspricht er damit der d e s k r i p t i v e n Aneignung von Vergangenheit, wie Doderer sie vorsieht. Dennoch ist diese Sichtweise Doderer nicht so fremd, wie es scheint. Doderer gestaltet in seinen Romanen, wie gesagt, konkurrierende, genauer: sich e n t w i c k e l n d e Modelle. René Stangler – als der sich *hermeneutisch* „einliebende" »Historiker« in den „Dämonen" – figuriert »v o r h e r«, nämlich in der „Strudlhofstiege", mit gegenteiligen Auffassungen, hier denen Benjamins (und offensichtlich auch Schröders) nicht unähnlich. In der „Strudlhofstiege" werden sowohl »historisierende« als auch »futurisierende« Standpunkte durch die Protagonisten vertreten:

> „In der 'Strudlhofstiege' sind Melzer und René von Stangler als Gegenfiguren angelegt: der eine ist vergangenheitsorientiert, <...> dagegen versteht sich der andere nur von in die Zukunft gerichteten Wunschvorstellungen her, die er oft gewaltsam zu erreichen versucht, <...> Der eine <Melzer> bringt die Vergangenheit in die Gegenwart ein und findet von daher zur Einheit der Person, der andere verkörpert futuristisch gerichtete Revolutionen und vermag die 'Duplizität' der Person, in die ihn seine Grundorientierung versetzt, am Ende dieses Romans noch nicht zu überwinden."[241]

Letzterer (Stangler) läßt durchblicken, daß er »Geschichte« wesentlich durch Umbrüche verstanden wissen will, daß weiter »Fortschritt« durch Überwindung bzw. Tilgung der Vergangenheit gesichert wäre:

> „<...> Aber sind wir denn ein Evidenz–Büro? Das wäre ja schrecklich, wenn jeder ständig ein Wagerl voll von alten Sachen hinter sich dreinzöge. <...> Das Leben hat den Bruch mit allem Gewesenen ständig zur Voraussetzung. Diese Bruchstelle läuft splitternd durch die Zeit, und nur dann gibt es Gegenwart. Jeder wirkliche

---

[238] Bergson: Materie und Gedächtnis, S. 145.

[239] Vgl. Schröder: Apperzeption und Vorurteil, Fußnote Nr. 187) S. 188, Schröder zitiert hier Johann Gustav Droysen: Historik, Vorlesungen über Enzyklopädie und Methodologie der Geschichte, Darmstadt, 1972, S. 29.

[240] Vgl. Schröder: Apperzeption und Vorurteil, Fußnote Nr. 185) S. 187.

[241] Vgl. Manfred Windfuhr: Erfahrung und Erfindung, S. 306.

Entschluß, jede Entscheidung vernichtet die Vergangenheit, nichts Großes wäre sonst jemals geschehen <...>" (Stiege 501)

Selbstredend ist das nicht die Auffassung des Autors und im Selbstverständnis Doderers auch nicht Aufgabe von Literatur. Es mag sein, daß Schröder *engagierte* Literatur bevorzugt, die gesellschaftliche »Lösungen« bzw. Utopien vorsieht. Nur werden diese meist durch die »Wirklichkeit« eingeholt und verlieren an Bedeutung. Die Frage stellt sich daher, inwiefern die in Literatur enthaltenen Wertungen sich auch als literarische Werte konsolidieren. Doderers Romane (insbesondere „Die Dämonen") sind zwar Zeitromane, sie bieten dabei allerdings viele Identifikationsmomente bzw. auch Möglichkeiten zur Ablehnung, die über den Zeitausschnitt hinausreichen. Die Werte, die Doderer vermittelt, beziehen sich dabei immer auf den einzelnen Menschen und dessen Möglichkeiten. Es sind humane, e x i s t e n t i e l l e Werte, die der Zeit trotzen. Vielleicht ist es Zeit, sich mit Doderer im heutigen sogenannten Informationszeitalter, in dem das Individuum zunehmend an Bedeutung verliert, derer zu e r i n n e r n . Die Notwendigkeit gesellschaftlicher Veränderungen bleibt davon unberührt, sofern die einzelne Existenz dabei nicht v e r g e s s e n wird, was insbesondere die *Geschichte* der Revolutionen und Kriege leidlich vor Augen führt.

Wirklichkeit bei Doderer

Doderer versucht, die Wirklichkeit neu zu fundieren. Es geht nicht allein darum, die Wirklichkeit quantitativ zu erfassen, sondern die eigentliche Qualität – das Sein – in einer diffusen Welt neu zu entdecken. Er bleibt damit einem ontologischen Wirklichkeitsverständnis verbunden. In einer „fern<en> Abspiegelung der analogia entis"[242] des Thomas von Aquin entwickelt er ein Wirklichkeitsverständnis, das der Entfremdung des Menschen und der möglichen Versöhnung mit dem Sein Rechnung tragen soll.

Wirklichkeit ist für Doderer ein Relationsbegriff. Ausgehend von der klassischen Differenzierung zwischen Subjekt und Objekt[243] postuliert Doderer zwei Pole, nämlich INNEN und AUSSEN, die in einem wechselseitigen Verhältnis stehen sollen.

Wirklichkeit, so Doderer,

> „<...> ist der Ausdruck für einen bestimmten Grad der Deckung zwischen Innenwelt und Außenwelt, welche Beziehung nie zu tief unter ein (in der Idealität liegendes) Maß herabsinken darf."[244]

Mit dieser Definition soll die psychologische Dimension der Realitätskonstitution im Menschen beschrieben werden. Wirklichkeit und Unwirklichkeit sind die psychologischen Repräsentanten für die *metaphysischen* Begriffe Realität und Irrealität.

> „Realität und Irrealität bedeuten keineswegs das gleiche wie Wirklichkeit und Unwirklichkeit. Lateinisch sind's Begriffe der Metaphysik, in deutscher Sprache bezeichnen sie Fundamentalia der dialektischen Psychologie."[245]

Der psychische Raum unterscheidet sich somit vom metaphysischen. Können, so Doderer, die „philosophischen" Begriffe des *Realen* und *Irrealen* als transzendentale Abstrakta getrennt voneinander gedacht werden, so ergibt sich für den psychologischen Rahmen das genaue Gegenteil: Wirklichkeit und Unwirklichkeit sind nur im dialektischen Zusammenhang zu verstehen und konstituieren so das *Leben*, das eben zwischen Wirklichkeit und Unwirklichkeit schwankt und nicht auf eine Seite festgeschrieben werden kann. Die von Doderer so verstandene *dialektische Psychologie* entfernt sich vom geläufigen Verständnis dieser

---

[242] WdD 167.
[243] Vgl. Tangenten 216.
[244] TB I, 20. Juni 1936, S. 790.
[245] Tangenten 459.

Wissenschaft[246] und meint den säkularisierten Streit der „transzendentalen Urbilder"[247] im Dasein des Menschen. Für diesen Streit ergeben sich je nach Verfassung des Menschen zwei integrale Ausgänge. Zum einen besteht die Möglichkeit einer analogen – analogischen – (gemäß der *analogia entis*) Entsprechung mit den „Urbildern", zum anderen die pseudo–logische Verzerrung derselben.

Aus dem Leitgedanken, die psychologische – besser menschlich–existentielle – Wirklichkeit als graduelle Deckung eines Innen und Außen zu definieren, entwickelt Doderer eine Dreieinteilung der Wirklichkeit.

Begriffsbestimmungen

Die erste Wirklichkeit
Die e i g e n t l i c h e (erste) Wirklichkeit entspricht einem „Limes–Wert"; sie „ist <dann> die volle Deckung zwischen Innenwelt und Außenwelt."[248] Als solche soll sie dem Sein („esse") bzw. dem „in der Idealität liegenden Maß" entsprechen.

Die geminderte Wirklichkeit
„Die geminderte (empirische) Wirklichkeit ist der jeweils vorhandene Grad solcher Deckung."[249] Sie entpuppt sich als die dem Menschen eigene existentielle Wirklichkeit, dem „existere".

Die Unwirklichkeit
Die Unwirklichkeit, ebenfalls als Limes–Wert gedacht, „ist die vollkommene Abwesenheit jeder Deckung zwischen Innen und Außen."[250] Die Unwirklichkeit konstituiert das Nicht–Sein („non–esse").

---

[246] „Die dialektische Psychologie bildet die Grundlage, um die erste von der zweiten Wirklichkeit zu sondern. <...> Die Vorstellungen über 'dialektische Psychologie' und 'Mechanik des Geistes' erweisen sich als praktisch identisch mit der Apperzeptionsvorstellung." Hans J. Schröder: Apperzeption und Vorurteil, S. 288. Vgl. auch Doderer: „Sie <die dialektische Psychologie, Anm. d. Verf.> ist – man sollte es eigentlich kaum glauben – noch wenig erforscht." Vgl. WdD, S. 201.

[247] Tangenten 464.
[248] Tangenten 604f.
[249] Tangenten 605.
[250] Tangenten 605.

Wirklichkeit als Differential

Für Doderer leben wir im „hypostasierte<n> Zeitalter einer geminderten Wirklichkeit"[251]. Das dahintersteckende Gedankengebäude entwickelt Doderer metaphorisch aus der Infinitesimalrechnung[252]. Das Leben (die Wirklichkeit) ist eine Kurve (Bahn) in einem Koordinatenkreuz. Es ist ein wanderndes Differential zwischen qualitas und quantitas, das durch die Zeit und Zeiten wandert. Als Limes–Wert gedacht, ist eine solche Kurve die ideale Abbildung der e r s t e n Wirklichkeit. Jede „Fixierung" jedoch eines bestimmten Koordinatenpunktes hebt das Leben in seiner „psychologischen" Zeit zugunsten eines verabsolutierten Konstruktes mathematischer Gleichmäßigkeit auf. In Doderers Worten:

> „Aber es gibt keinen pathogenen Aion geminderter Wirklichkeit, wo dieses Differential plötzlich auf einem untersten Grenzwert stecken bliebe. Damit fiele die psychologische in die mathematische Zeit, <...> Man kann jede Kurve sich als zusammengesetzt denken aus unzähligen allerkleinsten geraden Strecken. Hypostasiert man diese Vorstellung, so erhält man statt einer Kurve einen Winkel und muß von der Funktionsrechnung zurück zur Goniometrie. Aber daß es keine Kurven gebe, ist damit doch keineswegs bewiesen. So wenig nämlich wie der Politik ihr letzter wünschbarer Beweis gelingen kann: nämlich, daß es kein Leben gäbe."[253]

Jede Konstruktion also, um in diesem Beispiel zu bleiben, die konkret Grenzwertbestimmungen („Differentialbrüche") vornimmt, muß notwendig bei Winkeln enden, das heißt, sie löst „das wandernde Differential" zwischen Innen und Außen auf und kann so kein echtes Abbild der »ersten Wirklichkeit« als Kurve geben. Verabsolutiert ergibt sich:

> „Runzeln und altern diese präzisen und vollendeten Kurven, lösen sie sich immer sichtbarer in eine Summe von hintereinander gestellten geraden Strecken auf, dann bilden sie die erste Wirklichkeit nicht mehr ab, ihre Bahnelemente sind alteriert, nicht jeder kleinste Teil der Bahn enthält mehr die ganze übrige, ihre Ordnung wird teuflisch, aus einer Kurve werden zahllose Winkel, am Ende sind's nur mehr vier, die ein Quadrat schließen als Gegensymbol des mikrokosmischen Kreiszeichens. Und von vier Winkeln umgeben grinst die Dummheit, abgemagert, dem Wahnsinn und dem Tode verwandt."[254]

---

[251] Tangenten 22.
[252] Vgl. hier und nachfolgend: Tangenten 19–26.
[253] Tangenten 22.
[254] Tangenten 26.

Die zweite Wirklichkeit

Für Doderer ist eine solche Aneignung von nur bestimmten Bereichen dieser Wirklichkeitskurve B e f a n g e n h e i t. Bleibt sie im Rahmen „ihr<es> genau bestimmte<n> Differential<s> zwischen Intensität und Extensität", so kann sie durchaus „sphärisch" als z w e i t e Wirklichkeit die erste abbilden. Überschreitet sie jedoch diesen Rahmen durch Fixierung eines bestimmten Wirklichkeitsbereiches, so wird „sie isolationistisch konstruiert" und tendiert zur Unwirklichkeit.

Die zweite Wirklichkeit bleibt somit zunächst von der Unwirklichkeit abzugrenzen. An dieser Stelle zeigt sich, daß Doderers Reflexionen – zumindest zu dieser Zeit – noch ein mehrwertiges, differenziertes Wirklichkeitsverständnis vorsehen. Das ist deswegen erwähnenswert, da in der Doderer–Forschung überwiegend die *zweite Wirklichkeit* als Kontrapunkt zur »ersten Wirklichkeit« gesehen wird und damit negativ konnotiert. Als Beispiel sei die Analyse Dietrich Webers hier angeführt, der die zweite Wirklichkeit entsprechend auffaßt:

> „Die zweite Wirklichkeit – so läßt sich nunmehr definieren – ist als Pseudo–Konkretion von Innen und Außen eine konkret gewordene Vorstellungswelt, objektivierte Phantasmagorie, zur äußersten Faktizität konstituierte Ideologie."[255]

Doderers Position ist in den Tangenten diesbezüglich noch nicht eindeutig. Die Zusammenfassung Webers trifft im wesentlichen auf die Bestimmung der *Unwirklichkeit* bzw. auf die Überlegungen Doderers zum „existent gewordenen Nichts" zu (vgl. Kap. »Das Nichts als Unwirklichkeit«, S. 76). Die zweite Wirklichkeit hingegen wird von Doderer vorerst durchaus als positive Verarbeitung der *ersten*, eigentlichen Wirklichkeit gesehen, wie die folgende Passage zeigen wird.

Da Doderers Wirklichkeiten integral sind, ist auch die zweite Wirklichkeit kein homogener, abgeschlossener Bereich, denn je nach Befindlichkeit des Menschen, lebt dieser „in Zuständen der Unwirklichkeit und der Wirklichkeit, deren Differential nie ruht, so wenig wie die psychologische Zeit, und so wenig wie es bei anderen ruht, die er beobachten konnte."[256]
Einer dieser Zustände ist die eingangs erwähnte Befangenheit. Doderer scheidet zwischen e c h t e r und k o n s t r u i e r t e r Befangenheit. Die echte Befangenheit zeigt sich als „mikrokosmisches" – sphärisches – Erlebnis:

> „Die Befangenheit löst sich von der ungeformten Welt los und schließt sich als Sphäre so unbeabsichtigt, wie dann und wann ein kreisrunder, erstaunlich geschlos-

---

[255] Dietrich Weber: „Heimito von Doderer", Studien zu seinem Romanwerk, S. 187.
[256] Tangenten 25.

sener Ring über dem Raucher und seiner Zigarre schwebt. Dieses nennt man Erlebnis, weil es mikrokosmisch ist."[257]

Eine solche u n b e a b s i c h t i g t e Befangenheit zeigt sich als erster Schlüssel, um die Objekt–Welt – das Außen – zu öffnen. Aus der interesselosen Distanz heraus erst kann der Betrachter von seiner Subjektivität absehen, um sich dann dem Objekt in seiner bloßen Ganzheit wieder zu nähern.

> „Damit ich einen Menschen (ohne mich selbst auszunehmen) deutlich sehen kann, ist notwendig, daß keine Möglichkeit mehr besteht, mich mit ihm zu verständigen. Der Verzicht auf Verständnis (im Sinne des Verständlich–Seins und des Verstandenwerdens) ist notwendige Voraussetzung der umfassenden Bewältigung eines Charakters als Objekt, weil anders auf den Schüsseln der gemeinsamen Begriffe Subjekt und Objekt ineinander zerlaufen würden. <...> Das größte Wunder ist der geschlossene Ring eines Charakters. Ein Wunder nimmt man in sich auf, aber man diskutiert nicht mit ihm."[258]

Dieser Verzicht auf Verständigung ist somit notwendig, um einen Charakter möglichst objektiv zu betrachten. Ist der Betrachter selbst nach Verständigung bestrebt bzw. besteht ein persönliches Interesse an der jeweiligen Person, so vermischen sich subjektiv Meinungen, und die Distanz wäre aufgehoben. Die echte Befangenheit hingegen verzichtet aus sich selbst heraus auf persönliche Anteilnahme an einer Situation, und es bleibt bei einer deskriptiven Haltung des Aufnehmens, ohne jedoch selbst verstehen zu wollen bzw. verstanden werden zu wollen. Die Faszination, die von bestimmten Personen ausgeht, wird durch den bloßen Charakter hervorgerufen. Doderer schließt hier mit seiner *Charakterologie* an die Dogmatik Otto Weiningers an.[259] Das *Wunder* eines so erschlossenen *Ringes* (Sphäre) eines Charakters ergibt dann eine zweite Wirklichkeit.

> „Jede echte Befangenheit ist zweite Wirklichkeit und bildet die erste sphärisch ab."[260]

---

[257] Tangenten 26.

[258] Tangenten 26/27.

[259] Der Begriff der Charakterologie bei Weininger und die Doderersche Verarbeitung derselben müßte noch gesondert untersucht werden. Hier dürfte zusätzlich der Begriff des *Typischen* bei Lukàcs eine wesentliche Rolle spielen (vgl. auch das Kap. *Das Dämonische* in dieser Arbeit).

[260] Tangenten 26.

Dummheit und Ideologie

„Dem Massenmenschen mangelt Gedächtnis <...>, weil er dem Satz von der Identität widerspricht durch sein bloßes Sein, wie es heute ist (weshalb er auch ständig
einen Identitätsausweis bei sich tragen soll <...> als den letzen, in ein Papierl
geschloffenen <sic!> Rest seiner Personalität)."[261]

Von der echten Befangenheit, die eine distanzierte, interessenlose Haltung voraussetzt, wird von Doderer die Art der Befangenheit geschieden, in der der
Mensch ein *Gefangener* seiner Befangenheit wird[262]. Eine solche Einstellung
„verzerrt" die Wirklichkeit nach den Maßregeln eines „isolationistischen" Konstruktes.

„Jede Befangenheit, welche die erste Wirklichkeit nicht sphärisch abbildet, ist isolationistisch konstruiert, apperzeptionsverweigernd und gehört der tendenziösen
Dummheit und dem Pathogenen an."[263]

Ein derartig Befangener sieht die Welt durch eine vorgeschobene Blende seiner
Weltsicht. Hier entsteht Dummheit, Borniertheit oder Beschränktheit. Wobei
Doderer damit keine Dummheit meint, die sich etwa in empirischen Intelligenz-
tests nachweisen läßt, sondern es ist Dummheit aus freier Entscheidung („dumm
ist, wer dumm sein will"[264]). Die so gesetzte Dummheit doktriniert der Wirklichkeit subjektive Vormeinungen auf, bevor diese selbst durch die *Realität* affiziert werden konnten. Hier erhebt sich die subjektiv *vor*–urteilende Weltanschauung gegen das tatsächlich Gegebene:

„Dummheit ist Praefixierung von Inhalten auf der Ebene des Charakteriell–Determinierten, bevor diese Inhalte von der Form überhaupt noch aufgerufen sind. Diese
Definition ist für das Erscheinen der Dummheit auf dem sexuellen wie auf dem
grammatischen Felde gleich zutreffend."[265]

Dahinter versteckt sich eine massive Ideologiekritik. Ideologien kann im Sinne
Doderers vorgeworfen werden, daß sie zunächst einseitig bestimmte Bereiche
aus der Wirklichkeit herausgreifen, um sie dann für das Ganze (für die Wirklichkeit) auszugeben, und daß darüber hinaus ein verabsolutiertes Regelwerk abgeleitet wird, welches die Wirklichkeit in all ihren Streuungen gar nicht fassen

---

[261] Tangenten 706.

[262] Die Unterscheidung zwischen *echter* und *konstruierter* Befangenheit wird bezüglich der zweiten
Wirklichkeit von Doderer später fallengelassen. Die 2. Wirklichkeit stellt später nur noch eine
Entsprechung für jede Form der *Konstruktion* dar.

[263] Tangenten 26.

[264] Vgl. WdD 200.

[265] COM 1951–1956, 24. Februar 1951, S. 31/32.

kann, wobei gerade das Gegenteil von den Ideologen behauptet wird, die eben von ihrem eigenen System *befangen* sind:

> „<…> – die Wirtschaftsgeschichte zu hypostasieren und als heuristisches Prinzip zu verabsolutieren, weil ja eben von dort ihr Maß stammt. Lenin's eigene Schriften haben zu diesem naiven Unsinn nicht wenig beigetragen."[266]

Für solche Systeme ergibt sich auch ein gespanntes Verhältnis zur „psychologischen Zeit". Verabsolutiert ist ihr Geltungsbereich unbegrenzt. Es ergeben sich systemimmanente letzte (ewige) Wahrheiten bzw. historische Gesetze oder Voraussagen, die er hier insbesondere dem Kommunismus vorwirft.

> „Die Geschichte zu vernichten, mit ihr ein für alle Mal Schluß zu machen aber ist das heroische, denkerisch seichte Ziel der russischen Kommunisten gewesen, <…>"[267]

Hier wird, so Doderer, mit dem falschen M a ß gemessen. Es wird aus der Konstruktion heraus versucht, die Wirklichkeit zu erfassen; das Innen überträgt deduktiv seine Vorstellungen auf das Außen. Die Wirklichkeit wird an das Innen einseitig angepaßt, indem, wie im Falle des Marxismus, eine vorausgesagte Wirklichkeit (eigentlich nur Möglichkeit) als unumgänglich hingestellt wird, obwohl diese Zukunft selbst notwendig noch nicht eingetroffen bzw. verwirklicht ist. Die Wirklichkeit als Deckungsverhältnis wird somit aufgehoben, denn ein Innen kann sich unmöglich einem (noch) nicht existierenden Außen angleichen.

> „Jeder Versuch, einen neuen Maßstab aus einer gegebenen Situation zu gewinnen und zu verabsolutieren, macht uns zum Anwalt des Zeitgemäßen und Zuständlichen gegen das Ewige: denn indem wir zum Maße erheben, was selbst gemessen werden soll, indem wir das Maß gewinnen wollen in deduktiver Weise aus dem zu messenden Einzelfall, verlieren wir und vergessen wir im gleichen Augenblicke unsere gesamte Vergangenheit, statt sie anzuwenden: <…>"[268]

In den „Dämonen" etwa kulminiert diese »weltanschauliche« *Dummheit* –

> „damals nannte man's einen Dämon <…>, heute deklariert man das falsch, als ob es vernünftiger Herkunft wäre: eine Weltanschauung" (Dämonen 1023) –

im Aufstand vom 15. Juli 1927, anhand dessen Doderer die ideologische V e r - m a s s u n g anprangern will. Ausgangspunkt sind die „Schattendorfer Morde" vom 30. Januar 1927 als Resultat der gewaltsamen Auseinandersetzung zwischen dem (faschistischen) „Republikanischen Schutzbund" und den (sozialistischen)

---

[266] Tangenten 30.
[267] Tangenten 21.
[268] Tangenten 20.

„Frontkämpfern." Opfer sind der Kriegsinvalide Mathias Csmarits und sein zehnjähriger Neffe Josef Grössing. Initial für die Demonstrationen ist dann der Freispruch der Mörder. Erklärungsmuster für die Entstehung der spontanen Massenansammlung ist für den Autor mangelnder Kenntnisstand; die Prozeßbeobachter w i s s e n allesamt so gut wie nichts; selbst in den „Arbeitskreisen" herrscht Unwissenheit:

> „Als dann im Juli die Verhandlung begann, liefen zahlreiche Leute in Wien herum, die überhaupt nicht wußten, worum es dabei ging. Zu ihnen gehörte Charlotte Schlaggenberg, Kajetans Schwester, der später einmal Géza von Orkay das Ganze von Anfang an erklären mußte: sie hörte mit vor Staunen offenem Munde zu. Gyurkicz hüllte sich in allianzgebundenes Schweigen. Körger grinste. Sogar in den Arbeitskreisen wußte man oft fast nichts und interessierte sich wenig für den Prozeß. Auch Nikis und Leonhards Wissen muß als mangelhaft bezeichnet werden." (Dämonen 624)

Der Freispruch der Mörder als augenscheinlicher Justizirrtum bringt dann die sozialdemokratische Führung dazu, diesen für ihre politischen Ziele agitativ auszunutzen, um daraufhin eine Demonstration in Gang zu bringen.

> „Sie marschierten nicht, weil die Mörder eines Kindes und eines Kriegsinvaliden freigingen." (Dämonen 624)

Gemeint ist, daß der k o n k r e t e »Fall« nicht b e z ü g l i c h aufgegriffen wird. Das Kind und der Invalide werden auf ein Akzidens reduziert, um ideologischen Zwecken dienen zu können. Entscheidend für die politische Vermassung sind nämlich nicht die Einzelschicksale, sondern der Tatbestand, daß „jenes Kind ein Arbeiterkind" und „der Invalide ein Arbeiter" war, wonach die „Massen" nach „Klassenjustiz" verlangen können. (Vgl. Dämonen 624)

> „Die sogennanten 'Massen' setzten sich immer gerne kompakt auf die in's Blaue ragenden Äste der Freiheit. Aber sie müssen diese ansägen, sie können's nicht anders; und dann bricht die ganze Krone zusammen. Wer den »Massen« angehört, hat die Freiheit schon verloren, da mag er sich hinsetzen, wo er will." (Dämonen 624)

Die *abgesägte* Freiheit besteht in der Selbstaufgabe, wo das Eigen–Bewußtsein (»Apperzeption«) durch das Klassen–Bewußtsein (»Deperzeption«) substituiert und dadurch jederzeit austauschbar wird, womit die Individualität durch Ideologievereinnahmung aufgehoben wird.

> „Proletarier ist jeder Zeitgenosse, der seine persönliche und seine Berufs–Ehre für das Klassenbewußtsein dahingegeben hat, ebenso wie sein individuelles Schicksal für ein Klassenschicksal. Er hat sich damit vollends ersetzbar gemacht. Das Lärmbedürfnis des proletarischen Menschen <...> beruht im letzten Grunde darauf, daß er sich selbst eine Existenz bestätigen will, die er in Wahrheit längst verleugnet hat." (Tangenten 641)

Das Nichts als Unwirklichkeit

Doderer hält im Vorfeld seiner Wirklichkeitskonstruktion an dem aristotelischen bzw. insbesondere an dem thomistischen Substanzbegriff[269] fest. Erst wenn die Stoffmöglichkeit (Materie) durch die Formgebung verwirklicht wird, kann von Existenz – von Wirklichkeit – gesprochen werden. Wenn für Doderer das S e i n die volle Übereinstimmung des Innen mit dem Außen darstellen soll, so entsteht diese in Analogie mit dem Zusammenkommen von F o r m und M a t e r i e. Das Nichts hingegen wäre dann gerade aus der Trennung der Form von der Materie zu bilden bzw. des Innen vom Außen auf der *psychologischen* Ebene.

Fehlt der Substanz die Form, so würde sich „das apriorische Nichts" („Materia sine forma = nihil a priori"[270]) als ungeformte Materie in einem leeren Raum etablieren.[271] Da ein solches Nichts im leeren Raum außerhalb des Denkbaren liegt[272], mithin „eine primitive Vorstellung", ein „sensualistisches Relikt" darstellt, benötigt jede Raumvorstellung notwendig materielle Bezugspunkte, die Doderer in Anlehnung an das thomistische *Individuationsprinzip* in der *materia signata* findet.

Für Thomas v. Aquin kann es eine Materie ohne Form nicht geben[273], denn die Materie ohne Form ist nicht imstande als unbestimmte Möglichkeit selbständig ins Sein zu treten, da gerade die Form die Ursache für die Verwirklichung der Dinge ist. Für die Materie sieht Thomas zwei wesentliche Aspekte. Er unterscheidet zwischen „anzeigbarer" (materia signata) und „nicht anzeigbarer" (materia non signata)[274], was sich wohlgemerkt perspektivisch auf die selbe Materie bezieht. Die anzeigbare Materie verweist auf konkrete Dinge. In diesen hat die Materie bereits eine „individuelle Prägung durch die Formursache"[275]. Eine diesbezüglich anfänglich geprägte Anzeigbarkeit der Materie ist die bloße quantitative Körperlichkeit im dreidimensionalen Raum.[276]

---

[269] Vgl. Tangenten: „Ich lese nun wieder <...> `de ente et essentia'<...>."

[270] Tangenten 619.

[271] Vgl. Tangenten 618.

[272] Die Unmöglichkeit der Existenz des *reinen* Nichts veranschaulicht Doderer anhand einer logischen Spielerei: „<...> das Nichts zum Etwas, welche man zusammen wohl ein korrelatives Begriffspaar nennen kann, nicht aber eigentlich einen Gegen–Satz, weil da nichts entgegengesetzt wurde, sondern das Nichts." Tangenten 604.

[273] Vgl. Thomas von Aquin: Über Seiendes und Wesenheit – De ente et essentia, mit Einleitung, Übersetzung und Kommentar hrsg. v. Horst Seidl; Lateinisch–Deutsch; Hamburg 1988, S. 39.

[274] Vgl. Thomas: Über Seiendes und Wesenheit, S. 13.

[275] Vgl. Über Seiendes und Wesenheit, Einleitung des Hrsg, S. XXV.

[276] Vgl. Thomas: Über Seiendes und Wesenheit, S. 15f.

Die nicht anzeigbare Materie bezieht Thomas auf die Arten. So wird bei Art-bzw. Gattungsbegriffen (z.B. Lebewesen und Mensch) die Anzeigbarkeit nicht durch die Materie, sondern durch die Form bedingt. Es wird bei solchen Begriffen von der Materie abgesehen. Das *abstrakte* Wort 'Mensch' bezieht sich dann bezüglich der hier nicht angezeigten Materie auf das Formprinzip der „Menschennatur"[277], während bei einem bestimmten Menschen (z.B. Sokrates) das *Individuationsprinzip* zum Tragen kommt, d.h. es wird auf die konkrete, individuell geformte und damit auf die anzeigbare Körperlichkeit (Materie) eben jenes speziellen Menschens verwiesen.

Doderers Interpretation[278] der materia signata entwickelt er „frei nach eigenem Erleben"[279], d.h. er versucht, sie als Beleg gegen das reine Nichts in sein Wirklichkeitsverständnis zu integrieren. Das Nichts kann räumlich nicht vorgestellt werden.

> „Wo Raum, dort Sein, mindestens geformte Materie: von ihr nur kann er auseinandergespannt werden <...> Kein Nichts mehr, sondern bereits beziehungsfähige Leere. Materia signata. In ihr die wenigen Etwas–Punkte. Die seltenen Anhäufungen signierter Materie: <...>"[280]

Dieses erkenntnistheoretische Postulat, daß es zwar noch nicht ausgeformte, jedoch zumindest bezugsfähige, vorgeformte Materie notwendig geben muß, um (einen dreidimensionalen) Raum zu konstituieren, versucht Doderer auf die Psyche des Menschen zu übertragen. Der „psychologische Raum" benötigt letztlich die selben Koordinaten, die den physischen Raum bilden, entsprechend nachfolgender Abstufung:

> „ 1. Materia signata = bezogene Leere = schon raumspannend.
> 2. Materia formata = die seltenen Etwas–Punkte im Raum.
> 3. Materia intelligens = die seltenen Etwas–Punkte im psychologischen Raum.[281]"

Für die *materia formata* gilt, daß sie in den Bereich der Schöpfung fällt. Der Übergang von der materia signata zur materia formata verläuft wiederum als Grenzwert, der selbst in der Sphäre der Engel (Gottes) zu suchen ist.[282] Die *mate-*

---

277 Vgl. Thomas: Über Seiendes und Wesenheit, S. 25.
278 Vgl. Tangenten 604 u. bes. 618–621.
279 Tangenten 619.
280 Tangenten 619.
281 Tangenten 619.
282 Vgl. Tangenten 621 u. S. 622.

ria intelligens ist dann die a n a l o g e Entsprechung der menschlichen Psyche mit der Schöpfung Gottes, ebenfalls gedacht als Grenzwert[283].

Dem Menschen als eine Form der individuierten *materia signata* – der bezogenen L e e r e[284] – selbst obliegt es (es liegt in seiner Freiheit), der obigen Entsprechung gerecht zu werden, indem er die („seltenen") Zeichen („Signaturen") aus der *materia formata* „liest", um den analogen bzw. psychologischen Raum der *materia intelligens* in sich zu formieren.[285] Wird dies willentlich unterlassen, so wird aus „der bezogenen Leere" (materia signata) das Nichts geschaffen, die „unbezogene Physik und Psychik" bzw. die „materia de–signata".[286]

> „Es ergibt sich eine neue metaphorische Definition des phänomenalisierten Nichts (wie ich neuestens lieber sage statt des ´existenten Nichts', weil dieser Ausdruck mir in sich widersinnig erscheint); eine Definition nicht einmal per exclusium; sie lautet:
>
> Phänomenalisiertes Nichts ist abklingende Materie."[287]

Das Nichts findet sich folglich nicht als solches in der g e g e b e n e n Wirklichkeit a priori, sondern wird erst durch den Menschen im nachhinein – „a posteriori"[288] – konstituiert, der die Z e i c h e n der Schöpfung nicht (maß–)entsprechend zu würdigen weiß bzw. dieses böswillig unterläßt.

Es zeigt sich somit, daß der Mensch sowohl die *Freiheit* besitzt, mit der Wirklichkeit – dem Sein – übereinzustimmen, als er auch durch Verweigerung seiner Befangenheit freien Lauf lassen kann und somit die Wirklichkeit entstellt, wie Doderer es u.a. den Ideologien und Fachwissenschaften vorwirft. Erst durch diese Verweigerung des Menschen kann sich, wohlgemerkt nur in der Psyche des Menschen, eine Un–Wirklichkeit – das zum *Phänomen* erhobene Nichts – als die Unbezogenheit der Psyche (Seele) mit der (gott–)gegebenen Physis ergeben.

---

283 Vgl. Tangenten 620: „Zwischen 2. und 3. besteht volle analogia."

284 Es ist sicherlich nicht zu weit hergeholt, die von Doderer „anthropologisch" definierte „Leere" der Psyche mit dem zugänglicheren Begriff der *tabula rasa* zu vergleichen.

285 Vgl. Tangenten 619.

286 Vgl. Tangenten 619. Es handelt sich hier um eine sehr freie Übersetzung seitens Doderers. Thomas benutzt das Wort *designata* ausschließlich für die *anzeigbare* Materie bzw. *designatio* für die *Anzeigbarkeit*. Die Übersetzung *designata* als *de–signata=abklingend* ist bezüglich ihrer Authentizität willkürlich.

287 Tangenten 604.

288 Vgl. Tangenten 620.

Das Dämonische – Georg Lukács

Das *Dämonische* ist bei Doderer eng an die Unwirklichkeit bzw. das oben erläuterte „Phänomen" des Nichts geknüpft. Das Dämonische ist der pseudologische Raum, in dem das Nichts sein *Unwesen* (gegen das Sein) treibt. Hier ist Innen und Außen getrennt, die „Brücke der Wirklichkeit"[289] abgebrochen. Als „Phantasmagorie"[290] setzt das Dämonische jedoch erst ein, wenn es über die subjektive Illusion hinaus Verallgemeinerung findet; erst „objektivierte Phantasmagorie ist dämonisch."[291]

Das Dämonische versteht sich also als eine Metapher für die Unwirklichkeit. Es bleibt im wesentlichen Ersatzwort für das pseudologisch entstandene Nichts im Menschen.

> „Zwischen einem pseudologischen Innen und einem analogischen Außen gibt es keine Deckung und eben so wenig umgekehrt. Wohl aber ist, ganz wie eine analogische, auch eine pseudologische Deckung zwischen Innen und Außen möglich: ihre Erscheinungsformen sind die Dämonen oder mindestens Personen und Umstände mit dämonischem Akzent."[292]

Neben der systemimmanenten Einbindung des *Dämonischen* in die Wirklichkeitskonstruktion Doderers läßt sich die Herleitung des *Dämonischen* – wie auch im Kern die *dialektische* Wirklichkeit selbst – anhand der „Theorie des Romans" von Georg Lukács verfolgen.

> „Und, um endlich auch zu sagen, woher unser Bartel den Most holte: aus der Empirik natürlich (Lukács, pag. 31). Aus ihr ist ihm zunächst bekannt, wie er selbst lebte und lebt, nämlich in Zuständen der Unwirklichkeit und der Wirklichkeit."[293]

Es zeigt sich hier, wie auch an anderer Stelle, daß Doderer seine theoretischen Vorstellungen durch zum Teil bloße Adaption eklektizistisch entwickelt.

Lukács geht von der These aus, daß nicht nur Wissenschaft, sondern auch Kunst die Wirklichkeit adäquat *widerspiegeln* kann. Für die *(realistische)* Ästhetik gilt nicht, daß sie – wie bei Kant – lediglich dem subjektiven Geschmacksurteil unterliegt[294] und sich somit der begrifflichen Erkenntnis (dem logischen Urteil) ent-

---

[289] Vgl. Tangenten 627.
[290] Vgl. Tangenten 627.
[291] Vgl. Tangenten 627.
[292] Vgl. Tangenten 663.
[293] Tangenten 25.
[294] „Es kann keine objektive Geschmacksregel, welche durch Begriffe bestimmte, was schön sei, geben. Denn alles Urteil aus dieser Quelle ist ästhetisch; d.i. das Gefühl des Subjekts, und kein Begriff eines Objektes ist sein Bestimmungsgrund." Immanuel Kant: Kritik der ästhetischen Ur-

zieht, sondern in Anschluß an Hegel ist auch die Kunst einer „begrifflichen Übersetzung"[295] zugänglich.

> „Daß Lukács ein solches begriffliches Analogon des Kunstwerks vorschwebt, zeigt seine Theorie des Typischen, die die Grundlage seines ästhetischen Realismus bildet. Es ist die Aufgabe des Künstlers, des Schriftstellers, typische Charatere, Handlungen und Situationen darzustellen, in denen das Einzelne auf sinnfällige Art mit dem Allgemeinen <...> verschmilzt und das *Besondere* erscheinen läßt: `Denn nur indem das Detail einen symptomatischen, auf das Wesen weisenden, eine Wesenhaftigkeit offenbarenden Charakter erhält, erhebt sich der Gegenstand, als vernünftig organisierte, in vernünftigen Beziehungen befindliche Totalität der Details ins Besondere, ins Typische.* "[296] (Hervorhebung durch den Verfasser; es handelt sich hier um ein Zitat von G. Lukács, vgl. Fußnote.)

Die Ausarbeitung des *Typischen* zeigt sich auch in seiner „Theorie des Romans", wo er den Versuch unternimmt, eine „Typologie der Romanform" zu beschreiben. Für diese Typologie ist der Begriff des *Dämonischen* von zentraler Bedeutung.

> „Die Verlassenheit der Welt von Gott zeigt sich in der Unangemessenheit von Seele und Werk, von Innerlichkeit und Abenteuer; in dem Fehlen des transzendentalen Zugeordnetseins für die menschlichen Bestrebungen. Diese Unangemessenheit hat roh ausgedrückt zwei Typen: d i e S e e l e i s t e n t w e d e r s c h m ä l e r o d e r b r e i t e r a l s d i e A u ß e n w e l t, d i e i h r a l s S c h a u - p l a t z u n d S u b s t r a t i h r e r T a t e n a u f g e g e b e n i s t. "[297] (Hervorhebung durch d. Verf.)

Die Verwandtschaft zu Doderers Wirklichkeitsdefinition ist evident. Nur wenn die „Seele", mithin das Innen, sich in einem Schwebezustand zwischen den beiden Polen befindet, kann auch nach Doderer von Wirklichkeit die Rede sein. Allein die Unangemessenheit bzw. ein verzerrtes Deckungsverhältnis führt in die Dämonie.

Nach Lukács resultieren aus der aus dem Gleichgewicht geratenen *Wirklichkeit* zwei *Typen* mit dämonischen Zügen. Im ersten Fall zeigt sich die Dämonie durch die „Verengung der Seele" und „ist die Dämonie des abstrakten Idealismus"[298].

> „Es ist die Gesinnung <...> die in dämonischer Verblendung jeden Abstand zwischen Ideal und Idee, zwischen Psyche und Seele vergißt; die mit dem echtesten

---

teilskraft; hier aus *Immanuel Kant*, Die drei Kritiken in ihrem Zusammenhang mit dem Gesamtwerk; A. Kröner Verlag, Stuttgart 1975; S. 298.

[295] Vgl. Zima: Literarische Ästhtetik, S. 73.

[296] Zima: Literarische Ästhetik, S. 73/74; Zitat *Lukács* aus: „Kunst und objektive Wahrheit", in ders., *Probleme des Realismus* Bd. 1, *Werke*, Bd. 4, Neuwied–Berlin, Luchterhand 1971, S. 616.

[297] George Lukács: Die Theorie des Romans, *Ein geschichtsphilosphischer Versuch über die Formen der großen Epik*, 4. Aufl., 1977, Luchterhand, Darmstadt und Neuwied 1971, 1977, S. 83.

[298] Lukács: S. 83.

und unerschütterlichsten Glauben aus dem Sollen der Idee auf ihre notwendige Existenz schließt und das Nichtentsprechen der Wirklichkeit dieser apriorischen Anforderung als ihr Verzaubertsein ansieht, das von bösen Dämonen vollbracht, durch das Finden des lösenden Worts oder durch das mutige Bekämpfen der Zaubermächte zur Entzauberung und Erlösung geführt werden kann."[299]

Die Diskrepanz zwischen Ideal und Idee (vgl. Doderer: „Aus dem Seienden lesen und nicht aus dem Sollenden interpretieren"[300]) findet ihr Strukturelement im griechischen Heldenepos, der *Epopöe*. Im Vertrauen auf die schicksalhafte Führung der Götter bildet sich bei den griechischen Helden keine „innere Problematik". Ihre (Helden-)Taten, die sie zum Sieg oder zur Niederlage führen, stehen im Einklang mit der göttlichen Fügung, „die Beziehung zwischen objektiver und subjektiver Welt ist deshalb adäquat im Gleichgewicht gehalten."[301] Erst in der Zeit, „wo der Gott des Christentums die Welt zu verlassen beginnt"[302], wird die Verengung der Seele, die durch das Fehlen innerer Reflexion der Helden hervorgerufen wird, zur Dämonie. Lukács´ Analyse folgt hier dem gleichen Faden, den Gaede für die *antimimetische* Tradition aufgezeigt hat. Der *dämonische* Endpunkt dieser Entwicklung findet sich entsprechend in der *Groteske*. Paradebeispiel hierfür ist»Don Quijote«. Cervantes zelebriert einen *Helden*, der sich durch das „groteske Vorbeihandeln" an der Welt auszeichnet, jedoch immer im Glauben an eine höhere Notwendigkeit. Das einstige (Ritter-)Ideal verflacht zum Schein, dem er, ohne sich des Un–*sinns* bewußt zu werden, nacheifert.

„Hier offenbart sich am deutlichsten der ungöttliche, der dämonische Charakter dieses Besessenseins, zugleich aber seine ebenfalls dämonische, verwirrende und faszinierende Ähnlichkeit mit dem Göttlichen."[303]

Cervantes führt mit seinem»Don Quijote« die epigonal gewordene Tradition des Ritterromans ad absurdum. Zugleich wird hiermit das Mißverhältnis des deutschen Idealismus zur tatsächlichen Welt aufgedeckt. Um die Verpflichtung an die „Ideenwelt" aufrechtzuerhalten, „um so aus seiner Subjektivität herauszukommen und sich an Kampf und Untergang zu bewähren <...> bedurfte es der reinen Wesenssphäre des Dramas, <das> jede, wenn auch noch so inadäquate Beziehung zum Leben verloren <hat>."[304]

Der zweite *dämonische Typus* wird im Roman des neunzehnten Jahrhunderts entwickelt. Hier wird durch *Verinnerlichung* die Seele „breiter" als die Außen-

---

[299] Lukács: S. 83.
[300] Tangenten 348.
[301] Lukács: S. 84.
[302] Lukács: S. 89.
[303] Lukács: S. 86.
[304] Lukács: S. 91.

welt. Konflikte werden nicht in der Außenwelt ausgetragen, sondern in der *Innerlichkeit* (der Romantik) bewältigt und bilden so eine eigenständige Welt – im Sinne Doderers: eine *zweite Wirklichkeit.*

> „Denn die Erhebung der Innerlichkeit zu einer völlig selbständigen Welt ist nicht bloß eine seelische Tatsache, sondern ein entscheidendes Werturteil über die Wirklichkeit: diese Selbstgenügsamkeit der Subjektivität ist ihre verzweifelte Notwehr, das Aufgeben jedes bereits a priori als aussichtslos und nur als Erniedrigung angesehenen Kampfes um ihre Realisierung in der Welt außer ihr."[305]

Beide *Typen* verkörpern eine *vollendete* Wirklichkeit, eine S e i n – S o l l e n d e – Wirklichkeit. Diese Dämonie kann jedoch aufgelöst werden, wenn Innerlichkeit und äußere Wirklichkeit in einer losen, „lockeren" Verbindung stehen, ohne einem der Extreme zu verfallen. Es darf sich keine „abgrundete" Welt entwickeln, sondern die Dialektik zwischen Subjektivität und Objektivität muß erkennbar bleiben. Der Heldentyp dieser Entwicklung, Lukács nennt als Beispiel Goethes »Wilhelm Meister«, steht zwischen den beiden erstgenannten.

> „Menschentypus und Handlungsstruktur sind also hier von der formalen Notwendigkeit bedingt, daß die Versöhnung von Innerlichkeit und Welt problematisch, aber möglich ist; daß sie in schweren Kämpfen und Irrfahrten gesucht werden muß, aber doch gefunden werden kann."[306]

Das Zentrum dieser Versöhnung des Innen mit dem Außen bildet die *Suche.* Sie ist ein Reifungsproßes zur Menschlichkeit, der sich den gesellschaftlichen Entwicklungen stellt und weiterführende Ziele erkennt, ohne jedoch diese als Illusion stilisieren zu wollen, ohne den Helden als Verkörperung eines Ideals zu entmenschlichen.

> „Eine solche Struktur der Beziehung zwischen Ideal und Seele relativiert die Zentralstellung des Helden: sie ist eine zufällige; der Held wird aus der unbegrenzten Zahl der Gleichstrebenden nur darum herausgegriffen und in den Mittelpunkt gestellt, weil gerade sein Suchen und Finden die Gesamtheit der Welt am deutlichsten offenlegt."[307]

Doderer führt in diesem Zusammenhang den Begriff der *Menschwerdung* ein. Auch seine Helden sind zumeist auf der Suche. Sie befinden sich auf Irrwegen einer »zweiten Wirklichkeit«, um darüber hinaus erst ihre Existenz eigentlich begreifen zu können.[308]

---

[305] Lukács: S. 100.
[306] Lukács: S. 117.
[307] Lukács: S. 119.
[308] Vgl hierzu auch Kap. »„Das letzte Abenteuer" in einer „existenzial-ontologischen" Lesart«, S. 172 in dieser Arbeit.

Bei Otto Weininger, den Doderer desöfteren als einen seiner Lehrer bezeichnet (vgl. hierzu auch Kap. »Apperzeption und Genie – Otto Weininger«, S. 137 in dieser Arbeit), finden sich die Begriffe Dämonie und Dämonologie in der Abhandlung *Über die letzten Dinge*[309] als Aufriß zu einer *Kulturkritik*. Weininger setzt sich hier mit Fragen der Religion und Wissenschaft bezüglich ihrer psychologischen Stellung zur Wirklichkeit auseinander. Sich als *Kantianer* offenbarend, präferiert er die Wissenschaft. Die Religion dagegen basiert auf der Verzweiflung der Menschen, auf ihrer *Furcht*.

> „Ich fasse die Daten zusammen, aus denen sich hier die Theorie der Furcht ergibt. Furcht gibt es nur vor dem Nicht–Sein, vor dem Nichts; Furcht gibt es vor dem Bösen, vor Irrsinn, Vergessen, Diskontinuität, vor dem Weibe, dem Doppelgänger, vor dem Tod, vor Schuld–Strafe (= Vergangenheit–Zukunft), vor Krankheit, vor Verbrechen – das alles aber ist eines. Es ist Furcht vor dem Tod."[310]

Aus der Furcht heraus entsteht die *Dämonologie*. Die möglichen Reaktionen auf das Dämonische finden sich im „Erschrecken" oder der „Neugier". Die Neugier ist der wissenschaftliche Zugang. Weininger erweist sich in diesem Punkt als Rationalist. Die Wissenschaft „bringt das Licht und vertreibt die Dämonen", „nur durch Vernunft können die Gespenster verjagt werden"[311]. Die Wissenschaftler sind die eigentlichen Ent–Decker[312]. Das Dämonische ist somit das Feld der Künstler, Metaphysiker und Mystiker, die die Furcht antreibt; sie sind die Dämonologen.

> „Die Dämonen s i n d *die Naturgesetze für* den an Furcht leidenden Menschen, Wissenschaft und Dämonologie die zwei Arten, in welcher der Mensch auf das Naturgeschehen reagieren kann."[313]

Die Doderersche Verwendung des Dämonischen, der Dämonologie ist bei Weininger konträr besetzt. Bei Doderer ist gerade der Wissenschaftler der *Dämonologe* und dementsprechend besitzt einzig der Künstler, der Schriftsteller (das Genie) die Möglichkeit zur „Vertreibung der Geister".

Ein weiterer Unterschied besteht im Umgang Weiningers mit dem Begriff der *Differentialgleichung*. Für Weininger wird durch die Erfindung der Differentialrechnung der *Mut* aufgezeigt, „die Kapuze vom Alltagsgesicht zu ziehen". Es ist keineswegs davon die Rede, daß die Auflösung eines Differenzials das Leben negiert, sondern:

---

[309] Otto Weininger: Über die Letzten Dinge, München 1980, erstmals erschienen Wien 1904.
[310] Weininger: S. 155.
[311] Weininger: S. 158/159.
[312] Weininger: S. 158.
[313] Weininger: S. 158.

„Der Mensch, der extrem an der Furcht leidet, wird nie auch nur eine gedankliche Entdeckung machen. *Dieselben* Mächte in der Natur, die der Wissenschaftler mit den Hebeln und Schrauben verfolgt und bis zur Darstellbarkeit durch Differentialgleichungen zu bringen sucht, kommen dem an der Furcht Leidenden als die *Dämonen der Natur zu Bewußtsein.*"[314]

Abgesehen von den Diskrepanzen zu Doderer, zeigt Weininger auf, indem er im Künstler den *Dämonen* sieht, daß die Aneignung des „Naturgeschehens" differieren kann. Was Weininger hier wesentlich zur Sprache bringt, abgesehen von seiner diesbezüglichen Bewertung, ist die verschieden gelagerte Motivation zu einer bestimmten Art der Wirklichkeitsverarbeitung.

Zusammengefaßt liefe das auf die These hinaus, daß (Natur-)Wissenschaftler notwendig durch Rationalität bestimmt sind, also erkenntnisgetrieben arbeiten, und die Künstler/Schriftsteller sich wesentlich auf ihre Intuition verlassen, folglich ihr Schaffen keinem rationalen Kalkül unterziehen.

---

[314] Weininger: S. 158.

Neurose und Psychose – Sigmund Freud

Im folgenden geht es nicht um eine Psycho–Pathologisierung »Doderers«, wenn auch diese Thematik in der Interpretation der „Posaunen von Jericho" heuristisch bestehen bleibt (vgl. S. 105 in dieser Arbeit), sondern darum, die S t r u k t u r - verwandtschaft[315] seines Wirklichkeitstheorems zu folgenden Pathologieformen aufzuzeigen.

Zu den Neurosen werden in der Regel *Zwangsneurosen*, die *Hysterien* und *Phobien* gezählt[316], desweiteren gibt es *Übertragungs–*, *Eigen–geruchs/–geschmacksneurosen* und psychoneurotische Mischformen wie die *Organneurosen*. Psychotisch eingruppiert werden *paranoide* Wahnvorstellungen, *Schizophrenien*, *Melancholie* und *Manien*.[317]

Ebenfalls in diesen Komplex gehört die Ausbildung von *Perversionen*, die von Freud mit der Neurose und teils auch mit der Psychose in Verbindung gebracht werden.[318]

Die Krankheitssymptome und –bilder sollen hier im einzelnen nicht dargestellt werden[319], es genügt auf einige prinzipiellen Überlegungen Freuds einzugehen, die mit den Begriffen *Realitätsverlust* und *Realitätsersatz* [320] umrissen sind. Beides hängt mit Dissensen des Ichs mit seinem unbewußten Es (Trieb) zusammen. Bei der Neurose kommt es zu einem Verdrängungsprozeß, wo das sich Verdrängte einen Ersatz schafft, welcher zum Symptom der Neurose wird:

> „<...> das Ich findet seine Einheitlichkeit durch diesen E i n d r i n g l i n g bedroht und geschädigt, setzt seinen Kampf gegen das Symptom fort, wie es sich gegen die ursprüngliche Triebregung gewehrt hatte, und dies alles ergibt das Bild der Neurose."[321] (Hervorhebung duch den Verf.)

---

[315] Der Einfluß Freuds auf Doderer ist nicht unerheblich, wie Schröder an mehreren Stellen nachweisen kann. A.a.O., S. 168 f. u.a.

[316] Vgl. J. Laplanche/J.–B. Pontalis: Das Vokabular der Psychoanalyse, Frankfurt, 1992, S. 325 f.

[317] Vgl. J. Laplanche/J.–B. Pontalis: S. 413f.

[318] Vgl. J. Laplanche/J.–B. Pontalis: S. 381.

[319] Sie müßten gesondert an einzelnen Figuren Doderers überprüft werden. In Frage käme z.B. der Schriftsteller Kajetan von Schlaggenberg in den „Dämonen" mit seiner obskuren (latent faschistoiden) „Dicke–Damen–Theorie" oder Jan Herzkas (ebenfalls in den „Dämonen") (sadistische) Vorliebe für die „Dämonologie" der Hexenprozesse. Letzteres scheint auch eine gewisse Passion Doderers zu sein, denn Folter und Quälereien finden sich desöfteren in seinen Werken. Vgl. z.B. die Erzählung „Der Brandstuhl", wo der Erzähler von einem Martersessel träumt. Aus: „Die sibirische Klarheit", Texte aus der Gefangenschaft, München 1991.

[320] Vgl. Sigmund Freud: Der Realitätsverlust bei Neurose und Psychose, in: Schriften zur Krankheitslehre der Psychoanalyse, Frankfurt 1991, S. 277.

[321] Freud: Der Realitätsverlust bei Neurose und Psychose, S. 267f.

Der Effekt ist, daß das Ich „das betreffende Stück der Realität" vermeidet bzw.
ein „Zusammentreffen" zu verhindern trachtet oder im weiteren durch eine
„wunschgerechtere" Realität ersetzt, womit Überschneidungen zur Psychose gegeben sind.
Bei der Psychose wird der Ersetzungsvorgang vollkommen, und das Ich registriert seine Umwelt praktisch überhaupt nicht, wie etwa bei den Schizophrenien.
Verantwortlich hierfür ist eine fundamentale Störung des „Verhältnisses zwischen Ich und Außenwelt".

> „Bei Amentia Meynerts, der akuten halluzinatorischen Verworrenheit, der vielleicht
> extremsten und frappierensten Form von Psychose, wird die Außenwelt entweder
> gar nicht wahrgenommen, oder ihre Wahrnehmung bleibt völlig unwirksam. <...>
> In der Amentia wird nun nicht nur die Annahme neuer Wahrnehmungen verwei-
> gert, es wird auch der Innenwelt, welche die Außenwelt als ihr Abbild vertrat, die
> Bedeutung (die Besetzung) entzogen; das Ich setzt sich selbstherrlich eine neue
> Außen– und Innenwelt <...>."[322]

Es handelt sich also dann um „Phantasiewelten"[323], um *Phantasmagorien*, wo die
Verbindung zum Außen aufgehoben ist und das einstige „Abbild" des Außen,
nämlich das Innen als Gedächtnis („Erinnerungsschatz") des Außen „wunschge-
recht" ersetzt worden ist.
Die Mechanismen des Selbstverschlusses sind also funktional durchaus vergleichbar mit der Dodererschen »Deperzeption«, deren Produkt schließlich als
„isolationistischer", „pathogener Aion" fixiert wird.
Gleiches gilt für den »Normalzustand«, den Doderer als »Schwebezustand« zwischen Innen und Außen versteht. Hier werden, im Sinne Freuds, Neurose und
Psychose produktiv zusammengeführt:

> „Normal oder »gesund« heißen wir ein Verhalten, welches bestimmte Züge beider
> Reaktionen vereinigt, die Realität sowenig verleugnet wie die Neurose, sich aber
> dann wie die Psychose um ihre Abänderung bemüht."[324]

---

322 Freud: Der Realitätsverlust bei Neurose und Psychose, S. 268.
323 Freud: Der Realitätsverlust bei Neurose und Psychose, S. 268.
324 Freud: Der Realitätsverlust bei Neurose und Psychose, S. 275.

Spiegelungen in dem Divertimento[325] „Die Posaunen von Jericho"

„Denken ist ein Notbehelf, wenn die Wahrnehmung versagt."[326]

Karl Heinrich Schneider ordnet die Erzählung f u n k t i o n s g e s c h i c h t l i c h ein und sieht in ihr ein Übergangsphänomen im Schaffen Doderers:

> „Das Erleben der politischen Ereignisse <des Nationalsozialismus, Anm. d. Verf.> und der sich verschärften Ideologisierung, Entindividualisierung und der damit verbundenen Quantifizierung des Lebens und des Aufgehens des Menschen in der 'Masse', all dies führte Doderer in eine persönliche Krise. Seine Schriften wurden als Versuch der Selbstbefreiung verstanden <...>: Die Posaunen von Jericho als Versuch Doderes, diese ideologische Krise zu überwinden, was ihm dann erst wieder eine schriftstellerische Produktivität ermöglichte: <...>"[327]

Über diese autobiographische Referenz hinausreichend, lassen sich Schneiders Überlegungen dahingehend erweitern, daß die Entfremdung eine prinzipielle Erscheinung der Moderne und hier insbesondere für das Verhältnis Autor/Leser bzw. Mensch/Autor ausschlaggebend ist.
Der Literat kann nicht mehr in der Gewißheit schreiben (wie z.B. noch im *Realismus)*, daß sein Welt–Verständnis mit der des *fiktiven* Lesers übereinstimmt; er kann sich nicht einmal seines eigenen Selbst–Welt–Verständnisses sicher sein.
Die Krise ist deswegen nicht nur eine zeitlich begrenzte (individuierte) Episode, sondern eine Permanenzerscheinung, in der *Verstehen* von Welt offensichtlich zur Ausnahme geworden ist.
Es gibt verschiedene Möglichkeiten, dieser Selbst–Welt–Crisis literarisch zu *entgehen*; Manfred Windfuhr sieht hier zum einen die reduktionistische Flucht ins Abstrakte und zum anderen den Rückzug zur bloßen Dokumentation von Wirklichkeit,[328] womit natürlich, provokativ gesprochen, die Kapitulation vor der Realität verkündet wird.
Doderer begibt sich hier auf den dritten Weg, indem er die Crisis selbst zum Thema macht, bzw. die Erzählung ist die Darstellung dieser Crisis.
Sujet ist die (fatale) Schreibhemmung des Erzähler–Schriftstellers, der aufgrund diverser Verstrickungen nicht schreiben kann, was aber dann natürlich in der Er-

---

[325] Auf die musikalische Reminiszenz wird hier nicht eingegagen. Vgl. hierzu René Tschirky, Heimito von Doderers „Posaunen von Jericho", Kap. I. und III., vgl. auch meine Vorbemerkung zur Interpretation des *letzen Abenteuers* weiter unten.

[326] Henri Bergson: Denken und schöpferisches Werden, Die Wahrnehmung der Veränderung, S 151.

[327] Karl Heinrich Schneider: „Die technisch–moderne Welt im Werk Heimito von Doderers", Franfurt am Main, Bern, New York, 1985, S. 36.

[328] Vgl. Manfred Windfuhr: Erfahrung und Erfindung, S. 303.

zählung (darüber) selbst eingeschrieben und damit als substituiertes Gedächtnis *behalten* worden ist. Aus der Autorperspektive gesprochen: der sich in der Schreibunfähigkeit glaubende Schriftsteller kann einzig noch thematisch über das Nicht–Schreiben–Können schreiben, um, wie Schneider betont, zu seiner „schriftstellerischen Produktivität" zurückzufinden.

Damit ist Doderer kein paradigmatischer Einzelfall, sondern es werden desöfteren Reflexionen über die Schreibpotenzialität/–referentialität in Dichtung delegiert.

Thomas Mann etwa läßt in „Der Tod in Venedig" *seinen* alternden Schriftsteller Gustav Aschenbach, der in seiner schriftstellerischen Tätigkeit blockiert ist[329], stattdessen auf eine Reise gehen, die dann zum Stoff der Erzählung wird. Bei Peter Handke ist der „Freitod" seiner Mutter Anlaß und Anfang der Geschichte, sich über seine Schreibmotivation bewußt zu werden.[330] Eva Meyer benutzt Fragmente aus Doderers „Strudlhofstiege", um Gedächtnislücken zu füllen, um *darum* eine kleine Geschichte zu schreiben.[331]

Bei den „Posaunen" handelt es sich um die Anhäufung von Eskapaden, Ausuferungen seitens des Erzählers, der zugleich als Schriftsteller fungiert. Stück für Stück werden die von Doderer vorausgesetzten *Tugenden* eines Schiftstellers demontiert. Bezeichnend hierfür sind die *Saufereien* in den „Posaunen" (vgl. Kap.»Handeln«, S.91ff in dieser Arbeit), die Doderer während der Entstehung der Erzählung selbst *eindringlich geübt* hatte:

> „Nach einer durchtobten Nacht – ich zechte mit Edmund Schüler bis 8 Uhr morgens – und einem gleich beim Erwachen, 12 Uhr 15, einsetzenden schwersten neuralgischen Anfalle: starke, schwungvolle Euphorie (allerdings nahm ich viermal ein Mittel) und w e s e n t l i c h e B e i t r ä g e < ! > zum Divertimento VII, in dessen zweitem Satz ich mich schon befinde." (Vgl. COM, 1951–1956, 4. Februar 1951, Hervorhebungen durch den Verfasser)

---

[329] „Er dachte an seine Arbeit, dachte an die Stelle, an der er sich auch heute wieder, wie gestern, hatte verlassen müssen und die weder geduldiger Pflege noch einem raschen Handstreich sich fügen zu wollen schien. Er prüfte sie aufs neue, versuchte die Hemmung zu durchbrechen oder aufzulösen und ließ mit einem Schauder des Widerwillens vom Angriff ab." Vgl. Thomas Mann: Der Tod in Venedig, in: Die Erzählungen Bd. 1, Frankfurt am Main, 1977, S. 341.

[330] Vgl. Peter Handke: Wunschloses Unglück, Salzburg 1972, 1974, S. 7–11.

[331] Vgl. Eva Meyer: Die Strudlhofstiege: Ein Gedächtnistheater, in: Début eines Jahrhunderts – Essays zur Wiener Moderne, S. 25–34. Eva Meyer verwebt *kongenial* die eigene Paraphrase mit dem Erzählstil Doderers, so daß die Übergänge von den Meyer-Passagen zu den Doderer-Fragmenten fließend sind. Einige österreichische Autoren scheinen diesbezüglich das Epigonale anzuziehen. Jutta Schutting (vgl. „Tauchübungen. Prosa", Salzburg 1974, S. 8) z.B. versucht wie Stifter zu schreiben. Vgl. auch Hildegard Stauch: „Die Werte einer geschlossenen Gesellschaft", S. 325 /326, in: Stets wird die Wahrheit hadern mit dem Schönen, Festschrift für Manfred Windfuhr zum 60. Geburtstag, Köln, Wien 1990, S. 322–334.

Die Bedeutung der „Posaunen" liegt daher weniger in den geschilderten Inhalten, sondern in dem Rückverweis auf den desolaten Zustand eines Schriftstellers. Zur Sprache kommt die Darstellung der Antriebshemmung zur Schriftproduktion und die immanenten Gedächtniskontroversen des Erzählers. Das selbstreferentielle Sich–Selbst–Vergessen wird zum Anlaß der Erzählung darüber. Es handelt sich um eine Dokumentation episodischer Dekadenz der „zweiten Wirklichkeit". Doderer versammelt hier in Dichte, zur Groteske/Burleske[332] neigend, die Topoi seiner Vorstellung von Unwirklichkeit. Geschildert werden vom Autor–Ich–Erzähler[333] die Ausu f e r u n g e n der »Deperzeption«, die zur „Verblödung" des Prot-Agonisten (Vorkämpfers) führen. Daß es wörtlich tatsächlich um die *Agonie* des »Helden« geht, ist keine Übertreibung, sondern zeigt sich an seinem selbstmörderischen Lebenswandel (Saufen, Raufen, Degen k ä m p f e – [Agonist=Wettkämpfer] – „Es hätte Tote geben können", vgl. POS 164), der ihn dann nur noch „durch eine dünne und zufällige Wand" vom „Tode trennt" (vgl. POS 167). Die Agonie wird im Sinne Doderers durch die *integrale Angleichung an das Nichts* erzeugt; sie eskaliert wörtlich zum Wahn–Sinn, wo die aufgebaute Scheinwirklichkeit keine *empirische* Adäquation beanspruchen kann und damit pathogenverdächtig wird. Ausgangspunkt für diese Entwicklung ist das vermeintliche

Wissen/Sehen

„Man muß in einem sehr guten G e w i s s e n stehen, um die Welt so schauen zu können wie sie wirklich ist."[334]

Heimito von Doderer

(Hervorhebung durch den Verfasser)

Wissen stammt von „gesehen haben"[335] und ist somit empirisch vermittelt. Wenn Manfred Windfuhr diesbezüglich für die Doderersche Apperzeption „die genaue Beobachtung und Aufnahme der Umwelt" konstatiert und zudem für den Erzähler einfordert, „zunächst einmal geduldig hinzusehen und hinzuhören", damit er die Welt um sich „mit möglichst weitgetriebener Offenheit und Neutralität"[336] registriere, dann läßt der Ich–Erzähler in den „Posaunen" von diesen Tugenden

---

[332] Die gattungsspezifische Abgrenzung müßte gesondert erörtert werde.

[333] René Tschirkys Belege (vgl. a.a.O., S. 15 f), daß es sich bei den „Posaunen" in der Tat um, wie Tschirky sich ausdrückt, „verdichtete" Autobiographie handelt, sind überzeugend.

[334] Vgl. Tangenten 15.

[335] Vgl. DUDEN Band 7, Das Herkunftswörterbuch, Etymologie der deutschen Sprache, Mannheim; Wien; Zürich: Dudenverlag, 1989. Stichwort „wissen"; vgl. hierzu auch Tschirky, S. 98.

[336] Manfred Windfuhr: Erfahrung und Erfindung, S. 7.

vollends ab und begeht damit im Sinne Doderers einen Kapitalfehler, der die schriftstellerische Produktion maßgeblich torpedieren müßte.

Der erste Teil (POS 154) besteht schlicht aus Mutmaßungen, die – als Tatsachen verkleidet – dem Leser dargeboten werden. Die *genaue Beobachtungsgabe* wird durch das „Halbdunkel" bzw. durch die „schlecht beleuchtete" Lokalität so stark beeinträchtigt, daß der Erzähler sogleich einräumen muß, daß es „ungewiß blieb, was ich g e s e h e n und auch, ob wir einander überhaupt erkannt hatten". Trotzdem „w u ß t e" er sofort, die angeblich prekäre Situation einzuschätzen:

> „<...>; sogleich als ich diesen Staatsbahnpensionisten erblickte, wußte ich jedoch, was er hier trieb: es hätte, paradox genug, der kleinen Acht– oder Neunjährigen, an die er sich eben heranmachte, gar nicht bedurft, um zu wissen, daß eine solche Nase an diesem Orte gar nichts anderes tun konnte, als was ihr eben zukam." (POS 154)

Es bedarf also nicht einmal eines Opfers für das vermutete Sexualdelikt, um den Staatsbahnpensionisten (gedanklich vorweg) diesbezüglich zu überführen. Auch das „Schreien und Schimpfen" „e r s c h i e n" lediglich „unzweifelhaft" durch den Pensionisten provoziert, trotzdem stellt der Erzähler ohne Bedenken fest: „Er war ertappt worden." (POS 154) Ob er hier überhaupt „ertappt" worden ist bzw. zur behaupteten Perversion neigt, findet bis zum Ende hin keine eindeutige Bestätigung.[337] (Tschirky vermutet sogar, daß der Pensionist an diesem Abend einen heimlichen und deswegen verkannten, „moralischen Rettungsversuch"[338] bezüglich der Familienverhätnisse der Juraks unternommen habe.)
Viel näher als die harmonisierende Interpretation Tschirkys, der Erzähler avanciere durch sein vorgebliches Anstandsgebaren zum „Sittenpolizist"[339], liegt die Schlußfolgerung, daß der Erzähler aufgrund seiner offensichtlichen Unkenntnis bezüglich des *wahren* Sachverhalts n o t w e n d i g *eigene* Perversionsvorstellungen durch die Situation v o y e u r i s t i s c h exekutieren läßt, bzw. im voyeuristischen Inversionsvollzug e x h i b i t i o n i e r t sich Rambausek, *indem er seine „zipfende Nase" zeigt* <!>, was nicht minder auf den Erzähler/Autor selbst zurückfällt.

Daß von »Wissen« keine Rede sein kann, wird vom Erzähler dann auch prompt im Gespräch mit dem Pensionisten bestätigt.

---

[337] Vgl. hierzu auch COM 9. März 1951: „Von einer solchen Beschaffenheit ist die Frau, welche im D VII/4 auftaucht, die Mutter der kleinen c o r r u p t e n Neunjährigen." (Hervorhebung d. d. Verf.)

[338] Tschirky: S. 184.

[339] Tschirky: S. 184.

Der Pensionist:

„Herr Doktor, <...>, Sie sind viel herumgekommen. Sie haben manches g e s e -
h e n . <...> Sie sind gewiß ein Menschenkenner, <...>, jedoch kann man bei
flüchtigen Eindrücken sich allerdings auch ein falsches Bild vom anderen Menschen machen." (Hervorhebung durch den Verfasser)

Der Erzähler:

„Nicht, wenn man auf dem Boden der Tatsachen bleibt, <...>: 'Man muß auseinan-
derhalten, was man de facto g e s e h e n hat, und was man sich etwa nur einbil-
det.'" (Hervorhebung durch den Verfasser)

Der Pensionist:

„Und das können Sie immer?"

Der Erzähler erwidert penetrant:

„»Ja«, schloß ich ab, knapp und entschieden lügend <...>." (POS 155)

Das nicht–wissende Wissen setzt sich dann, wie gesagt, fort. Zwar „sagt" der
Pensionist dann „alles" (POS 157), aber was er genau mitteilt, wird dem Leser
vorenthalten oder vom Erzähler überhaupt nicht zur Kenntnis genommen; ledig-
lich wird erwähnt, daß der Pensionist wegen des Vorfalles von den Eltern des
Mädchens erpreßt wird, die, so darf der Leser mit mutmaßen, zu ähnlichen
Schlüssen wie der Erzähler gekommen sind.

Handeln

Die Sequenzen des Handelns prägen die „Posaunen". Sie sind durchweg grotesk,
u n –sinnig, von undurchdachter Spontaneität durchsetzt, teilweise erinnern sie
an die Streiche pubertierender Schüler, was am Ende der Geschichte durch die
»Bartriß«–Episode seine Reminiszenz findet.

Initial für die Handlungen ist die Begegnung mit Rambausek und die oben erwähnte Erpressungsversuch seitens der Eltern, die den Pensionisten dazu nöti-
gen, sich beim Erzähler Geld zu leihen. Dieser nutzt die Situation nach intensi-
vem *Nachdenken* („Schon schnappte ich mir meinen Problemknochen und reti-
rierte mit tierischem Ernst in die Hundehütte des Denkens" POS. 156) aus, um
seinerseits eine *Leistung* für den Geldverleih einzufordern. Er läßt den Pensionisten nach genauer Anweisung („V o r s c h r i f t s g e m ä ß h e i t", „Ich bitte Sie,
jetzt genau zu w i e d e r h o l e n, was Sie tun sollen", vgl. POS 159) auf offener
Straße drei Kniebeugen turnen. Diese Gegen*leistung* hat folglich keinen Re-
chenwert, sondern dient einer zunächst absurden Demütigung. Völlig undifferen-

ziert sieht Schröder darin das „Ungeheuliche"[340], „Menschenverachtende"[341] *bei*
Doderer besiegelt, ohne zu erkennen, daß die Zwangsvorstellungen des Erzählers in der Erzählung *darüber* intendiert sind, bzw. ohne zu erklären, inwiefern
dieselben auf den *Autor* zu übertragen sind (vgl. hierzu im weiteren Kap.
»„Nasenriß" und „Bartriß«, S. 105ff).

Nunmehr scheint diese erste Aktion, die „gelang", vordergründig als »Bestra-
fung« für ein vermutetes Verbrechen gedacht. Sie wird jedoch als Selbstjustiz ad
absurdum geführt, nicht nur bezüglich der Durchführung der »Strafe«, sondern,
gesetzt den Fall, daß Rambausek der versuchten Kindesmißhandlung überführt
worden wäre, stehen drei Kniebeugen, trotz der der *Vor*–s c h r i f t gemäßen
Ausführung, in keinem Verhältnis zum Delikt.
Da der »Fall Rambausek« durch diese Aktion keineswegs aus der Welt geschafft
ist, sondern den Erzähler weiter *v e r f o l g e n* wird, zudem dieser nunmehr
selbst aktiv wird und es zu ersten Gewaltanwendungen kommt („ich <...> pas-
sierte so knapp an ihm vorbei, daß er aus dem Gleichgewicht kam" <POS 159>,
„Ich grätschte, und er fiel auf den Polstersitz gegenüber" <POS 160>), wendet
sich die Selbst–Justiz: der Erzähler wird selbst zum Delinquenten bzw. ist es bereits, wobei Rambausek hierfür s t e l l v e r t r e t e n d belastet wird, als Sünden-
bock für seine eigene sich anbahnende Verwahrlosung.

> „Sogleich nach der Sache mit Rambausek, ja von diesem Tage an, war ein Rutsch
> hinab nicht mehr aufzuhalten, da mochte ich mich dagegen stemmen, wie immer
> ich wollte: es ging tiefer und tiefer." (POS 163)

Sich in „schlechter Gesellschaft" vorfindend, eskaliert der Lebenswandel des Erzählers in ein Tohuwabohu. Zuträglich für die folgende „Rauflust", für Streite-
reien und lebensgefährliche Balgereien mit alten Waffen (Degen, Bogen, Rapie-
re), sind *Sauforgien*, die von den „rechten Gesellen" in der Wohnung des Erzählers vollzogen werden (vgl. POS 164 f).
Für die W o h n u n g wiederum, als Austragungsort des »deperzeptiven« Kra-
keels, verkehrt sich repräsentativ ihre utilitäre Bestimmung als „Behausung"
(„doch kam, was einst der Tugend gefrommt hatte, jetzt auch dem Laster zugute"
POS 165). Einst gedacht als Ort der Ruhe, um dort zu arbeiten, ist dessentwegen
eine Schallabdichtung eingebaut worden, die nun dafür sorgt, den Krach im Inneren zu halten, sprich, das I n n e n vom A u ß e n hermetisch abzuriegeln. „Es

---

340 Schröder: Apperzeption und Vorurteil, a.a.O., S. 363 f.
341 Schröder: Apperzeption und Vorurteil, a.a.O., S. 355 f.

ist u n *h e i m l i c h*." (POS 173, Hervorhebung d. d. Verf.) Schließlich: „Nein, ich fand nirgends mehr Grund, ich war nirgend mehr daheim."[342]

Zusammengefaßt macht sich das „lärmende Unwesen" (POS 164 und 165) breit, das durch völlige Reiz– und Sinnenüberflutung durchstimmt ist, somit den Verlust von Sinnlichkeit intendiert und die Aufnahmefähigkeit (»Apperzeption«) des Protagonisten zur handelnden Handlungsunfähigkeit betäubt. Er ist schließlich „befangen und wie gelähmt" (POS 168/178).

Gewalt/Aktionismus

Biographisches zur »Schriftstimulation«

„Gewisse Erlebnisse, mit bürgerlichen Maßstäben nicht meßbar, brauchte der 'Aktionist' Doderer immer wieder. Er spielte z.b. einen querschnittsgelähmten Mann und ließ sich von seinem Freund, einem Mediziner, in einem Rollstuhl die Josefstädter Str. hinunterführen. An einer besonders steilen Stelle mußte der Freund Doderer aus dem Rollstuhl fallen lassen. Als der Stuhl umkippte, ließ er sich laut schreiend und wild gestikulierend herausfallen. Die Leute, die auf der Straße zusammenliefen, beschimpften den Mediziner und halfen, den armen 'Krüppel' wieder in den Rollstuhl zu setzen. Nachdem Doderer die Reaktion der Passanten studiert hatte, war die 'Aktion' für ihn beendet. Er stand auf, bedankte sich bei den erstaunten Passanten und ging mit dem Freund, den Rollstuhl leer vor sich herschiebend, zurück in die Buchfeldgasse."[343]

Hat sich bis dato der Unfug im Inneren (der W o h n n u g), also weitgehend anonym abgespielt, so richtet sich die nächste *Randale*–Aktion nach A u ß e n, gegen Unbeteiligte. Im Doderer–Jargon hieße dies: das Innen überträgt seine Vorstellungswelt (die gewaltbeherrschte „Phantasmagorie") auf die Außenwelt. Ziel des Anschlags ist die Nachbarin, eine ältere Frau („sie stand knapp vor den Siebzig" POS 165), des Erzählers, die, wohlgemerkt, „draußen" (vgl. POS 166 und 167) anzutreffen ist. *Generalstabsmäßig* geplant werden Bläser engagiert, die sich nächtlich mit den „Gesellen" im hellbeleuchteten Hausflur einfinden, um pünktlich, „<E>es war 1 Uhr und 25 Minuten" (POS 169), als Überfallkommando in das Schlafzimmer der Nachbarin einzudringen, deren „H e i m ", welches vor „Sauberkeit" „s p i e g e l t e" (POS 163), nun gemäß der *Wohnung* des Erzählers, wo oft der „Boden" „schwamm" (vgl. POS 16), zur Verwüstung ansteht.

Die Bläser intonieren mit ihren Posaunen Verdis Triumphmarsch aus der Oper Aida und der Rest läßt Pistolensalven „knattern". Es bricht ein Höllenlärm aus. „Die Posaunen von Jericho" („Wort des Unheils", vgl. POS 168) lassen die letz-

---

[342] Vgl. hierzu auch Kap. Existentiale Verfassung S. 176f in dieser Arbeit.

[343] Vgl. Michael Horowitz: Heimito von Doderer – Versuch einer Biographie, aus Begegnungen mit Heimito von Doderer, Wien–München, 1983, S. 152.

ten trennenden »Mauern« zum absoluten Chaos einstürzen. Erst die eintreffende Polizei kann die sinnlose „Büberei" beenden. Quintessenz ist ein juristisches Nachspiel, wonach die Raufbolde wegen »groben Unfugs« verurteilt werden und nunmehr de jure zu »Verbrechern« geworden sind. Letzteres bleibt jedoch nebensächlich, denn das eigentliche Verbrechen, dessen sich der Erzähler schuldig gemacht hat, ist das Verbrechen gegen die Zeit, „das Verbrechen der Zeitvergeudung" (POS 173) als Gedächtnisverlust und Gewissenlosigkeit, wo sich NICHT–WISSEN mit dem NICHT–MEHR–GEWUSSTEN paart und im Affekt–Delirium das *GEWISSEN* zur moralisch-ethischen Inkompetenz verneint wrd – (vgl. hierzu auch Kap. »Apperzeption bei Leibniz«, S.132ff, in dieser Arbeit), was zudem darin Bestätigung findet, daß der Erzähler in *moralischer* Hinsicht der einzige wirkliche Verbrecher ist. Alle bis auf ihn w u ß t e n , daß „Frau Ida" zum Zeitpunkt des »Überfalls« überhaupt nicht in ihrer Wohnung war (vgl. POS 180). Der Erzähler hingegen kam nicht einmal auf die Idee, sich diesbezüglich zu informieren, und kann im nachhinein nur konsterniert seine „außerordentliche Verblödung" (POS 180) registrieren.

An diesem Punkt enthüllt sich das tendenziöse Verfahren Schröders. Er unterstellt die Ambition eines Gewaltaktes mit Tötungsabsichten; es ginge darum, „bei einer alten Dame einzubrechen, um sie tödlich zu erschrecken."[344] Er differenziert nicht zwischen dem, was der Ich-Erzähler zu wissen meint und zu erkennen gibt, und dem, was in der Erzählung *tatsächlich* geschildert wird: nämlich eine Gewaltaktion, die keine ist. Schröder verkennt, daß das a-moralische Verhalten des Ich–Erzählers durch die Erzählung selbst stetig thematisiert wird, das heißt die Erzählung überführt den Ich–Erzähler quasi seiner Gewaltphantasien, mithin seiner „Verblödung". Es bedarf in dieser Hinsicht nicht der Kritik Schröders an der Gewaltobsession des Ich–Erzählers, weil sie bereits immanent mitgeliefert bzw. ad absurdum geführt wird. Schröder übersieht desweiteren, daß hier modellhaft vorgeführt wird, wie Gewalt sich initiieren kann, wenn die Reflexion (Gedächtnis) aussetzt und sich dadurch „atavistische Willkür"[345] breitmachen kann, die sich zudem erheblich dem Alkoholmißbrauch verdankt.

Bahn/Hören

Das (Eisen–) Bahnmotiv wird spärlich eingesetzt, tritt sporadisch auf und scheint insofern nur dekorative Funktion zu haben. Für Doderer ist es jedoch Leitmotiv des Lebens und bleibt auch in den „Posaunen" hintergründiges Telos, wo die »Bahn« zunächst ex negativum verarbeitet wird.

---

[344] Vgl. Schröder: Apperzeption und Vorurteil, S. 362.
[345] Vgl. Politzer: Realismus und Realität, S. 40, zitiert nach Schröder.

Rambausek ist Staatsbahnpensionist. Als Rentner hat er also keine spezifische Verbindung mehr zur Eisenbahn. Er ist wörtlich *vom Gleis genommen* worden. Weitergedacht ist er auf dem *Abstellgleis* gelandet. Inwiefern Rambausek *tatsächlich (?)*[346] mit seinem Leben nichts anzufangen vermag, ist dabei nebensächlich. Entscheidend ist die Adaption des Erzählers.

Schröder hingegen sieht darin eine Diskriminierung:

> „Was bedeutet es, wenn von einem Pensionisten gesagt wird, er verstehe die Freiheit nicht zu nutzen <...> Aus welchen Einzelheiten der Erzählung geht hervor, daß diese Betrachtungsweise auf Rambausek überhaupt angewendet werden darf?"[347]

Schröder vergißt, daß die Vorurteile, Diskriminierungen gegen Raumbausek inklusive seiner „Peinigung" vom Erzähler–Ich offen intendiert sind bzw. vom Autor–Ich so dargestellt werden, daß sie als solche erkennbar werden. Schröder stellt selbst fest, daß der Erzähler „von seinem Kontrahenten so gut wie nichts <weiß>".[348] Damit soll nicht die Absolution über das Menschenbild Doderers ausgedrückt sein, sondern auf die Verkehrung der *Sachlage* hingewiesen werden. Um es nochmals zu betonen, nicht Rambausek, sondern der Erzähler ist der Deliquent, was im übrigen auch von Tschirky stetig irreführend verwechselt wird, der darum bemüht ist, immer wieder auf die „Dummheit" Rambauseks hinzuweisen, womit er sich ganz auf die Seite des Ich–Erzählers bringt, ohne dessen Verunglimpfungen als puren Selbstschutz zu durchschauen. So Tschirky:

> „Damit wird endlich die Diagnose richtig: Rambausek ist dumm, und in seinem verstopften Riechorgan zeigte sich dies schon immer."[349]

Wenn bezüglich der »Person« Rambauseks so gut wie nichts bekannt ist, geht auch jede diesbezügliche Bewertung fehl. Die „Dummheit" trifft folglich nicht Rambausek, sondern den Erzähler, der seine eigene „Verblödung" in die »Nase« halluziniert und meint, sich so ihrer entledigen zu können.

Das einzige, was der Erzähler eingangs definitiv zu wissen meint, ist, daß Rambausek „Staatsbahnpensionist" ist. Nur woher diesbezügliche Erkenntnisse stammen, bleibt ungesagt. Also auch hier kann der Status quo Rambauseks zunächst nur als Behauptung aufgefaßt werden. Es ist jedoch keine Behauptung,

---

[346] Alle Informationen stammen vom Ich–Erzähler. Da es keine auktorialen Einschnitte gibt, bzw. die vermeintliche Auktorialität vom Ich–Erzähler durch sein stetiges Nicht–Wissen unterminiert wird, gibt es keine *höhere Instanz*, die die Binnenauthentizität der Erzählung punktual bestätigen oder verwerfen könnte.
[347] Schröder: Apperzeption und Vorurteil, S. 358.
[348] Schröder: Apperzeption und Vorurteil, S. 358.
[349] Tschirky: S. 186.

die mit vermeintlichem »Wissen« abgetan werden kann, sondern es handelt sich um eine distinkte Feststellung. Es heißt nämlich:

„<...> sogleich als ich d i e s e n Staatsbahnpensionisten erblickte, wußte ich jedoch, was er hier trieb <...>" (POS 154)

(Hervorhebung durch den Verfasser)

Zu erwarten wäre die neutrale Formulierung mit Artikel, also: »sogleich als ich *den* Staatsbahnpensionisten erblickte«. Durch das Pronomen[350] »diesen« wird anaphorisch auf eine ganze Klasse eines bestimmten Rentnertyps hingewiesen. Rambausek wird ergo zum R e p r ä s e n t a n t e n. Für die Rahmenerzählung macht das jedoch keinen Sinn, denn es gibt keine weiteren (*Bahn–*)Rentner. Es bleibt also nur die Binnenperspektive des Ich–Erzählers, der hier einen exemplarischen Einzelfall vor sich sieht, wodurch mit vermeldet wird, daß *d i e s e S t a a t s b a h n p e n s i o n i s t e n o f f e n s i c h t l i c h z a h l r e i c h die W e l t* »i n f i l t r i e r e n« und der *paranoide* Erzähler sich mit einem von ihnen konfrontiert sieht, der ihn dann „verfolgen" wird, obwohl dieser – bezogen auf den Erzähler – von sich aus überhaupt nicht aktiv wird. Trotzdem fühlt sich der Erzähler *von ihm* zu seinen verqueren »Aktionen« gehalten.

Die Diskreditierung trifft also überhaupt nicht die »Person« Rambausek und auch nicht per se die Pensionisten, sondern bezieht sich auf den m e t a p h o r i - s c h e n Diskurs *der vom Gleis Geratenen*. Nicht Rambausek, sondern der Erzähler *gerät* dann in die Fänge dieser Metaphorik, indem er *aus/von der Bahn geworfen* wird und als alkoholisierter Banause auf dem *Abstellgleis* landet.

Die Bahnmotive treten bezeichnenderweise immer da auf, wo die S t a g n a t i - o n im Leben des Erzählers am deutlichsten zu spüren ist. Dieser Stillstand re-flektiert sich zunächst im Wrack. Symptomatisch wird es von e n t e l e c h i - s c h e r Bewegung gerahmt. Das Wrack liegt im Strom, der zielgerichtet dem Meer entgegensteuert. (Die Assoziation liegt nahe, daß der *Strom* zugleich auf den unterbrochenen Schreib*fluß* hinweist.) Oberhalb liegt eine Bahnstrecke, die nach Westen führt und damit die Bewegungs–/Lebensunfähigkeit des Erzählers anmahnt, der sich dadurch an etwas Unbestimmtes erinnert fühlt: „die Wehmut fraß an <mir> ihm, wie ein Gift." (POS 162)

Bemerkbar macht sich die Bahn dann akustisch, womit nach dem trügerischen Sehen (vgl. Kap. »Wissen/Sehen«, S. 89ff) das Hören ins Spiel gebracht wird, welches zunächst durch den anfänglichen Krach beeinträchtigt wird:

---

[350] *Dieser, diesen* etc. könnte auch als Demonstrativpronomen aufgefaßt werden, was jedoch keinen wesentlichen Unterschied ausmacht. Die Hinweisgeste verweist trotzdem darauf, daß es von »diesem (da)« noch mehr gibt.

Der Erzähler ist permanent ohrenbetäubendem Lärm ausgesetzt. Sie „lärmten bei Tage und bei Nacht, und sangen brüllend." (Vgl. POS 164)

Durch das Singen wird die eigene Stimme zum Hörsubstrat, also die „Simultaneität des sich–selber–verlautens–Hörens (wie beim Spiegelbild, phonetisch indessen ohne Spiegel)"[351], nur daß es hier keine Sprech–Stimme ist, mithin s p r a c h l i c h e phoné, sondern indifferentes Gebrüll, „B i n n e n t e r r o r" durch die „grenzenlose Eigenstimme"[352], was durch die Schallabdichtung, die den Krach auf das I n n e r e d e r W o h n u n g beschränkt, plastische Verstärkung findet. Die Ohren sind somit betäubt. Was bleibt, ist R a u s c h e n. „Es rauscht im Wrack." (Vgl. POS 162/173 u.a.) Die Indifferenz des Rauschens korreliert an dieser Stelle mit dem ehedem wrackhaften (vgl. insbesondere Kap.»Wrack«, S.103ff) Zustand des Erzählers,

> „bei allem Lärm der Oberfläche war ich in der Tiefe doch mehr tot als lebendig"
> (POS 167),

der ihn dann allenfalls noch durch „S t i m m u n g" (Vgl. POS 162) vom Leben ahnen läßt und eine sprachlich–phonetische Differenzierung verweigert, ihn damit zur Sprach-/Schriftlosigkeit verurteilt:

> „Ich empfand Schmerz, unmöglich zu sagen weshalb, unmöglich zu sagen worüber
> <...>" (POS 162)[353]

---

[351] Vgl. Rudolf Heinz: Oedipus complex, Zur Genealogie von Gedächtnis, Wien 1991, S. 132.

[352] Vgl. Heinz: Oedipus complex, S. 133

[353] Ein Jugendgedicht Rudolf Borchardts gibt eine Parallele zu der Melancholie des Erzählers und bietet sich als Erläuterung dieser *Stimmung* an:

PAUSE

Hinter den tiefsten Erinnerungen
Verwächst die Zeit;
Die alten Wege waren frei und breit,
Nun hat die Welt sie überdrungen

»O Rauschen tief in mir,
Was aber hast du, das ich gern hörte?
Ist denn ein Ton in dir,
Der mich nicht störte?« ...

»Ich habe nichts als Rauschen,
Kein Deutliches erwarte dir;
Sei dir am Schmerz genug, in dich zu lauschen.«

Rudolf Borchardt: Gesammelte Werke in Einzelbänden, Bd. 3, hrsg. v. Marie Luise Borchardt / Herbert Steiner, Stuttgart 1957, S. 38.

Erst durch das akustische Eindringen der Eisenbahn wird das *Übel vernommen.*
Vorerst weiterhin indifferent:

> „<...>: hä– hä– hä– hä– hä– hä. Von mir ging das nicht aus." (POS 173)

Es handelt sich also nicht um Eigen–Binnen–(Rest–)Geräusche, sondern der Binnenverschluß wird von a u ß e n „durch Röcheln" perforiert.

> „Es war außen. Mir fuhr der Schreck in die Brust wie ein durch den Mund hinein
> gestoßener Stock. Es war außen. <...> Ein Bahnpfiff ertönte. Jetzt erst faßte ich
> auf, daß ja ein Bahnhof sich hier unten am Strome befand; es war eine Verschublo-
> komotive gewesen. Ich erkannte zutiefst, daß ich – hatte ich gleich seit längerem
> keinen Tropfen alkoholischen Getränks zu mit genommen – völlig versoffen und
> verblödet war." (POS 173)

Die Verlautung der Verschublokomotive, die *da draußen* das *Leben* metaphorisch auf *das rechte Gleis bringt,* führt ihm die eigene *Rangierunfähigkeit* vor
Augen, die ihn dann zu einem spontanen Sprachreflex nötigt, als wollte sich die
sinnentleerte *H e i m – S u c h u n g* im Ritual der phonetisch–verbalen Selbstver-
kündung Bedeutung zusprechen.

> „Dann sagte ich ein einziges Wort. Es hing unter dem Deckenlicht für eines Au-
> genblicks Länge, dann platzte es und erfüllte leicht hallend den Raum: Ich sagte
> Rambausek." (POS 173)

Nase/Riechen

Biographisches zur »Schrifthygiene«

> „Die »Geruchssymphonie« seiner Wohnung war für Gäste außergewöhnlich: der
> Naphtalingeruch von Mottenkugeln regte den sensiblen Heimito an, ständig wurde
> durch eine große Sprühflasche Lavendelwasser Wohlgeruch in der Wohnung ver-
> mittelt. Mit besonderer Sorgfalt wurden Guckloch und Briefschlitz der Eingangstür
> besprüht, um jede Infiltration von schlechten Gerüchen zu verhindern."[354]

> „Der Geruchs–Sinn aber gehört nicht mehr zur Physik des Lebens, sondern schon
> zu dessen Chemie, ein »chemischer« Sinn, wie sie's zu nennen pflegen, ebenso wie
> das Gesicht. Jedoch, er ist ein chymischer (sic) Sinn aus tieferen Gründen. Keiner
> der fünf Sinne hängt so sehr mit dem Er–innern zusammen wie er, mit dem Ge-
> dächtnis, das einer hat und sich mit dem gleichen Organ auch selbst setzt, denn es
> ist Urgrund der Person, Bewahrer apriorischen Wissens und Mehrer a–poste-
> riorischer Erfahrung."[355]

---

[354] Vgl. Horowitz: S. 176.
[355] Tangenten 464.

Rambausek wird vom Erzähler auf dessen Nase reduziert.[356]

Schröder geht eindringlich auf diese, wie er meint, Vorverurteilungen des Erzählers (und somit zugleich, so Schröder, auf die prinzipielle „Menschenverachtung" Doderers) bezüglich des Pensionisten ein („Bevor noch der Name des Pensionisten bekannt ist, wid er einfach als 'Nase' bezeichnet"[357]) und stellt fest, daß dieser auf *physiognomische* Merkmale reduziert bzw. zum Typus entstellt wird, was bei Doderer faschistische Latenz[358] erkennen lasse:

> „Rambausek existiert in den »Posaunen« gar nicht als Person. Keineswegs aus ästhetischen Erwägungen wird er »sparsam« gekennzeichnet, etwa weil er als Nebenfigur zu gelten hat, sondern als Gesamterscheinung besitzt er nur mehr die Qualitäten eines »Rest–Menschen«."[359]

Diese Interpretation hält sich, sofern davon ausgegangen wird, daß Rambausek als eigenständige (handelnde) Person (wenn auch nur als Neben–Figur, dennoch als Figur) eingeführt worden wäre und demgemäß Charakterzüge *beanspruchen* könnte, die dann zumindest der *Würde des Menschen* (vgl. Kap.»Leonhard Kakabsas Menschwerdung in den „Dämonen"«, S. 87 in dieser Arbeit) Rechnung tragen. Der erzählerischen Funktion nach[360] dürfte hier zudem das Prinzip P a r s p r o t o t o zur Geltung kommen.

Es spricht im weiteren einiges für eine subtile Lesart, die von Schröder völlig unterschätzt wird, nämlich die phantasmatischen Spiegelungen von Geruchssinn, Gedächtnis und Schrift/Sprache.
Nicht Rambausek ist ent*personalisiert,* sondern umgekehrt der Geruchssinn des Erzählers hat sich verdinglicht (insofern hat Schröder recht, wenn er feststellt, der Erzähler „verwandelt den Menschen in ein lebloses Ding"[361]), ist durch Rambausek *personifiziert,* im weiteren v e r s p r a c h l i c h t worden. Rambausek wird zum Syndrom inszeniert, welches sich des exzessiven Alkoholphantasmas des Erzählers selbst verdankt:

---

[356] Auf die Phallus–Symbolik sei hier zunächst nur verwiesen (vgl. diesbezüglich S. 105 in dieser Arbeit). Sie könnte nicht nur psychoanalytische Rückschlüsse zulassen, sondern auch gattungsgeschichtliche Relevanz zeigen. Zu denken wäre hier z. B. an die bacchantischen Festen, wo nicht nur viel getrunken wurde, sondern zudem aufgesetzte Nasen–Masken Potenz indizierten; im weiteren vgl. auch die Nasen–Stilisierung bei Edmond Rostand in der Figur des Cyrano de Bergérac.

[357] Vgl. Schröder: Apperzeption und Vorurteil, a.a.O., S. 360.

[358] Vgl. Schröder: Apperzeption und Vorurteil, a.a.O., S. 361/362f.

[359] Schröder: Apperzeption und Vorurteil, a.a.O., S. 359.

[360] Die Erzählung ist im wesentlichen Groteske/Burleske und verlangt insofern schon andere Stilmittel.

[361] Schröder: Apperzeption und Vorurteil, a.a.O., S. 368.

„Und in seinem trügenden Glanze wurde er <der Wein> zur Vorspiegelung, zur Fata–Morgana besseren Zustandes <...>" (POS 163)

Was somit bezüglich Rambausek assertorisch vermeldet wird, trifft zugleich auf den Erzähler selbst zu. So h e i ß t der Pensionist dann schließlich nur noch »die Nase«; nicht nur das, sondern »die Nase« wird durch „Infiltration" (vgl. POS 187, *»Infiltration« hier medizinisch als das Eindringen von Gewebeteilen, Zellen oder Flüssigkeiten in anderes Gewebe*) zur/zum Replik/Replikat des eigenen Organs. In Doderers Worten dringt die »Deperzeption« als Geschwulst–Projektion ein; es entwickeln sich »Deperzeptions«–„Metastasen."

> „<...> daß jene eine Metastase der Apperceptions–Verweigerung darstellt, eine sozusagen noch u n b e n a n n t e Metastase."[362] (Hervorhebung durch den Verfasser)

Natürlich kommt dann der »Mensch« Rambausek zu kurz; er wird in der Tat physiognomisch karikiert, dient sich dadurch zwanghaft–phobisch der Neurosenbildung des Erzählers an.[363]

> „Mein Grimm gegen Rambausek wurde bodenlos. Was hatte dieses Tier in dem kleinen Café am Liechtenwerder Platz zu suchen? <...> und, daß ich ihm das Markensammeln schon austreiben würde, diesem Biest <...>" (POS 182)

Später dann pauschalisierend:

> „Aber, man merke sich's: diesen Kleinbürgern ist alles zuzutrauen; vorn haben sie kein Gesicht, und im Hinterkopf eine Mördergrube, oft auch ein von Bosheit tolles Affenhaus." (POS 175)

(Inwiefern *physiognomische* Einlassungen per se neurotisch sind und sich *daraus* Faschismen ableiten lassen, müßte gesondert erörtert werden.)

»Die Nase« selbst ist „obszön<e>", sie „zipft<e>" und „schien zu tropfen" (POS 154/186), wonach ihre Aufgabe, nämlich zu riechen, blockiert ist. Mit ihrer u n - a n s t ä n d i g e n Riechblockade nistet sie sich dann beim Erzähler als „Pfropfen" (vgl. POS 168/171) ein: der

> „<...> roch fast mit der l e i b l i c h e n Nase die Miasmen <seiner> geistigen Fäulnis <...>" (POS 163) (Hervorhebung durch den Verfasser)

---

[362] COM 1951–1956, 27. Januar. Die Eintragung entstand während der Arbeit an den „Posaunen" Anm. d. Verf..

[363] Was übrigens auch Schröder an anderer Stelle feststellt: „Der Überfall auf die alte Dame und die Attacke gegen Frau Jurak bezeichnen die Stufen eines Abstiegs, der alle Symptome einer Neurose aufweist", a.a.O. S. 369.

Jedoch läßt sich *geistige* Fäulnis als imaginäre *Ausdünstung* faktisch nicht riechen. Die „chymische" Union des „Er–innern<s>" mit dem *eigenen* Organ ist somit unterbrochen. Lediglich eine pervertierte Schweißfuß–(Gestanks–) Imagination

> – „Schweiß der Schwäche. Ich stellte mir mit Befriedigung vor, daß er jetzt wohl auch an den Füßen schwitzte. Nun galt es, ihn in der eigenen Feuchtigkeit zu dünsten." (POS 158) –

gelingt, die jedoch als Transspirations–Halluzination – *eben hindurch und weg –* noch lange keine (künstlerische) Inspiration zuläßt *(obgleich im nachhinein gerade dieser Mangel durch die Niederschrift dieser Erzählung konterkariert erscheint)*, sondern sich prompt in Amnesie auflöst und durch eine verschriftete Gedächtnisprothese substituiert wird:

> „Als ich nach einer Weile mein N o t i z b u c h <!> hervornahm und zu s c h r e i b e n begann, hatte ich meine Absichten in bezug auf den Pensionisten v e r g e s s e n." (POS 158)

> (Hervorhebung durch den Verfasser)

Eine Gedächtniskonstitution (hier das Notizbuch) kann somit nicht völlig ausbleiben, das wäre gleich dem Tod. Vergessen (und Erinnern) kann es nur aufgrund von Gedächtnis überhaupt geben, oder wie Rudolf Heinz für derartig gelagerte Gedächtniskontroversen ausführt:

> „<...> Gedächtnis im ganzen zwar sich voraussetzen lassen, voraussetzen zu müssen, zugleich genötigt zu sein, dasselbe herzustellen; <...> Um es noch einmal zu betonen: die besagten Krisen sind reine Immanenzkrisen, solche des Gedächtnisses in seiner Vorausgesetztheit und seiner Herstellungsnötigung zugleich selber."[364]

Doderers Auffassung zielt physiologisch/physiognomisch auf einen ähnlichen Zusammenhang: „<...> Gedächtnis, das einer hat und sich mit dem gleichen Organ <*der Nase ?*, Anm. d. Verf.> auch selbst setzt."[365]

Die „Herstellungsnötigung" des Gedächtnisses wird beim Erzähler entsprechend durch das *Implantat* fremdgesteuert, welches, wie gesagt, selbst nicht riechen kann, was fatal für den Schriftsteller ist, der auf s e i n Gedächtnis angewiesen ist. Was bleibt, ist die Sublimation des Geruchs *(vgl. Doderer: der Geruchssinn als „chymischer" Sinn, Vgl. Chemie: Sublimation ⇨ unmittelbarer Übergang eines Stoffes aus dem gasförmigen <hier das Geruchsubstrat> Aggregatszustand in den festen und umgekehrt)* in bloße Metaphorik.

---

364 Rudolf Heinz: Oedipus complex, S. 131 f.
365 Tangenten 464.

Paradigmatisch ziehen Autor–Ich und Erzähler–Ich alle Register der möglichen Einschreibung des Geruchsphänomens mit all seinen Konnotationen. Wiederholt setzt sich dann die *Gedächtnislosigkeit*, etymologisch/metaphorisch versprachlicht (gesagt/ungesagt/geschrieben/ungeschrieben) in Szene, was hier kurz zusammengestellt ist (vgl. hierzu auch unten Kap. »Wrack« u. Kap. »„Nasenriß" und „Bartriß«).

Anfänglich im Hausflur:
Der Erzähler betritt „irrtümlich", also g e d ä c h t n i s l o s, geistesabwesend den Hausflur, wo er „gar nichts zu suchen" hat (POS 154). Er steckt also s e i n e (voyeuristische) *Nase* in Dinge, die ihn nichts angehen. Demgemäß kann hier, nachfolgend mit Ambrose Bierce gesprochen, treffender nicht geantwortet werden.

> „**Nase**
> Äußerster Vorposten des Gesichts. Es wurde beobachtet, daß jemands Nase nie glücklicher ist, als wenn sie in fremde Angelegenheiten gesteckt wird; woraus einige Physiologen den Schluß gezogen haben, daß die Nase des Geruchssinns ermangele."[366]

Bei dem unterstellten *Verbrechen* handelt es sich dann lediglich um ein *G e - r ü c h t*[367] betreffs seines Pendants, der „obszönen", somit *a n r ü c h i g e n* »Nase«. Der dekadente Lebenswandel nimmt von hier an seinen Lauf: s i c h s e l b s t *v e r g e s s e n*, um *v e r r u c h t − r u c h l o s −* g e m e i n − v e r - b r e c h e r i s c h zu werden (werden zu können). Nur noch „durchdringende duftende Getränke" (POS 164), die bis zur Besinnungslosigkeit gesoffen werden, vermögen noch vom „völlig abgestumpften Riechorgan <...> wahrgenommen zu werden",[368] um r u c h l o s *S t u n k*, „Streit und *Z a n k*" (POS 164) [*s t a n c*] anzufangen.
„Identifizierung<en>, die keine mehr <sind>, kurzschlüssige Gedächtnissperre als Gedächtnis sodann selber: Synthesis Mensch. Ruchlosigkeit nur Geruch/ Gerücht."[369]

---

[366] Zitiert nach Jörg Drews & Co: Das endgültige zynische Lexikon, Ein Alphabet harter Wahrheiten, Zürich 1989, Stichwort „Nase".

[367] Vgl. hier und nachfolgend die in gesperrt und kursiv gesetzten Wörter nach DUDEN Band 7, Das Herkunftswörterbuch, Etymologie der deutschen Sprache, Mannheim; Wien; Zürich: Dudenverlag, 1989; entsprechende Stichworte.

[368] Vgl. Tschirky: S. 144.

[369] Vgl. Heinz: S. 102.

Wrack

Ist »die Nase« zumindest durch Rambauseks Verkörperung dem Anschein nach lebendig („Das Kreatürliche in und an ihm wurde mir doch fühlbar jetzt<...>" (POS 160), so findet das Spiegelphantasma von Ge–Ruchlosig-keit/Gedächtnis(verlust) ihre Repräsentation nunmehr in der völligen Verdingli-chung, im toten Objekt eines defekten, verrottenden Schiffes.

Ein *Wrack* ist der Erzähler, der sich z i e l l o s treiben läßt, bereits selbst. Ruch-los, wie er ist, zeigt sich ihm hier sein entseeltes Pendant. Das Schiff ist ein *D a m p f e r* (vgl. POS 160/163 u.a.), der jedoch als Technikschrott funktions-untüchtig ist: also ein nicht mehr *d a m p f e n d e r   D a m p f e r* als Korrelat zu der nicht riechenden, ruchlosen Nase. Die „Gedächtnissperre" externalisiert sich somit ins Wrack und memoriert so abermals das (Sich–)Vergessen des Erzählers, diesmal jedoch nur noch als r a u s c h e n d e Chiffre – sinnentleerte Schrift. Un-verkennbar hierfür ist, daß er das Wrack nicht zu „lesen" vermag (und sich selbst natürlich auch nicht), nur der konjunktivistische Anschein einer B u c h s t a -b i e r u n g gelingt und die Er–Innerung bleibt erneut aus:

> „Ich starrte auf den zertrümmerten Radkasten des Dampfers, als könnt' ich den Stand der Sachen im Grundgeflechte meines Daseins aus diesen Resten lesen."
> (POS 163)

Analogisch verwehrt das Schiff jeden Eigengeruch. Es läßt Geruch nur ahnen bzw. abermals zur reinen Imagination verkümmern:

> „Mit einem Ernste, einer Versenkung und Verbohrtheit, die außerhalb solcher Be-fangenheitszustände freilich ganz unbegreiflich und mit ihrer ganzen Unangemes-senheit wirken, dachte ich darüber nach, daß dort unten, am Schiffswrack, ein Sumpfgeruch niemals war zu spüren gewesen; wie denn auch? Dort rauschte, floß und zog das Wasser eilig. Dennoch der Sumpfgeruch war da, sobald ich daran dachte. Als habe man dort etwas heraufgeholt, heraufgefischt, heraufgehoben, wie Gerümpel eines Teichs, <...> verschlammtes Gerümpel, durchsetzt von organischer Substanz, nach Schlamm riechend, <...>" (POS 178)

Das Substitutionsspektakel veranstaltet sich weiter: Die „geistigen Miasmen" – ruchlos – metamorphisieren in organische Fäulnis, ebenfalls ruchlos, da diese eben nur vom *gedachten* Schlamm herrührt. Das Wrack konfrontiert so den Er-zähler mit Zerfallserscheinungen („Es rauscht im Innern des Wracks, das schon nach außen zerfällt" POS 173) bezüglich seines desolaten Amnesieverfalls, der in der „Leere" zwischen „Tod und Leben" (vgl. POS 174) seinen Endpunkt er-reicht. Als verrottendes Memorial schließlich wird es gänzlich u n l e s e r l i c h und prangert das degenerierte Sprachvermögen (Gedächtnis) des Erzählers an –

ohne „Grundsumpf" kann der schließlich nicht „loten" –, dem „ekelt es fühlbar vor dieser Leere hier, die <ihm> n i c h t s s a g e n wollte." (POS 174)

Bezeichnenderweise findet die Generierung des Gedächtnisses am Orte der tiefsten Verwerfungen statt, nämlich hier am Wrack (wo auch sonst, der Erzähler *ist* es schließlich selbst), bei dem sich die *Einschreibung* der Vergangenheit dann handg r e i f l i c h / schriftlich vollzieht.

Vordem werden jedoch alle Riech– und Lebensfunktionen bishin zur Leblosigkeit *verflüssigt*.

> „Die Verflüssigung des Lebens erfolgt doch immer wieder, wenn wir die krampfigen Erstarrungen beiseite räumen, die wir dem Liquor entgegenzustellen geneigt sind <...>"[370]

Zunächst fällt die „kleine Jurak", die der Anstoß für die Einlassung des Erzählers auf Rambausek ist, beim Klettern am Schiff ins Wasser. Sie wird vom „S c h i f f s b a u c h" „e i n g e s c h l u c k t" (vgl. POS 183), worauf dann Rambausek ihr hinterherspringt und sie retten kann.»Die Nase« jedoch rutscht im „Schlamm" aus und wird „von dem gurgelnden Wasser in die Finsternis gerissen" (POS 184) – also wiederum „gurgelnd" (lat. gurgulio = S c h l u n d !, Kehle, L u f t r ö h r e !) vom Wrack geschluckt – und droht nunmehr selbst zu e r t r i n - k e n, s c h l u c k t (riecht?) also Wasser. (Hervorhebungen d. d. Verf.) Die »Nase« weist dem Riechen (und damit sich selbst) durch das Ausspielen der Körperfunktionen beim E r–t r i n k e n eine weitere fundamentale Bedeutung zu: R i e c h e n h e i ß t n o t w e n d i g z u g l e i c h A t m e n, u n d A t m e n b e d e u t e t L e b e n u n d d a m i t z u g l e i c h „E r–i n n e r n". Die *positive* Beschreibung bezüglich einer *möglichen* schriftstellerischen Adaption dieses Riech–/Geruchskomplexes ließe sich auch in der ver–*geistigten* Verkettung dessen zusammenfassen, was sich unter dem Komplex des dem »s p i r i t u s« zugehörigen Wortfeldes anhängig aufdrängt[371], nämlich: T r a n s p i r a t i o n – A s p i r a t i o n (hier med.[372]) – R e s p i r a t i o n – I n s p i r a t i o n. Vordem jedoch diente der »spiritus« initiatorisch dem Rausch – *(Ge–räusch)* –, denn wollte der Erzähler bezüglich seines heruntergekommenen Lebenswandels vormals „Gras darüber wachsen" (vgl. POS 172) lassen, die Vergangenheit folglich tilgen, so wird sie ihm jetzt durch das Er–Trinken drastisch dargeboten:

---

[370] COM 1951–1956, 5. Februar 1951, die Eintragung enstand während der Arbeiten an den „Posaunen", Anm. d. Verf.

[371] Vgl. hierzu auch die Interpretion des Begriffs *Geist* bei Heidegger von Jacques Derrida, *Vom Geist – Heidegger und die Frage*, Frankfurt am Main, 1992, S. 92.

[372] Das Eindringen von Flüssigkeit in die Luftröhre.

Schlucken – Trinken – Saufen – Ersaufen – Tod

Im wesentlichen handelt es sich also um „Wieder–Holungen"[373], das heißt das (Sich–)Vergessen *holt* sich selbst wieder ein, gibt sich damit eo ipso als Gedächtnis preis, dessen monströse phallische Verkörperung dem Erzähler reglos, leblos den Spiegel bzw. seinen selbstmörderischen Lebenswandel vorhält:

> „Was hier auf dem Uferdamme lag, war eine langhingestreckte Nase, zipfend und von jenem Ernst erfüllt, welche die Dummheit stets über ihre widerlichen Heimlichkeiten breitet." (POS 184)

Diese Selbstspiegelung *seiner* Ohnmacht schließlich regeneriert die Gedächtnisfunktion bzw. stellt diese bereits jäh dar und zeitigt den Anschluß zur Vergangenheit:

> „Jetzt aber schoss bei mir ein, was bezüglich war, und der wirkliche und wirksame Schlüssel der Situation glühte und erstrahlte: wir nehmen ihn freilich immer aus der Vergangenheit, nur sie allein vermag uns das Tor der Gegenwart aufzusperren."
> (POS 185)

Gemeint ist eine Episode des Erzählers, wo er analog zum „Nasenriß" versucht, einen einem dreißigjährigen Mann seines „außerordenlich entwickelten Vollbart<s>" durch einen Riß zu entledigen (vgl. POS 185f).

„Nasenriß" und „Bartriß" als „kastrative Problemlösungen"

„Nasenriss" und „Bartriss" sind textimmanent als *realisierte* Handlungen skurriler Unsinn.

Tschirky sieht gerade in diesem „völlig sinn– und zwecklos<en>"[374] Akt den S i n n , das »höhere« Verstehen aufgehoben.[375]

---

[373] Vgl. auch Martin Loew–Cadonna: „Mit der in der Retrospektive zerfallenden Intaktheit der Wieder–Holungen korrespondiert ferner, wie ich meine, Doderers beständige Tendenz, Leben und lebensgeschichtliche Stationen durch die Metaphernkomplexe Fluß–Wasser–Bach resp. Glas–Kristall zu verräumlichen. Fließen, Strömen, Plätschern des Daseins. <...> Der Strom der Existenz könnte so betrachtet, auf ein niemals in sich selbst ruhendes, von Festigkeit dispensierendes, ephemeres, unaufhörlich zerrinnendes Leben weisen." Vom Soda–Whisky zum Whisky–Soda – Anmerkungen zum Wiederholungskünstler Doderer; in: Internationales Symposium – Heimito von Doderer – Ergebnisse, Wien 1986.

[374] Tschirky: S. 191.

[375] Tschirky ist diesbezüglich kein Einzelfall. Norbert Altenhofer etwa sieht in Kleists „Erdbeben in Chili" gerade im „erschütterten Sinn" den Sinn und die Aufgabe der Hermeneutik: „Der Text als Rätsel, das Leben als unverständliches Buch, die Auslegung als unendliche Aufgabe: In diesem Problembewußtsein treffen sich der Schriftsteller Kleist und der Hermeneut Schleiermacher." Norbert Altenhofer: „Der erschütterte Sinn. Zu Kleists »Erdbeben in Chili«", in Positionen der

„Er <der Nasenriß> kann nur als völlig zweckfreier spontaner Ausdruck des Verstehens gesehen werden, und zwar eines über den konkreten Fall hinausweisenden
`beispielhaften´ Verstehens und Verstehen–Wollens."[376]

Wie ein Kniff in eine »Nase« „hinausweisendes Verstehen" ermöglichen soll,
bleibt Tschirkys Geheimnis. Das scheint sich zwar mit der Vorstellung des Erzählers zu decken, dem es dabei um das, „wenn auch zu späte und also vergebli-
che Verstandenhaben <...>, um das »intellexisse«, <...> um das Verstanden–haben–Wollen" (vgl. POS 187) geht, was aber wohlgemerkt in die Vergangenheit
gerichtet ist und wiederum den „Nasenriss" als bloße W i e d e r h o l u n g des
vergessenen „Bartrisses" ausweist. Trotzdem macht auch diese Selbsterklärung
des Erzählers, die Tschirky hier nur *hermeneutisch* verklärt repetiert, einen faktischen Nasenriß/–kniff, von dem Tschirky schließlich ausgeht, nicht plausibel.
Politzer sieht in dieser Hinsicht berechtigt im „Nasenriss" die Grenze zum „Un-
wahrscheinlichen" überschritten,[377] denn als l e b e n s w i r k l i c h e Darstellung
eines „Wiederbelebungsversuchs" gehört ein »Nasenriß« nicht in den Erste–Hil-
fe–Katalog, zudem der Begriff *Wiederbelebung* gerade durch den Erzähler ter-
minologisch ad absurdum geführt wird, denn „Tote gehen die sogenannte 'Rettung' nichts mehr an" (POS 184).

Zumindest die symbolische Funktion des „Nasenrisses" wird indes durch die
„Bartriss"–Episode einsichtig. Während er sich von der »Nase« „infiltrieren"
ließ, konnte er den »Bärtigen« durch den spontanen „Riss" von sich fernhalten,
ansonsten wäre es möglicherweise zur „Entstehung einer riesigen Bartflechte ge-
kommen" oder er wäre „selbst in irreversibler Weise ganz außerordentlich bärtig
geworden" (vgl. POS 186).
Sowohl die „langhingestreckte Nase" als auch der „außerordentlich entwickelte
Vollbart" sind phallische Symbole[378], der *Abriß* derselben intendiert folglich eine
Entmannung.
Daß entsprechend Kastrationsphantasien/-ängste projiziert werden, zeigt sich
parallel anhand der Bedeutung des Bartmotivs in den „Merowingern". Die
»Bartverflechtung« symbolisiert dort die Verblendung Childerichs, eine totale
Familie zu etablieren, die ihn „durch verschiedene Verwandtenehen zielstrebig
zu seinem eigenen Vater, Großvater, Onkel usw. macht und die jeweiligen Char-

---

Literaturwissenschaft, Acht Modellanalysen am Beispiel von Kleists »Das Erdbeben in Chili«, 2.
Aufl., München 1985, 1987, S. 53.

[376] Tschirky: S. 191.

[377] Vgl. Heinz Politzer: Realismus und Realität in Heimito von Doderers Posaunen von Jericho, in:
The Germanic Review, XXXVIII, New York, 1967, 37–51, zitiert nach René Tschirky, S. 192.

[378] Vgl. Wörterbuch der Symbolik, hrsg. von Manfred Lurker, 5. Aufl., Stuttgart, 1991, Stichwort
„Bart".

gen als kompliziertes System von Bärten, mit denen er seine Vorgänger beerbt, im Gesicht zur Schau stellt."[379] Die Abstrusität („Alles Unsinn", vgl. Merowinger, S. 363) dieser *inzestuösen* planerischen Beharrlichkeit (quasi der Versuch der Herstellung *ödipaler Omnipotenz*), die Childerich dabei an den Tag legt, wird erst durch seine „Scheerung und Entmannung" unterbunden. Zum Ausdruck kommt hier, so Weber, die lebensunfähige Totaliät zweiter Wirklichkeit,[380] die dann durch die „kastrative Problemlösung" (Merowinger, S. 363) neutralisiert wird.[381]

Daß Doderer demgemäß mit psychischen Pathologien spielt, also in diesem Sinne mit Befangenheitszuständen „zweiter Wirklichkeit", ist augenscheinlich. Ohne eine genaue *Psychoanalyse* liefern zu wollen[382], muß dennoch kurz auf einige Krankheitsbilder Freudscher Bestimmung hingewiesen werden, die in den „Posaunen" offensichtlich Darstellung erfahren haben.

Um nochmals auf den Anfang der Geschichte zurückzukommen: der Erzähler ist Voyeur der eigenen Perversionsvorstellung, die er durch Rambausek vollzogen meint. Er sieht sich daran anschließend durch Rambausek „infiltriert" und bedroht, zeigt damit Symptome einer Neurose (vgl. auch Kap.»Neurose und Psychose – Sigmund Freud«, S. 85ff in dieser Arbeit). Zwanghaft kommt es zu sadistischen (die drei Kniebeugen) Handlungen und Gewaltaffekten. Für Freud ist der *Bemächtigungstrieb* (Sadismus), gemeint ist „die Erniedrigung und Beherrschung des Objektes durch Überwältigung"[383], einerseits Produkt einer Zwangsneurose, zum anderen reminisziert er die ursprüngliche Grausamkeit des Kin-

---

[379] Vgl. Weber: Autorenbücher, S. 92.

[380] Vgl. Weber: Autorenbücher, S. 92.

[381] Interessanterweise nimmt Doderer für diese *Problemlösung* ein Zitat Heideggers in Anspruch (vgl. Merowinger, S. 363): „Wie sagt der Philosoph? 'Aus dem Dingen des Dinges ereignet sich und bestimmt sich auch erst das Anwesen des Anwesenden' und: 'Wie aber west das Ding? Das Ding dingt. Das Dingen versammelt.'" Vgl. Heidegger: Das Ding, in Vorträge und Aufsätze, Pfullingen, 1954, 1990, S. 166. Daß Doderer einen Zusammenhang zwischen dem »dingenden Ding« bzw. dem nicht mehr »dingenden Ding« und einem phallischen Exponat herstellt, ist nicht so abwegig, wie es scheint. Vgl. Zur Brückenfunktion des »Dinges« in *psychoanalytischer* und *antipsychoanalytischer* Hinsicht, Rudolf Heinz: Zeitkritik nach Heidegger, in Philosophie in der Blauen Eule, Bd. 9, S. 133-147. Vgl. im weiteren auch Blaschek-Hahn, „…Aber das Ganze ist doch ein Mordsblödsinn" (Von Sinn und Uninn in Doderers Dichtung), in: Untersuchungen zum Werk Heimito von Doderer, hrsg. von Jan Papiór, Poznań, 1991, S. 307ff

[382] Eine diesbezüglich umfassende Interpretation übersteigt die methodischen Vorgaben dieser Arbeit. Die Freudschen Topoi sind im wesentlichen dem „<Das> Vokabular der Psychoanalyse", Laplanche/Pontalis, Frankfurt 1972, 1973, entnommen, verstehen sich dergstalt als Verweise. Die Komplexität bezüglich der jeweiligen Weiterentwicklungen dieser Theoreme durch Freud (vgl. hierzu Laplanche / Pontalis, entsprechende Stichworte), die eine *eindeutige* begriffliche Zuordnung verweigern, kann hier nicht berücksichtigt werden.

[383] Laplanche/Pontalis: S. 88.

des.[384] Gleichsam ist Sadismus (und Masochismus) eng mit dem *Todestrieb*[385] verbunden:

> „Die Todestriebe, die sich zunächst nach innen wenden und nach der Selbstde-struktion streben, werden sekundär nach außen gerichtet und äußern sich nun in Form des Aggressions- und Destruktionstriebes.“[386]

Ab „der Sache mit Rambausek" *regrediert* („es ging tiefer und tiefer" POS 163) das Verhalten des Erzählers. Der eigenen Kontrolle (*Potenz*) durch die „leibliche Nase" entzogen, wird nur noch *gesoffen* und randaliert; es beginnt ein selbstzer-störerischer Prozeß, der im Tod, der absoluten *Regression*, seinen Endpunkt hätte finden können. Offensichtlich seiner eigenen Möglichkeiten beraubt (inklusiver der schriftstellerischen), überträgt er seine bezügliche *Impotenz* auf die ihn be-drohenden bzw. beherrschenden *Infiltrate*. Sowohl der »Bart« als auch die »Na-se« stehen demgemäß bezüglich ihrer phallischen Dominanz zur Depotenzierung an. Im Bart- und Nasenriß findet folglich eine symbolische Verschiebung der ei-genen Kastrationsangst auf andere statt: „Ein anderer ist kastriert, muß (wird) ka-striert werden.“[387]
Die Neurosenabwehr ist folglich geglückt. Die *sprachliche* Beschaffenheit dieser Passagen ergibt zusätzlich Aufschluß bezüglich der Bewältigung zwanghafter Vorstellungen, genauer: sie verweist auf die rein sinn-*bildliche* Funktion dieser „Risse".
Gerahmt werden die „Risse" durch diverse Vokabeln aus dem Sprach/Schrift–Umfeld:
Die »Nase« steht für die „I n t e r p u n k t i o n", die den „A u s s a g e s a t z" schließt (POS 184), die „hätte z u s a m m e n g e f a ß t" (*zusammengedrückt*) werden können (POS 185).
Durch das konjunktivistische Ausspielen dieser Sprachfiguren verweist der Er-zähler/Dichter auf sein gestörtes Sprachvermögen bzw. auf die unterbrochene „chymische" Verbindung, denn die

---

384 Laplanche/Pontalis: S. 88.
385 Vgl. hierzu auch Rudolf Heinz: „Der Todestrieb, auch Ursadismus genannt, der mit dem primä-ren Masochismus zusammenfällt, bedeutet die Tendenz der Organismen, sich in den anorgani-schen Zustand rückzuverwandeln <vgl. hier Kap. Wrack, S. 103ff in meiner Arbeit>. Eros, die Libido, wirken dieser Tendenz, die Lebendigkeit des Organismus erhaltend, entgegen. Eine Me-thode nun des Eros, dem Todestrieb entgegenzuhandeln, besteht paradoxerweise in der Fundie-rung des Sadismus. Eros drängt nämlich einen Teil der Todespotentiale vom eigenen Ich ab und kehrt sie nach außen, wo sie am Objekt als Aggression – als ursprünglicher Sadismus – imponie-ren." Vgl. Philosophenlesung über Technik – Todestrieb – Tod, aus: Perspektiven des Todes, Interdisziplinäres Symposium, hrsg. v. Reiner Marx u. Gerhard Stebner, Heidelberg 1990, Son-derdruck. Heinz zitiert sich hier selbst. Das Zitat stammt aus: Die Eule, Nr. 3, S. 46.
386 Laplanche/Pontalis: S. 495.
387 Laplanche/Pontalis: S. 247.

„Grammatik ist die Wissenschaft von den in der Chemie der Sprache möglichen Verbindungen zwischen Wörtern, Interpunktionen und Sätzen <...>"[388],

weswegen keine bezügliche Sprachtransformation als A u s s a g e s a t z herzustellen war. Stattdessen hatte er „ersatzweise" „Kniebeugen ausführen lassen" (vgl. POS 185), deren dreifache W i e d e r h o l u n g[389] prothetisch als V o r – S c h r i f t nur aufschiebende Wirkung haben konnte. Der „Bartriss" wird als „epigrammatische Faust" (POS 186) deklariert, ist somit Produkt eines *Epigrammatikers,* eines *Sinn*–Dichters; gleichsam läßt sich ein Epigramm auch als Grabaufschrift lesen. Der „Riß" „erledigt" so durch die „epigrammatische Faust" seinen Gegenstand. Die Verschriftung (das Epigramm) wäre damit der *gewaltvolle* Akt der Bewältigung, ohne faktisch Gewalt ausüben zu müssen. Die Versprachlichung erweist sich als Ersatz für das „Übel", b e v o r es Verwirklichung findet:

> „Jedoch, die epigrammatische Faust – unsere einzige wirkliche und dauernde wirksame Waffe gegen die Menschen – hätte alles Übel im voraus und mit einem kraftvollen Ruck erledigt: ich brauchte es nicht mehr zu leben." (POS 186)

Insofern kann es nicht darum gehen, eine plausible textimmante Erkärung für diese »Risse« zu finden (Tschirky), sie ferner mit ernstzunehmender (sinnloser) Gewalt zu identifizieren (Schröder), vielmehr zeigt sich hier die mögliche Transformation der S u b l i m i e r u n g von *Gewalt* in bzw. durch Sprache. Darüber hinaus dürfte es sich um den Transfer einer immanenten Sprachreflexion in die Erzählung durch den Autor handeln. Vorgestellt wird der (etymologische) Ursprung sprachlichen Verstehens durch die Reminiszenz an f r ü h - k i n d l i c h e s   G e b a r e n, welches Doderer durch die Figuration der Schriftproduktion in Erscheinung treten läßt. Die *handschriftliche* Tätigkeit, die ihren Gegenstand beschreibt, verkörpert sich im wortwörtlichen Be-Greifen[390] ihres Sujets. „U n f ä h i g e r   H a n d", „s t a m m e l n d e n   M u n d e s" (beides verweist auf frühkindliche Entwicklungsstadien) bleibt dem Erzähler deswegen nur noch die haptische „Sprache der Tathaftigkeit" (POS 185). Das schriftstellerische Unvermögen läßt gerade noch das *Wörtlichnehmen* der „Zusammenfassung" zu, genauer: die Hand-Greiflichkeit.

> „Kein Nasenriss war erfolgt – der doch b u c h s t ä b l i c h als ganz unumgänglich a u f   d e r   H a n d   g e l e g e n   w a r, ja sich geradezu aufgedrängt hatte. Jedoch ich war gesonnen, wenigstens jetzt zu b e g r e i f e n <...>

---

[388] Repertorium, S. 106.
[389] „Diese Wiederholung schien ihm die größte Qual zu machen, <...>" POS 159.
[390] Vgl. auch Tschirky: S. 190.

Unverzüglich war ich bei ihm. Ich griff mit der ganzen Hand zu, kniff seine Nase ein, und riss kraftvoll." (POS 186/187)

Das *direkte* Be-Greifen[391] tritt an die Stelle seines *metaphorischen* Gehalts, im Sinne des *In–Worte–Fassens*, im weiteren als Einsicht oder „Verstehen". Im Freudschen Sinne entsteht der Eindruck einer *kastrativen* Falsifikation seiner infantilen Regression, als wollte er sich versichern, daß er nicht nur eine Projektion *dieser* »Nase« vor Augen hat, sondern eine tatsächliche. (Ist die »Nase« echt? Läßt sie sich *herausreißen?*)

Auf der rein textuellen Ebene wird durch den Unterschied zwischen direkter und metaphorischer Bedeutung die groteske Wirkung einsichtig. Urich Greiner erläutert das groteske Vorbeihandeln über die Figur Till Eulenspiegel:

> „Als Till Eulenspiegel von seinem ersten Dienstherrn den Auftrag erhält, die Kutsche zu schmieren, nimmt er das Wagenfett und schmiert die Kutsche von außen und innen gründlich ein, so daß der Herr Pfarrer am nächsten Morgen mit seiner Soutane an den Polstern festklebt. Und als der wütende Dienstherr ihm befiehlt, sofort das Haus zu räumen, trägt Till Eulenspiegel sämtliche Möbel auf die Straße.
>
> Der grobe Witz dieser Streiche besteht darin, daß Till Eulenspiegel die Sprache wortwörtlich nimmt. Indem er sich auf die exakte Bedeutung einer Aussage beruft, legt er sie gegen ihren Urheber aus. Er kündigt den sprachlichen Konsens auf."[392]

Doderer intrigiert hier offensichtlich auf ähnliche Weise gegen seinen Eigenanspruch:

> „Zur Grammatik • Ursprüngliche Wortbedeutung und Grundbedeutung (im Gegensatz zur metaphorischen) sind nicht dasselbe.
> 'ziemlich':
> Ursprüngliche Wortbedeutung: geziemend, gehörig.
> Verschliffene Wortbedeutung: einigermaßen, beträchtlich.
> Ich trachte immer, mit der ursprünglichen Wortbedeutung nicht in den Widerspruch zu geraten. 'Es war ziemlich schlechtes Wetter' (oder gar 'er hat sich ziemlich ungezogen benommen') ist zum Beispiel, wörtlicher Unsinn.
> Die beiden Begriffspaare heißen:
> Direkte Bedeutung – metaphorische Bedeutung.
> Eigentlicher Wortsinn – verschliffene Wortbedeutung."[393]

Bezogen auf die „Posaunen von Jericho" ergibt sich eine ironisierende Persiflage des schriftstellerischen Prozesses. Der Autor konterkariert sich selbst durch diese

---

[391] Vgl. DUDEN Band 7, Etymologie: *begreifen* = ahd. bigrīfan = berühren, betasten, anfassen, umfassen.

[392] Vgl. Ulrich Greiner: Das Unsagbare am Rande des Unsäglichen – Über das literarische Straucheln großer Schriftsteller, in: Akzente – Zeitschrift für Literatur, hrsg. von Michael Krüger, Heft 3/Juni 1997, S. 213.

[393] Tangenten 350.

»Aktionen« *seines* Schriftsteller–Erzählers. Die direkte Bedeutung wird mit ihrem metaphorischen Pendant vertauscht (Metalepsis) bzw. gleichgesetzt, wodurch die Differenz verschwindet und zugleich mit dem „sprachlichen <textim­manenten> Konsens" gebrochen wird. Die semantische (metonymische) Verschiebung, die die gesamte Erzählung durchzieht, fixiert sich hier auf Sprache selbst. Tschirky spricht darauf bezogen zu Recht auf die „mittelalterliche Bedeutung des 'Risses' als Einritzung, Be-schreibung, Be-zeichnung"[394] an. Aus dem „Nasenriss" als Ab–*riß* ergibt sich im Rückbezug auf die *graphische* Herkunft ein weiterer Ursprung von Sprache: die »Nase« wird skizziert, um–*rissen*, ge–*zeichnet*. Bezeichnenderweise ist die Erzählung als „Konstruktions-Zeichnung <...> auf einem Reißbrett"[395] entstanden.

> „Für die Konstruktion der Romane galt immer das Prinzip der mathematischen Genauigkeit. Als Hilfe für die kompliziert gebauten Handlungsabläufe verwendete der Pedant Doderer Tafeln, graphisch gestaltete Entwürfe und vor allem die auf Reißbretter angehefteten 'Kompositionsskizzen'."[396]

Doderer umfunktioniert den *graphischen* (zeichnerischen) Aspekt ins grotesk Figürliche. Es sieht so aus, als hätte er die nachfolgende Konstatierung Dürers (und Heideggers) bezüglich des »*Ursrpung<s> des Kunstwerkes*« buchstäblich in Szene setzen wollen:

> „Einer der es wissen mußte, Albrecht Dürer, sagt doch jenes bekannte Wort: »D e n n   w a h r h a f t   s t e c k t   d i e   K u n s t   i n   d e r   N a t u r ,   w e r   s i e   h e r a u s r e i ß e n   k a n n ,   d e r   h a t   s i e .« Reißen heißt hier Herausholen des Risses und den Riß reißen mit der Reißfeder auf dem Reißbrett."[397]
> (Hervorhebungen durch den Verfasser)

Daß hier durchaus eine Analogie der schriftstellerischen Arbeit zu der Tätigkeit eines Malers angedacht ist, findet in der Erzählung Bestätigung. Der Erzähler sieht sich im Vergleich zu seinem Freund, dem Maler Robert G., bezüglich der Produktion von Kunst im Hintertreffen:

> „Dem Maler Robert G. <dessen Wohnung der Erzähler zwischenzeitlich übernom­men hat> ist es nämlich gelungen, das »Maniakische und Monströse« in seinem Leben in der »reputablen Form des Grotesken« zu »neutralisieren« und also zu bewältigen <...>. Der Maler hat es für sich geleistet und durfte darum auch »reisen«, nach »Westen«, nach »Paris«, um seine Bilder dort auszustellen. <...> D e r   S c h r i f t s t e l l e r   h a t   m i t   s e i n e r   e i g e n e n   F o r m   z u   l e i -

---

[394] Vgl. Tschirky: S. 190.
[395] Vgl. WdD 163.
[396] Vgl. Michael Horowitz: Heimito von Doderer – Versuch einer Biographie, a.a.O., S. 168.
[397] UdK 72.

sten, was seinem Freund schon gelungen ist. "[398] (Hervorhebung durch den Verfasser)

Der „Riß" steht damit für das *verdichtende*, in obiger Hinsicht groteske B e - G r e i f e n; nachfolgend für das In–Worte–Fassen, und spiegelt sich letztendlich in Schrift: der Riß ist Zeichensetzung („Interpunktion").[399] Nach dem *Riß* beginnt dann zugleich die Distanzierung:

„Nun fiel auch die Infiltration durch Rambausek weg, <...>" (POS 187)

Die neurotische Vereinnahmung durch die »Nase« wird durch das versprachlichte „Ausdruck verleihen" aufgehoben. Die Sprache *tötet* den „Eindringling" (der Riß als „Kniff" wäre übrigens eine »Nasenquetsche«, was umgangssprachlich Sarg bedeutet), macht ihn zu Buchstaben, reduziert ihn auf seinen Zeichencharakter:

„Seine <Doderers> Darstellung – und das heißt immer schon Bewältigung und Überwindung – erfordert eine »antidämonische« Besessenheit«. Diese ist, positiv gewandt, nicht anderes als die »S p r a c h b e s e s s e n h e i t«. Der Kampf gegen die Dämonie beginnt mit der B e n e n n u n g . Vor der Wörtlichkeit, die für Doderer die »Kernfestung der Wirklichkeit« ist, weicht die Dämonie."[400] (Hervorhebung durch den Verfasser)
„<...> die zweite Wirklichkeit kann nicht »aus dem Leben gestoßen« werden; ist sie als Faktum jedoch anerkannt, dann besteht die Möglichkeit, sie zu appercipieren und (damit biographisch) zu integrieren, das heißt, sie durch Apperception zu vernichten."[401]

Die »Nase« ist folglich *gestorben,* es bleibt der kastrative Extrakt:

„Ich saß an seinem Bett, als an einer Art Katafalk der aufgebahrten »Nase«. Das nunmehr a u s g e s c h i e d e n e I n f i l t r a t lag still auf dem Rücken. Seine »Nase« schien mir ungefähr so lang zu sein wie das Bett, und was sonst von seiner Person vorhanden war, dünkte mich unerheblich."
„Hierin irrte ich mich jedoch." (POS 188)
(Hervorhebung durch den Verfasser)
„Ja, er lebte" (POS 187).

Was sich nämlich enthüllt, ist die P e r s o n »Rambausek«, die befreit von der Fetischisierung des Erzählers nunmehr durchweg menschliche *Züge* offenbart. Gleiches gilt für den Erzähler.

---

[398] Tschirky: S. 152.
[399] Falls Doderer noch mehr Subtilität zuzutrauen ist, dann ergibt sich zudem noch eine translative Dopplung: (griechisch) ριζ (rhís) *ist* B e - Z e i c h n u n g , genauer *T r a n s k r i p - t i o n* der N a s e .
[400] Vgl. Dietrich Weber: Heimito von Doderer, Studien zu seinem Romanwerk, S. 213.
[401] COM, 1957–1966, S. 98/99, Eintrag vom 17. Mai 1957.

Wiederholungen

Die Motive, Bilder der Dekadenz werden im letzten Teil nochmals aufgegriffen, allerdings gewendet. Durch die versöhnliche Geste Rambauseks, „und dann tätschelte er meine Hand ein wenig; es war begütigend", modifiziert sich zunächst das Sprachverhalten. Vordem geprägt durch Agitation, gesteigert bis hin zum beziehungslosen, lauten Gebrüll, vollzieht sich die *Kommunikation*, sofern davon vorher die Rede sein konnte, nun über die Stille des Schweigens, welches diesmal nicht der einseitigen Provokation dient (vgl. POS 156/157), sondern gegenseitiges Einvernehmen intendiert:

> „Sein Schweigen wurde urplötzlich sehr beredt und beziehungsreich, ohne daß ein Wort gefallen wäre. <...> Wir hatten dieser letzten Interpunktion zweifellos bedurft." (POS 188)

Durch sein „beredtes Schweigen" erfährt Rambausek abermals eine Spiegelfunktion. Sein »An–*Ruf*« im Schweigen mahnt die Er–Innerung, das Gewissen[402] des sich inzwischen sorgenden[403] Erzählers an:

> „Ich befand mich in einem Zustand der Abwesenheit, wie sie sich oft mit der Anwesenheit unserer besten Augenblicke verbindet." (POS 188)

Der Antagonismus der anwesenden Abwesenheit bzw. der abwesenden Anwesenheit *(der im übrigen ebenso für die Doppelfunktion des Gedächtnisses firmieren kann, denn das Gedächtnis ist schließlich jenes Reservoir, das Vergessenes verbirgt bzw. als Erinnerung offenbart)* repräsentiert die p r o d u k t i v e Selbst–Welt–Vergessenheit – die sich in ihrer m e d i t a t i v e n Art natürlich diametral zu der Sich–Selbst–Vergessenheit eines betrunkenen Randalierers verhält – des Erzählers, der gerade durch diesen „Zustand" (vgl. Kap. »Die *apperzeptive* Haltung des Künstlers als „anderer Zustand«, S. 143ff) im „Augenblick" offen und infolgedessen wieder zu subtilen Empfindungen befähigt wird.

> „Diese Empfindung, so körperlich werdend, veranlaßte mich hinzusehen. In der Tat lag etwas Leichtes und Warmes auf meiner Hand, nämlich die eines etwa vierjährigen Mäderls <sic>" (POS 188)

---

[402] „Der Ruf <des Gewissens> entbehrt jeglicher Verlautbarung. Er bringt sich gar nicht erst zu Worten – und bleibt gleichwohl nicht weniger als dunkel und unbestimmt. *Das Gewissen redet einzig und ständig im Modus des Schweigens.* So verliert es nicht nur nichts an Vernehmlichkeit, sondern zwingt das an– und aufgerufene Gewissen in die Verschwiegenheit seiner selbst." Martin Heidegger, SuZ 273.

[403] „<...> den ersteren <Rambausek> besuchte ich sogar im Unfallkrankenhaus, w o h i n   i c h   s c h o n   d r e i   o d e r   v i e r m a l   g e g a n g e n   w a r ,   u m   m i c h   z u   e r k u n d i g e n ." <Hervorhebung d. d. Verf.> (POS 188)

Das kleine Mädchen, das bezeichnenderweise ebenso „selbstvergessen–staunend" das Befinden des Erzählers repetiert, transmittiert übergangslos das Tätscheln Rambauseks durch ihr unabsichtliches *Handauflegen* als „Nachgefühl" beim Erzähler und bejaht damit, *wiederum* als Reminiszenz an die Rettung der kleinen Jurak – eben durch Rambausek –, das aufgehende Leben, somit nicht zuletzt die wiedergefundene Vita des Erzählers selbst:

> „Das Nachgefühl auf der Hand war leicht und warm, etwa so, als hätte sich da ein kleiner Vogel mit aufgeplustertem Brüstchen niedergelassen." (POS 188)

Die Affirmation des wiedergefundenen Lebens kulminiert schließlich in der buchstäblichen Selbstläuterung des Erzählers, der seine *innere Stimme* wieder zu vernehmen im Stande ist und sich folglich seiner *Betäubung* entziehen kann (vgl. Kap. Bahn/Hören, S. 97f):

> „Hört ihr die Glocke? Ich hatte die meine vernommen, ich wußte, wieviel es geschlagen."

Entsprechende *Beglaubigung* seiner Gewissens–(Gedächtnis–)Rekonvaleszenz erhält der Erzähler zusätzlich noch durch seine – quasi *religiös* (vgl. Nachtrag) – erfahrene *Absolution*, die durch die Hypostase des „kleine<n> Vogel<s>" (des Mädchens, Anm. d. Verf.) zu einem Engel vermittelt wird:

> „Des Kindes Hand blieb einen großen Teil der Fahrt hindurch auf meiner liegen: bei mir rastete ein himmlischer Vogel." (POS 188)

Der anarchische Lebenswandel des Erzählers, der ihn *von der Bahn* geworfen hat (vgl. S. 94), fügt sich von nun an wieder den vorge*zeichneten* Schienen bzw. faktisch dem auf einem *Reiß–Brett* entworfenen *Netzplan*, denn wie auch sonst tritt er die längst angestrebte Reise mit einem Schnellzug an. Als Pendant zu dem „schluckenden" Wrack (vgl. S. 104 in dieser Arbeit), das derzeit den selber *saufenden* Erzähler repräsentierte, ist der Zug funktionstüchtig bzw. – übertragen auf den Erzähler – vital:

> „Die Luft greift kräftiger an, auch der R a u c h ; der Hall des fahrenden Zuges wird heller, ein Waldtal öffnet sich. Wir sind weit. Wir sind vor dem Sattel, den die Bahnstrecke mit zwei Tunnels überwindet. Zweimal spült sich der Berg mit uns den S c h l u n d aus, als ob er aus einem Glase g u r g e l n würde. Nach dem Gurgeln geht's zügiger mit der Fahrt, schon bergab. <...> Jetzt muß sich's heben: wozu lebten wir denn, wenn wir nicht wenigstens im Finale frei würden." (POS 189) (Hervorhebung durch den Verfasser)

Der Erzähler erlebt jetzt die „Schwingungen" dieser Fahrt. Seine gleichsam wiedergefundene Sprachlichkeit schlägt sich in der Stilistik *seiner* Beschreibung nieder. Die *melancholische* Diktion wechselt in Euphorie über, zeigt sich mit lyrischem Anklang:

> „Da ist's erreicht: links-rechts sinkt alles ab, verläßt uns, wir steigen wie im Lift, wir sind draußen, drüber, droben: der Viadukt. Eichgraben: O grünes Tal, bald füllen sich die Kronen, der Wälder Schaum, des Hügels ferner Rand." (POS 189)

Schluß

Auf Gedächtnis hin gelesen, zeigt die Erzählung insbesondere den *Wiederholungscharakter*. Gedächtnis erwies sich in dieser Hinsicht als in sich rotierende Metaphernsubstitution, wobei sich maßgeblich der Aspekt des (Sich-)Vergessens mit all seinen *negativen* Folgen darstellte. *Moralisch* gesehen, führte die Gedächtnislosigkeit zum Vorurteil, zur Gewissenlosigkeit, letztlich zur Gewaltobsession. Letzteres wurde entscheidend durch das Groteske der Vorgänge und das Aufzeigen der Möglichkeit einer präventiven sprachlichen Bewältigung von Gewaltaffekten konterkariert. Der Anlaß für Gewalt kann sprachliche Kompensation durch die »epigrammatische« Verschriftung finden. Sowohl »Bart-« als auch »Nasenriß« verweisen wegen ihrer vordergründigen Sinn- und Zwecklosigkeit nicht auf *reale* (ernstzunehmende) Gewaltakte, wie Schröder sie auffaßt, wenn er etwa naiv auf die „Unverfrorenheit" [404] des Helden hinweist, sondern stehen für die sprachliche S u b l i m i e r u n g neurotischer Zwangsvorstellungen, desweiteren für die bildliche (*figürliche*) Darstellung des *Begreifens*, Zusammenfassens, schließlich (Ver–)Dichtens. Zugleich wird damit der Sprache eine quasi *therapeutische* Funktion zugewiesen. Sie dient der Distanzierung, der Befreiung, indem sie ihren Gegenstand in Zeichen aufgehen läßt. Eigentlich *gewalttätig* erscheint unter diesem Aspekt die Sprache selbst, denn „sie <die grammatische Faust> erledigt, was uns sonst gründlicher beschädigt." (POS 154)

Nachwort

Auf den durch den Titel affizierten Anklang an das biblische Motiv der „Posaunen von Jericho" (im Buch Josua, Jos 6, 1-17) ist nicht eingegangen worden (Vgl. hierzu Tschirky, S. 64ff). Im 2. Buch Samuel (2 Sam 10, 1-5) ist im übrigen von einer Bartscherung, die für die Israeliten als außerordentliche Schande verstanden wurde (wird), der Abgesandten König Davids die Rede, die dann angewiesen werden, in Jericho zu verweilen, „bis euch der Bart wieder gewachsen ist <...>" Ob Doderer sich auch auf diese Bibelstelle bezieht, gibt die Erzählung nicht her.

---

[404] Vgl. Schröder: Apperzeption und Vorurteil, S. 367.

Leonhard Kakabsas Menschwerdung in den „Dämonen"

Leonhard Kakabsa ist *Kontrastprogramm* zum Ich–Erzähler der „Posaunen". Ihm ist die Simultaneität von Riechen und Erinnern von vornherein gegeben. Seine Gedächtnisinitiierung funktioniert quasi von selbst. Folglich besteht auch für Kakabsa ein enger Zusammenhang zwischen der Nase und der Erinnerungstätigkeit, ebenso wird zur Verstärkung des Gedächtnisses ein Notizbuch eingeführt (vgl. POS 158 bzw. S.101 in meiner Arbeit):

> „Leonhard zog zwei Neuerwerbungen hervor, die wir bei dieser Gelegenheit bemerken: ein in Leder gebundenes Notizbuch und ein Taschenstift. Während er das Wichtigste notierte – Titel der Werke Pico's und der einschlägigen Literatur – empfand er in der Nase die, trotz aller erfolgten Ventilation, noch spürbare Verbrauchtheit hier im Lokale, jene Atmospäre eines Nachtcafé's; und jetzt auch erinnerte er sich <...>" (Dämonen 661)
> „Besser ganz ruhig liegen auf dem Ledersofa.
> Riechen.
> Langsam, mit mahlenden Maschinen, kam die Vergangenheit den Strom herauf, das Zugschiff voran, die lange Rauchfahne über den Schleppern liegend, über dem silbergrauen Schaum der Auwälder verwölkend." (Dämonen 151)

Im Gegensatz zu den „Posaunen" schreiben sich die Metaphern, die dort für das (defekte) Gedächtnis firmieren, bei Leonhard positiv gewandelt zum Signum seiner intakten Mneme ein. Das »Z u g –Schiff«, das auf dem Lebens–»Strom« die Vergangenheit im Schlepp hält, kontrapunktiert die amnestische Symbolik des Wracks in den „Posaunen", wobei bezeichnenderweise der Ort des Erinnerungsgeschehens (bei Kakabsa) bzw. der Erinnungsdemontage (beim Erzähler in den „Posaunen") identisch ist[405]:

> „Den Strom verschließt der Nebel. Soweit man noch blicken kann, sieht man die rasche Bewegung des Wassers. Die Nebel–Leere steht still. Es rauscht im Innern des Wracks, das schon nach außen zerfällt. Der Vordersteven liegt tief im Wasser; bei niedrigem Stande schnitt er noch schneidig heraus. Die schwarze, hohe, schiefe

---

[405] Gleiches gilt für Doderer selbst, denn die Passagen sind paraphrasiert, teilweise wörtlich aus einer Tagebucheintragung in die „Posaunen" und in die „Dämonen" transferiert worden: „Jedes tiefe Erinnern atmet die Luft der Wahrheit aus <...> Schiffwrack bei Nußdorf <...> unten immer noch ein Schiff, ja als nichts anderes anzusprechen! – ruft die schräg in die Luft stehende lange schwarze Tüte des Rauchfangs über den Strom und das hingezogenen Grau-Grün seiner Ufer: wie ein letzter, stehen gebliebener Pfiff der Sirene, aber stumm. Unten liegt alles zum Teil schon am Trockenen und sinkt in die Erde, durch ein Gewicht, welches vom Wasser nicht mehr aufgehoben und getragen wird. Vom einst fischglatten Schiffsbauch fehlt ein Teil: grad hinter dem Radkasten ist die Zerstörung eingebrochen. Vorn aber sticht der Steven stromauf und liegt gar im Wasser: nach dem rufenden Rauchfang derjenige Teil des Wracks, welcher am meisten Form der Aktivität noch bewahrt." (Tangenten 814) Vgl. auch POS 162/163. Vgl. auch die fast identische Beschreibung des Schiffswracks in COM 27. Januar 1951.

Tüte des Rauchfangs ruft noch immer über den Strom: letzter, in der Luft hängen-
gebliebener und dann erstickter Dampfpfiff." (POS 174)

Durch das Er–Innern wird bei Leonhard eine weitere Qualität ins Spiel gebracht,
nämlich die unerwartete, jedoch überfällige Erkenntnis („<der> Tag brachte jetzt
seine eigentlich ausgereifte Frucht wie auf einem Teller <...>"), daß er „fühlte
<...>, und derart wohl zum ersten Mal im Leben, daß er allein sei, vollständig
und glatt allein <...>"[406], wodurch auf seine Eigenverantwortung verwiesen wird,
der er überantwortet und die nicht zu delegieren ist. Was damit maßgeblich zum
Tragen kommt, ist das Gewissen, der *innere* Ruf, sich *selbst* seiner Existenz zu
bemächtigen. (Vgl. hierzu auch Kap. Existentiale Verfassung, S.176 in dieser
Arbeit.)

Auf den Zusammenhang zwischen Geruch und Gewissen und desweiteren auf
die (unterstellte) Erkenntniskraft des Riechens hat Ingrid Werkgartner Ryan hingewiesen, wobei sie insbesondere die ethische Komponente in den Vordergrund
stellt, nämlich daß „die Geruchswahrnehmung <...> unterscheidet, wie das Gewissen, zwischen Gut und Schlecht." Bezug hierbei ist die Frage nach dem Leu-
mund. Der schlechte Geruch macht anrüchig und der „<gute> Geruch entspricht
einem <gutem> Gewissen".[407] <Vgl. hierzu auch Doderer: „Nun, schlechte Gerü-
che haben immer eine gewisse Verwandtschaft mit schlechtem Gewissen <...>"
(Dämonen 119) und „der Geruch eines guten Gewissens <...>" (Dämonen 120).>
Der Geruch steht somit für den je schlechten oder guten *Ruf*. Die Verbindung
zwischen Ruf und Gewissen ist Werkgartner Ryan zwar aufgefallen, jedoch lediglich aus der Perspektive der *Anderen*, sprich aus gesellschaftlicher Hinsicht,
aus dem, was opportun erscheint, oder auch, wie Helmstetter für die alltägliche
Lebenswelt formuliert, aus „den Selbstverständlichkeiten des common sense"[408]:

> „Der Weg von der Bedeutung *Ruf* zum *Gewissen* ist nicht weit: ein Mensch, der in
> einem schlechten Geruche oder Ruf steht, über den gar ein Gerücht im Umlauf ist,
> empfindet diesen Geruch wie ein schlechtes Gewissen, besonders wenn er wie
> Leonhard ein empfindlicher Mensch ist."[409]

Der *Ruf* hingegen ist in erster Linie die Äußerung des Gewissens selbst. Der Ruf
kommt nicht von vornherein von außen, wird nicht von außen angetragen, sondern ist Er–Innerung, die innere *Stimme*. Anders ausgedrückt: das Gewissen ist

---

[406] Vgl. Dämonen 151.

[407] Ingrid Werkgartner Ryan: „Zufall und Freiheit in Heimito von Doderers 'Dämonen'", Wien,
Köln, Graz, 1986, S. 83.

[408] Rudolf Helmstetter: „Das Ornament der Grammatik in der Eskalation der Zitate – »Die
Strudlhofstiege« – Doderers moderne Poetik des Romans und die Rezeptionsgeschichte", München 1995, S. 203.

[409] Werkgartner Ryan: S. 83.

jäh meines und somit kein deputiertes Produkt der *Anderen*, sondern unterminiert gerade jene Fremdvorgaben. „Er <sei> allein", stellt Leonhard diesbezüglich treffend fest, und was er *ist* oder nicht *ist*, liegt in seiner Hand und nicht in dem, was er möglicherweise *sein soll* (z.B. Arbeiter oder Bibliothekar).

Bei Kakabsa ist es gerade seine Noch–Nicht–Orientierung, seine Unvoreingenommenheit, seine Weigerung, sich einvernehmen zu lassen, letztlich sein Bestreben nach Freiheit, Offenheit im Sinne des „Sich–Einlassens" auf *seine* eigensten Möglichkeiten (vgl. „Vom Wesen der Wahrheit, S. 161), die ihn wesentlich von der Verbohrtheit, Zwanghaftigkeit des Erzählers in den „Posaunen" scheidet, ihn aber auch deswegen von den anderen unabhängig macht:

> „<...> weil dem Leonhard ein seltsamer und offenbar tief eingewurzelter Tick *eignete* <!>, der ihn jede Verstrickung, jede Verwicklung, jedes Sich–Einlassen, das zu irgendeiner Festgefahrenheit führen konnte, scheuen und vermeiden ließ, sei´s auf welchem Gebiete immer. Das führte zum Beispiel dahin, daß er mit vierundzwanzig Jahren noch kein festes Verhältnis zu einer Frauensperson, keine Geliebte oder Braut gefunden hatte; weiterhin, daß er etwa ein Sozialdemokrat von recht mittlerer Güte war: mit der Bindung an eine politische Partei und ihre Grundsätze haperte es also auch bei ihm, und vielleicht mit dem Klassenbewußtsein überhaupt." (Dämonen 117, Hervorhebung durch den Verfasser)

Der „Tick", der eigentlich einer Fixierung entspricht, verhält sich kontradiktorisch zu seiner Bestimmung, nämlich gerade Fixierungen, „Verstrickung<en>", Verwicklung<en>" bezüglich ihrer möglichen „Festgefahrenheit" zu unterbinden. Zumal der „Tick" als sich *eignender* Tick keine bewußte Entscheidung abgibt, sondern eine innere *Prädistination* darstellt, die ihn vor vorschnellen äußeren Vereinnahmungen (vgl. hierzu Dämonen 119–121) schützt. In dieser Hinsicht entspringt der „Tick" ebenso aus dem Gewissen als i n n e r e S t i m m e. Das Gewissen wird so zum *Ruf der Sorge* um die Existenz selbst, wie Heidegger zum Phänomen»Gewissen« ausführt:

> „Das Gewissen ruft das Selbst des Daseins auf aus der Verlorenheit in das Man. <...> Auf die Fragen nach Namen, Stand, Herkunft und Ansehen versagt er <der *Rufer*> nicht nur die Antwort, sondern gibt auch, obzwar er sich im Ruf keineswegs verstellt, nicht die geringste Möglichkeit, ihn für ein »weltlich« orientiertes Daseinsverständnis vertraut zu machen." (SuZ 274)

Der Ruf, das Gewissen entzieht sich folglich einer »weltlichen« Reflexion, ist somit kein Ergebnis eines *Denkprozesses,* sondern setzt spontan ein, wie Werkgartner Ryan diesbezüglich feststellt:

> „Die Geruchswahrnehmung ist das Instrument des Gewissens und der Erkenntnis. Der Vorgang der Erkenntnisgewinnung ist im wesentlichen passiv, und die Er-

kenntnis oder die richtige Entscheidung stellt sich wie eine plötzliche Erleuchtung dar."[410]

Dadurch, daß sich das Verhältnis des Ichs zu seinem Gewissen *passiv* verhält, läßt sich daraus eine weitere Dimension ableiten: das Gewissen ist nicht disponibel, sondern „es" *setzt ein* und *be–stimmt, (indem es ruft)*.

> „Der Ruf wird ja gerade nicht und nie *von uns selbst* weder geplant, noch vorbereitet, noch willentlich vollzogen. »Es« ruft, wider Erwarten und gar wider Willen. Andererseits kommt der Ruf zweifellos nicht von einem Anderen, der mit mir in der Welt ist. Der Ruf kommt *aus* mir und doch *über* mich." (SuZ 275)

Was hier für das Gewissen gilt, das einen unvorbereitet überkommt, trifft gewissermaßen ebenso auf das Gedächtnis zu. Das Gedächtnis vermittelt sich demgemäß als Einfall, was bei Doderer unter der „spontane<n> freisteigende<n> Erinnerung"[411] firmiert und sich übergangslos auf Kakabsa vermittels seines ausgeprägten Geruchssinnes übertragen läßt:

> „Er war hier gelandet. Es war still. D i e   G e r ü c h e   b e s u c h t e n   i h n . Plötzlich verdichtete sich jener aus dem Schlafraum des Schleppschiffes geradezu über Gebühr. Er sprang auf, saß am Rand des Diwans und sagte laut: 'Bin ich denn zum Riechen auf der Welt?' <...> – über dem Messingbett in der Mitte, über der weinroten Decke, schwebte die glatte Antwort: 'Ja.'
>
> Denn durch das Riechen war eine Kraft. Vor allem kam das Riechen. Es gab keinen Zweifel an seiner Wahrhaftigkeit." (Dämonen 121, Hervorhebung durch den Verfasser)

Durch die selbstevidente Erkenntnis, „daß er zum Riechen auf der Welt sei" (vgl. Dämonen 141), daß er mithin mehr denn als durch sein rationales (rationelles) Potential wesentlich durch sein (das) Gedächtnis konstituiert wird, verändert sich seine Lebensfokussierung. Es geht weniger um „bloße<s> Wissen", denn um „Weisheit", die sich nicht „im Geiste des Fortschritts" erschöpft, sondern aus der „Tiefe" heraus seine Existenz zu ummanteln sich anschickt. Der Kernpunkt dieser „Weisheit" ist die existentiale Einsicht seiner Überantwortung:

> „Er empfand zum ersten Mal seine Lage im Leben als eine ihm äußerlich und willkürlich zugeworfene, als eine vorübergehende Situation, in welcher er obendrein jetzt erst eintraf wie in einem Bahnhof." (Dämonen 561)

> „Leonhard verfiel in jenen Tagen auf den eigenartigen Gedanken, daß er selbst ja auch nicht vorsätzlich auf die Welt gekommen sei, sondern ganz ebenso unversehens, wie jene »verheirateten Kollegen« oder jene Schulgrammatik bei ihm aufgetaucht waren." (Dämonen 156)

---

[410] Werkgartner Ryan: S. 89.
[411] Vgl. WdD 158.

Was Werkgartner Ryan diesbezüglich als „absoluten Zufall"[412] diagnostiziert, an dieser Stelle den „der Geburt", läßt sich treffender mit dem Terimuns F a k t i - z i t ä t umschreiben, denn Kakabsa entdeckt die Priorität des *Daß* vor dem *Warum*. Die Interpretation des *Daß* als (absoluten) Zufall wäre der Versuch, *es* kausal nachträglich zu legitimieren, ohne den *Grund* dafür liefern zu können oder zu wollen, denn von woher soll das *Daß* (hier die Geburt) *zufallen*. Woher kommt „die Macht des absoluten Zufalls"?[413] Mit Heidegger gesprochen, kommt diese „Macht", wenn sie als *Potenz* verstanden wird, aus dem Sein selbst; sie ist Seins– *Möglichkeit* und vermittelt sich durch Sprache, was schließlich, hier nachgetragen, nicht minder auf das Gewissen/Gedächtnis selbst zutrifft, denn wenn *gerufen* wird, dann doch durch oder mit Sprache. (Vgl. hierzu auch Kap. „Der Ursprung des Kunstwerkes" , S. 165f. in dieser Arbeit u.a.) Entsprechend stellt es sich für Kakabsa dar:

> „<das> änderte aber gar nichts, man mußte da B sagen, obwohl man nie A gesagt hatte. Auf jeden Fall hieß es Grammatik lernen <...>" (Dämonen 156)

Zunächst wird nochmals auf die Faktizität hingewiesen: *Es* gilt, das Leben zu führen, ohne die Einwilligung des Ichs dafür in Anspruch nehmen zu können, womit nicht zuletzt das *idealistische Subjekt* destruiert wird, denn die *Existenz*, genauer die „Geworfenheit" ins Sein, welche apodiktisch nicht der Willfährigkeit eines sich autonom glaubenden Ichs unterliegt (vgl. S. 135f in dieser Arbeit), sondern zeitlich notwendig später reflektiert (zurück*geworfen*) wird, geht der *Essenz*, d.h. dem Bewußtsein über diesen Zustand (Kant) (auch biologisch[414]) notwendig voraus (vgl. auch Kap. Heideggers Kritik am Apperzeptionsverständnis Kants, S. 135f in dieser Arbeit). Insofern ist es nicht das Ich, was hier „A" *sagt*, sondern *man*, sprich jedermann, auch die „verheirateten Kollegen", unterliegen dem Verdikt, zunächst mit dem „B" beginnen zu müssen.

Wesentlich wird an dieser Stelle dann der Spracheinschlag. Wir sind ins „B" des Alphabets involviert, ohne für das „A" des Anfangs, genauer des Ursprungs verantwortlich zu sein. Die Sprache eignet sich folglich bereits vor dem jeweiligen Dasein, das heißt, wir sind in die Sprache *hineingeboren*, haben sie jedoch nicht (durch unsere Geburt) uprünglich hervorgebacht[415], sondern können nur nachträglich in ihr leben, genauer: wir können eben B *sagen*, *sprich* Sprache *beherr-*

---

[412] Werkgartner Ryan: S. 95.

[413] Werkgartner Ryan: S. 96.

[414] Die Geburt als Ergebnis eines biologischen, mithin kausalen Prozesses anzugeben, kann schlechterdings nur postnatal für die jeweilige Existenz ins Verständnis rücken. Das *Warum* der Geburt setzt das *Daß* der Geburt (Existenz) bereits voraus.

[415] Wann die Menschheit die Sprache er– oder gefunden hat und ob überhaupt eine *Menschheit* ohne Sprache zu denken wäre, kann hier nicht erörtert werden.

schen, gleichwohl Sprache durch ihre Präexistenz ihre sich eignende Macht behält:

> „Wenn die Sprache im Anfang immer die Sprache der anderen ist, dann legen »wir« unsere Gedanken und Erfahrungen also zuerst in einer Sprache fest, die nicht die unsere ist. Man könnte also formulieren: Im Anfang ist das Hörensagen, und das Hörensagen ist beim anderen und nicht bei sich selbst."[416]

„Auf jeden Fall <*heißt* »es« uns Grammatik zu> lernen."

Die „Menschwerdung" Kakabsas vollzieht sich hieran anschließend als kontinuierlicher Prozeß und besteht in *seiner* eigentlichen, potenzierten Sprachf i n -
d u n g, die ihn von der Jeder–Man–Sprache, dem „Hören–Sagen", auch dem *Gerücht* dispensieren läßt.

Instinkt-geruchsgetrieben verlangt er in einer Buchhandlung eine lateinische Schulgrammatik, welche er zuvor in der Auslage spontan anvisierte, die zudem, ohne daß er es hätte »wissen« können – schließlich ist er »nur« Arbeiter mit minderer Bildung –, die beste ihrer Art ist (vgl. Dämonen 152).[417]
An dieser Stelle stellt sich die Frage, warum Kakabsa meint, ausgerechnet Latein lernen zu müssen. Wieso nimmt er sich nicht etwa der *lebendigen* Sprachen Englisch, Französisch oder Italienisch an, was im übrigen der Erzähler später für Leonard als Defizit zu erkennen gibt, denn „leider verstand Leonard nicht italienisch." (Dämonen 1228).
Kakabsa gibt als Grund für sein Interesse an der lateinischen Sprache die „verheirateten Kollegen" (vgl. Dämonen 156) an. Nur welcher Zusammenhang besteht zwischen dem Ehestand seiner Kollegen und einem abgeschlossenen Lateinstudium? Zumal weder eine Heirat zwingend vom Lateinlernen abzuhalten vermag noch umgekehrt.
Der Einfall, überhaupt etwas lernen zu müssen, was für die tägliche Weltbewältigung eines *Arbeiters* unnötig erscheint, wäre durch die bürgerliche »Ideologie« zu erklären, daß jeder *seines Glückes Schmied sei.* Kakabsa wird so zur exemplarische Fallstudie eines Do–It–Youself–Man´s, der sich durch seine autodidaktischen Studien vom Arbeiter zum Bibliothekar hervorarbeitet, allerdings als Protegé eines Adligen. Gleichsam fällt Kakabsa dadurch natürlich aus dem Cliché, das Doderer für die Arbeiterschaft als »Massenmenschen ohne Gedächtnis« entwickelt, wodurch zudem die Berechtigung und Effizienz der Arbeiterlobbyisten, also der Verbände, der SPD und nicht zuletzt der Kommunisten, gründlich in

---

[416] Helmstetter: S. 40.
[417] Zur Geruchsmetaphorik im Zusammenhang mit dem Zufall vgl. Ingrid Werkgartner Ryan: „Zufall und Freiheit in Heimito von Doderers »Dämonen«" – Die Leonhard–Handlung, S. 82f, Wien, Köln, Graz 1986.

Frage gestellt werden. (Vgl. hierzu insbesondere Kap. Dummheit und Ideologie in dieser Arbeit). Im gleichen Tenor beschwört sich auch Kakabsa hinsichtlich seiner aufkeimenden Individualität, seiner „Personswerdung":

> „'Es muß bewiesen werden, daß ein Arbeiter nicht ein unglücklicher, hoffnungslo-
> ser Mensch ist, der halt warten muß, bis sich die Verhältnisse auf der Welt bessern,
> und bis dahin gibt´s für ihn nur Familie, Kino und Wirtshaus ... Es ist zu beweisen,
> daß dem Arbeiter jetzt schon alles offen steht, jetzt, sofort, auf der Stelle, ohne
> Klassenkampf, oder wie das alles heißt. Es ist zu beweisen, daß er seine Arbeit
> braucht, nicht nur, um sich zu erhalten, sein Leben zu fristen, sondern geradezu als
> Gegengewicht für das andere, damit es ja nur ganz sicher echt ist: das ist zu bewei-
> sen.'" (Dämonen 161)

Aber auch derart soziologische Implikationen können kaum als Erklärungsmuster für die auf den ersten Blick doch recht exotische Idee, Latein lernen zu müssen, dienen, zumal es Kakabsa zunächst keinesfalls klar ist, daß seine Studien später seinen beruflichen Werdegang entscheidend beeinflussen werden. Für derartige Intentionen hätte sich eher das angeboten, was heutzutage unter »zweiter Bildungsweg« firmiert. Für Kakabsa – genauer: textimmanent – bleibt damit das Erlernen der lateinischen Sprache eine »fixe Idee«, allerdings untermauert durch die dunkle Ahnung, daß ihm, Kakabsa, hierdurch eine bisher v e r b o r g e n e Welt offenbart werden könnte, oder allgemein, daß Sprachbeherrschung zugleich auch persönliche Freiheit intendiert, somit neue Gestaltungsmöglichkeiten eröffnet, womit die Frage auf den Autor reflektiert, schließlich ist es *seine* Idee.

Abgesehen von der hybriden Vorstellung, daß jeder Mensch Lateinkenntnisse benötige, um sich vom »Massenmenschen« abzugrenzen, zeichnet Doderer mit der Figur Leonhard Kakabsa minuziös die Stufen eines zweiten Spracherwerbs nach. Kakabsas Lateinstudien können so für die Sprach-/Schriftbefähigung als solche gesehen werden, die lateinische Sprache somit als Exempel. Was Helmstetter für den Autor Doderer konstatiert, gilt gleichsam für Kakabsa:

> „Die >Geburt< und damit der zweite Spracherwerb beginnt mit der »Enthüllung der
> Grammatik«."[418]

Kakabsa wird insofern nochmals zum Kinde:

> „Damals begann seine Fragerei. Wie der Neubeginn eines Kindesalters." (Dämonen
> 156)

Er wird erstmals nicht nur mit *seiner* Alltagssprache konfrontiert, sondern mit der Struktur einer Sprache, die zudem als U r -sprache der abendländischen Kultur, als „Mutter aller Grammatik" (Dämonen 566) veranschlagt wird:

---

[418] Helmstetter: S. 188.

„Die lateinische Grammatik ist nicht nur die Grundlage von allem, was Bildung genannt werden kann. Während man die lateinische Grammatik sich erlernt, löffelt
man so nebenhin Logik, Prosodik und Rhetorik in sich hinein." (Dämonen 156)

Es geht desweiteren um Kakabsas »humanistische« A l p h a b e t i s i e r u n g
(nicht als Hypostase einer *humanistischen Bildung*, sondern um das Sprach–
Schrift–Vermögen schlechthin als conditio humanitas), die sich, wie gesagt,
stufenweise entwickelt.

Übergangsphänomen ist zunächst eine Traumsequenz, in der sich (vermeintlich)
die lateinische Sprachbeherrschung ankündigen will.

„Ihm träumte, er läse den folgenden Satz in der lateinschen Grammatik von
Scheindler (sie sah jedoch anders aus, sie war sehr dick) <...>" (Dämonen 530)

Interessant ist zunächst die Dativkonstruktion „ihm träumte". G e w ö h n l i c h
träumt ein Subjekt, also »ich träumte«, »er träumte« etc. Der Einwand könnte
durch den Verweis auf die latent vorhandene archaisiernde (romantische) Stilistik Doderers relativiert werden, was aber nicht davon enthebt, diese – trotz des
möglichen sprachlichen Anachronismus – genauer zu betrachten. In Frage kommen drei mögliche Lesarten. Der possesive Dativ (Pertinenzdativ)[419] – wie etwa
Ihm schmerzen die Beine – würde tautologisch verfangen: *ihm träumte (s)e i n
(?!) Traum*. Bei der Anahme einer konjunktivistischen Rede (ähnlich wie bei
»ihm dünkte«) käme *er könnte geträumt haben, daß er läse ...* heraus, was jedoch die Tatsache des Träumens überhaupt unterminieren würde, bzw. den
Konjunktiv gewissermaßen verdoppeln würde. Die zuträglichste Lesart erschließt sich aus dem c a s u s d a t i v u s , nämlich *ihm wird der Traum gegeben*,
was auch dem Träumen selbst Rechnung trägt und an dieser Stelle auf das subtile
Sprachempfinden Doderers verweist, denn Doderer unterstreicht durch die Konstruktion »ihm träumte « die Komplexität des Traumprozesses, welche durch die
vorbehaltlose Formulierung »ich träumte« verloren gegangen wäre. Die *Traum-
gebung* zeigt an, daß es zwar Kakabsa ist, der hier träumt, jedoch nicht in dem
Sinne, daß er es ist, der den Traum inszeniert, sondern daß er ihn passiv hinzu-
nehmen hat. Anders ausgedrückt: Kakabsa kann zwar nachträglich den geträum-
ten Satz, also den Trauminhalt, replizieren, er ist jedoch für ihn nicht unmittelbar
verantwortlich; er ist nicht unmittelbar der Urheber seines Traumes, sondern sein
„Traumgedächtnis", das nach Freud vielfältig, auch sprachlich, dem Gedächtnis
im „Wachzustand" zuspielt.

„Die Beweise für den Anteil des unbewußten Es an der Traumbildung sind reich-
haltig und von zwingender Natur. a) Das Traumgedächtnis ist weit umfassender als

[419] Vgl. Lexikon der Sprachwissenschaft, 2. neub. Aufl. Stuttgart, 1990, S. 158.

das Gedächtnis im Wachzustand. Der Traum bringt Erinnerungen, die der Träumer vergessen hat, die ihm im Wachen unzugänglich waren. b) Der Traum macht einen uneingeschränkten Gebrauch von sprachlichen Symbolen, deren Bedeutung der Träumer meist nicht kennt. Wir können aber ihren Sinn durch unsere Erfahrung bestätigen. Sie stammen wahrscheinlich aus früheren Phasen der Sprachentwicklung."[420]

Durch die Dativkonstruktion »ihm träumte« wird klar gemacht, daß der Traum somit nicht von Kakabsa »bewußt« gesteuert wird, was sich einerseits mit Doderers Berufung auf die a n a l o g i a   e n t i s vermitteln läßt, so als wäre Kakabsa traumatisch (analogisch) an den göttlichen Seelen–Schrift–Transmitter angeschlossen, auf der anderen Seite ist »Es« sein Gedächtnis, das ihm im Traum ein neues Sprachempfinden anzeigt, was Doderer analog für die Dichtung in Anspruch nimmt.

"Es bräuchte sich nur einer wirklich zu erinnern, und er wäre ein Dichter. Die Träume beweisen es, übrigens."[421]

„Doderer erläutert das nicht, aber was heißt: sich *wirklich* erinnern, was heißt »sich« erinnern (»*Ich* erinnere *mich*«, der Erzähler erinnert sich«)? Sobald die Erinnerung mit Sprache in Berührung kommt, sind Erinnerung und Erinnertes nur noch in der Sprache oder durch die sprachliche Formulierung hindurch greifbar. Es gibt eine grammatische Illusion der Erinnerung, die dadurch entsteht, daß das Personalpronomen als Substantiv und Subjekt der Erinnerung empfunden wird. <...> »Ich erinnere mich« ist eher ein Prozeß mit zwei Polen, als eine Aktivität mit *einem* Zentrum. Wenn »ich« »mich« erinnere, ist dieser Subjektpol schon gespalten oder verdoppelt und bezieht sich auf sich *selbst*; man sollte also eher sagen: es erinnert sich, um diese reflexive Beziehung zu reflektieren."[422]

Der Traum repräsentiert insofern genau diese Dopplung der Erinnerungsfunktion, ferner das sich ankündigende neue Sprach–/Schriftvermögen (Gedächtnis), in seiner Vorausgesetztheit – »Es« – und Herstellungsnötigung – »erinnert sich«.
Der geträumte Satz konstituiert dann den Übergang von der alten zur neuen Sprachstruktur:

„Der Optativ (Wunschform) zieht jeden Satz in's Konjunktivische, und die Grundbedeutung geht dabei verloren." (Dämonen 530)

Dieser Satz reproduziert analogisch die g r a m m a t i s c h e Struktur der Formulierung „Ihm träumte, ..." und zeigt, daß Kakabsa anfängt, lateinische Einschläge in sein Denken zu integrieren und damit ein neues Sprachempfinden zu entwickeln.

---

[420] Sigmund Freud: Abriß der Psychoanalyse, Das Unbehagen in der Kultur, Frankfurt am Main, 1953, 1992, S. 25.
[421] WdD 158.
[422] Helmstetter: S. 176.

„Es war nicht lateinisch. Es war aber auch nicht die eigentliche Muttersprache, die von der Mutter gelernte Sprache." (Dämonen 531)

Die Muttersprache wird durch die lateinische Sprache *grammatisch* durchdrungen, im positiven Sinne *infiltriert*. Es ist nicht mehr die Sprache der anderen, sondern seine eigene geworden; es ist nicht mehr die Sprache, die sich durch „Hören–Sagen" vermittelte, sondern eine Sprache, zudem eine »tote Sprache«, die also weder gesprochen noch gehört werden kann, die Leonhard für sich selbst, nicht zu kommunikativen Zwecken, verinnerlicht. Diese Sprache dispensiert somit von dem, was Helmstetter für die Muttersprache konstatiert:

„In der Muttersprache bedeutet ein Wort, was man darunter versteht, in der angeeigneten Sprache bedeutet ein Wort, was sein Sprecher darunter versteht. <...> Die Bedeutung der muttersprachlichen Wörter beruht auf dem Wissen von ihrem Gebrauch, das aber heißt: auf dem Wissen, wie der andere Sprecher die Wörter gebraucht, was die Wörter in der Rede der anderen bedeuten, sowie auf der antizipierenden Erwartung, daß auch die das wissen, kurz: auf dem Hören–Sagen."[423]

Der autodidaktische Alphabetisierungsprozeß bezüglich der *eigentlichen* Ur–Sprache[424] gestaltet sich folglich „im stillen" durch die Er–Innerung der „neuen" Strukturen. „Es war sein innerer Sprachgebrauch geworden", der sich allmählich auch seinen Weg über die Lippen (als gesprochenes Wort) nach außen bahnen will, also erst im nachhinein Verlautung findet:

„<...> daß er im stillen schon seit längerer Zeit nur mehr in jener neuen Sprache gelesen hatte (wobei er manchmal die Lippen bewegte). <...> Nun flüsterte er schon so nach dem Erwachen vor sich hin. Die innere Sprache stand an der Schwelle der äußeren." (Dämonen 531)

Nach dem Sprachempfinden folgt im nächsten Schritt der Konnex zwischen der inneren und der äußeren Sprache, der sich als sprachlicher „Schock", als plötzlicher Einschlag seines schlummernden neuen Sprachgedächtnisses in Szene setzt.[425]

„Leonhard las und erfuhr – nicht den Inhalt des Gelesenen, den man als bedeutungslos kaum wird empfinden können, sondern: daß er Lateinisch verstand." (Dämonen 658)

---

[423] Helmstetter: S. 189.

[424] *Psychoanalytisch* müßte nachgefragt werden, ob Kakabsa durch das Überbieten der primären „von der Mutter gelernten Sprache" seinen Ödipuskomplex kaschieren will.

[425] Vgl. hierzu auch Helmstetter: „Initialzündung des Erzählers ist ein »souvenir en choc«, eine »frei steigende«, »ungerufen aufsteigende« Erinnerung, also kein gezielter Zugriff auf das Gedächtnis", S. 175.

Was hier über die „Hintertür" bei Kakabsa Einzug hält, ist das Sprachvermögen, die „chemische Verbindung" (Dämonen 659) zur lateinischen Schrift, die ihm durch den Text des Pico della Mirandola schließlich seine Lebensbestimmung offenbart:

> „<...> Als Mitte der Welt hab´ Ich dich aufgestellt, daß du um dich blickest, was dir da wohl anstehe. Wir haben dich nicht himmlisch, nicht irdisch, nicht sterblich, nicht unsterblich gemacht, damit du, gleichsam dein eigner Urteiler und Einschätzer, dich als dein Bildner und Gestalter in der von dir bevorzugten Weise vorstellen mögest. Du kannst herabkommen in die Tiefe, die tierisch ist, du kannst neu geschaffen werden empor in´s Göttliche, nach deines Geistes eigenem Entscheidungs–Spruche." (Dämonen 658)

Da an dieser Stelle jedoch »nur« die Übersetzung gelingt, steht die Interpretation dieser ein–„geschmuggelt<en>" Textur als Lebensaufgabe noch aus. Die Exegese vollzieht sich dann in der praktischen Umsetzung der humanistischen Ethik Picos, die zur Freiheit, zur Selbstbestimmung des Individuums auffordert. Kakabsas Selbstbestimmung, die ihn nunmehr als sein „eigener Urteiler und Einschätzer" auftreten läßt, kulminiert schließlich in seiner Wiedersetzung gegen die nivellierte Vermassung im Aufstand vom 15. Juli 1927, indem er die verschriftete »abendländische Kultur«, hier insbesondere die Werke Picos – „die Bibliothek – solche Schätze – Pico della Mirandola" (Dämonen 1227) vor den kopflosen Demonstranten schützt, die die Universität stürmen wollen. Er rettet damit nicht nur die Bücher, sondern auch deren Sinn, nämlich als Schrift–Gedächtnis die „Würde des Menschen" (Vgl. Dämonen 1229) aufzu*bewahren*.

Wirklichkeit und Wahrheit bei Thomas von Aquin

Doderers Begriffsbestimmungen der Wirklichkeit haben eine weitere Komponente, die insbesondere für s e i n Verständnis der Apperzeption eine zentrale Rolle spielen wird. Die Wirklichkeitskonstruktion soll hier vorbereitend auf Doderers Apperzeptionsbegriff als W a h r h e i t ausgelegt werden.[426]

Doderers Wirklichkeitstheorem meint die Ü b e r e i n s t i m m u n g einer (subjektiven) Innenwelt mit einer (objektiven) Außenwelt. Diese Korrelation wird traditionell seit Aristoteles und besonders ausgeprägt bei Thomas von Aquin mit dem Begriff Wahrheit umschrieben – v e r i t a s e s t a d a e q u a t i o r e i e t i n t e l l e c t u s [427] –, womit die *Korrespondenztheorie* begründet wird.

Da Doderer sich immer wieder auf die thomistische *analogia entis* beruft, soll hier vorerst das Wahrheitsverständnis des Thomas von Aquin paradigmatisch im Zentrum stehen, um im nachhinein auf die Konvergenzen zwischen der Dodererschen *Apperzeptionslehre* und dem Wahrheitsbegriff Heideggers aufmerksam machen zu können.

Thomas geht von dem Bestand der Dinge (Seiendes) außerhalb bzw. unabhängig von der menschlichen Erkenntnis aus. Alles Seiende entspringt aus der göttlichen Schöpfung und ist entsprechend angeordnet. Die Wahrheit richtet sich deshalb immer nach dem „Wirklichsein der Dinge"[428] und nicht nach den Intentionen des erkennenden Subjekts. Das Sein wird folglich der Wahrheit vorausgesetzt, wobei die Wahrheit zwar ihre Identität in Gott als das Sein schlechthin findet, für den Menschen jedoch gilt, daß er zunächst als Subjekt eine *adaequatio* mit der Objektwelt bilden muß, damit sich Wahrheit konstituieren kann. Das Subjekt bleibt somit für die *menschliche* Wahrheitsbildung notwendige Voraussetzung.
Insofern vollzieht sich Wahrheit als die Übereinstimmung mit der Wirklichkeit erst durch ein tätiges Medium im Subjekt, durch das eine Übereinstimmung stattfindet. Ein solches Medium muß in der Lage sein, mit jedem Seienden übereinzustimmen, obgleich es von jedem Seienden zugleich unterschieden bleibt. Als ein derart flexibler *Träger* der Wahrheit wird von Thomas die „Seele" postuliert.[429] Während *unbeseelte* Dinge auch nur mit bestimmten anderen unbeseelten

---

[426] Diesen Zusammenhang hat Doderer selbst in dieser Form nicht hergestellt. Er wird sich jedoch später aus der vergleichenden Interpretation mit dem Wahrheitsbegriff Heideggers hinreichend begründen lassen.

[427] Für die Gegenwart ist dieser Wahrheitsbegriff seit Kant weitgehend unumstritten.

[428] Von der Wahrheit – De veritate – Qaestio I; ausgewählt, übersetzt und hrsg. von Albert Zimmermann, Lateinisch–Deutsch; Hamburg 1986, S. 7.

[429] Vgl. Thomas: Von der Wahrheit, 19.

Dingen übereinstimmen können (etwa wie ein Buch einem anderen gleicht),
kann „die Seele gewissermaßen alles <sein>, <...>".[430]
Die Seele bringt im wesentlichen die Strebe– und Erkenntniskraft hervor. Die
Strebekraft wird in Anlehnng an Aristoteles als die Hinwendung zum *Guten* verstanden.

> „Das Übereinstimmen eines Seienden mit dem Streben drückt das Wort 'Gutes'
> aus. <...> Daher heißt es am Anfang der Ethik: 'Das Gute ist, wonach alles
> strebt'."[431]

Die Erkenntniskraft führt dann analog bei Übereinstimmung des Seienden mit
dem Verstand (intellectum) zum Begriff des *Wahren*.

Aufgrund des Postulats der Existenz Gottes führt Thomas von Aquin eine Hier-
archisierung von einer ersten zu einer zweiten Wahrheit ein. Zunächst unterscheidet er beim Menschen zwischem dem praktischen und dem theoretischen
Verstand. „Der praktische Verstand verursacht nämlich die Dinge, und daher ist
er das Maß" für die Übereinstimmung mit den Dingen, „die durch ihn entstehen."[432] Der theoretische Verstand dagegen „empfängt" sein „Maß" von den
Dingen, zu denen er sich hinwendet, bzw. die Dinge sind dann die Verursacher
für eine Übereinstimmung. Die m a ß g e b l i c h e n Inhalte des theoretischen
Verstandes sind jedoch nach dem aristotelischen Prinzip der Entelechie selbst
gemessen bzw. verursacht worden und erfahren daher ihr Maß durch den göttlichen, letztursächlichen Verstand.

> „So ist folglich der göttliche Verstand maßgebend und nicht gemessen, ein Ding
> der Natur maßgebend und gemessen, unser Verstand aber gemessen und nicht maß-
> gebend für die Naturdinge, sondern nur für die künstlichen."[433]

Aus dieser Auffassung folgt die Priorität des göttlichen Verstandes, der selbst
nicht „gemessen" und daher für alle Dinge maßgebend ist, über den menschlichen Verstand. Die Angleichung der Dinge an den göttlichen Verstand führt somit notwendig zur *ersten* und einzigen Wahrheit.

> „Wahrheit ist also im göttlichen Verstand in erster Linie und im eigentlichen Sinne.
> <...> Die Wahrheit des göttlichen Verstandes ist also nur eine einzige."[434]

---

[430] Vgl. Thomas: Von der Wahrheit, S. 7.
[431] Vgl. Thomas: Von der Wahrheit, S. 7.
[432] Vgl. Thomas: Von der Wahrheit, S. 17.
[433] Vgl. Thomas: Von der Wahrheit, S. 17.
[434] Vgl. Thomas: Von der Wahrheit, S. 27

Für die menschliche Wahrheit ergibt sich, daß sie in Hinordnung auf die *Wirkung* (die Wirkung der Naturdinge) der ursächlichen, göttlichen Wahrheit entsteht bzw. von der göttlichen Wahrheit „abgeleitet" wird. Insofern gibt es mehrere Wahrheiten gemäß der Anzahl der Dinge, mit dem der menschliche Verstand eine Angleichung (*Maßentsprechung*) vollziehen kann.

Der Vorrang der ersten, göttlichen Wahrheit läßt sich an zwei weiteren Punkten festmachen.

Zum einen ist festzustellen, daß die mögliche Nicht–Existenz des menschlichen Verstandes zu der Konsequenz führt, daß es gar keine Wahrheit mehr gibt, da es dann zu keiner Übereinstimmung mehr kommen kann. Deshalb, so Thomas, wohnt die Wahrheit der Dinge unabhängig vom menschlichen Verstand immer im göttlichen Verstand inne, „der sie <die Dinge> ins Sein hervorbringt"[435]. Daraus folgt, daß aufgrund der Vergänglichkeit sowohl des Menschen als auch der Dinge die Wahrheit zeitlich ungebunden im ewigen Verstand Gottes aufgehoben sein muß.

Als zweites läßt sich die Präferenz der göttlichen Wahrheit durch die Möglichkeit der Falschheit begründen. Da der göttliche Verstand notwendig immer die Wahrheit hervorbringt, kann sich die Falschheit nur im menschlichen Verstand bilden. Die Falschheit gründet somit im Gegensatz zur Wahrheit in der „U n g l e i c h h e i t"[436] bzw. im Nicht–Übereinstimmen zwischen Verstand und Sache.

Da die Angleichung des Verstandes an das Seiende als Wahrheit durch die Natur affiziert wird, bedingen die (Natur–) Dinge auch die Ungleichheit und somit die Falschheit. Letzteres erfolgt jedoch nicht aus dem Sein der Dinge selbst bzw. ihrer Wesenheit, sondern aus ihrem S c h e i n , der für wahr genommen wird.

> „Dennoch ist kein Ding Ursache einer Falschheit in der Seele derart, daß es diese Falschheit notwendig verursachte; Wahrheit und Falschheit bestehen nämlich hauptsächlich im Urteil der Seele. Insofern die Seele aber über Dinge urteilt, erleidet sie nicht etwas von den Dingen, vielmehr ist sie in gewisser Weise tätig. Daher heißt ein Ding »falsch« nicht, weil es stets eine falsche Erkenntnis von sich bewirkte, sondern, weil es eine solche bewirken kann, und zwar durch das, was von ihm erscheint."[437]

Das Seiende kann also auch täuschen, den Menschen in die Irre führen. Verantwortlich für diese Täuschung ist allerdings der Mensch selbst. Einerseits da-

---

[435] Vgl. Thomas: Von der Wahrheit, S. 27.
[436] Vgl. Thomas: Von der Wahrheit, S. 69.
[437] Vgl. Thomas: Von der Wahrheit, S. 71.

durch, daß er sich seiner Vorstellungskraft hingibt, die die Dinge sinnlich so *vor-stellt*, wie sie in Wirklichkeit nicht sind, und in „Phantasie"[438] schwelgt. Anderer-seits können Wahrnehmungen durch den Verstand zu falschen Schlüssen geführt werden, womit letztlich ein falscher Satz oder eine falsche Definition ausge-drückt wird.

Zusammengefaßt ist also Wahrheit durch die Maßentsprechung bzw. Anglei-chung des Verstandes an die Sache definiert und Falschheit durch die Ungleich-heit von Verstandesinhalt und Sache. Neben *der Adäquatio*–Definition bzw. der bei Doderer wörtlich zu findenden *Maßentsprechung* des *Innen* mit der Schöp-fung Gottes (vgl. Kap. „Das Nichts als Unwirklichkeit", S. 76 in dieser Arbeit u.a.) sollen diesbezüglich abschließend noch drei Aspekte beleuchtet werden, die über die o.g. Verwandtschaft hinaus Konvergenzen zwischen der thomistischen Wahrheitsbetrachtung und der Wirklichkeitsauffassung Doderers aufzeigen.

1.) Bleibt die göttliche Wahrheit außen vor, so ergibt sich in einem säkularisier-ten Verständnis der thomistischen Wahrheitsdefinition die Konsequenz, daß Wahrheit auf die Existenz des Menschen angewiesen ist, da sonst keine Überein-stimmung zustande kommen kann.[439] Die (menschliche) Wahrheit bleibt folglich zeitverbunden. Gleiches trifft für die Wirklichkeitskonstruktion Doderers zu. Auch hier ist die Existenz eines Innen zwecks einer Übereinstimmung mit dem Außen notwendige Voraussetzung für eine integrale Wirklichkeit. Doderer un-terstützt zweifelsohne diese Interpretation, indem er sich zum „zum Anwalt des Zeitgemäßen und Zuständlichen gegen das Ewige" macht und somit rationalisti-sche Bestrebungen nach *ewigen* Wahrheiten oder Gesetzen ablehnt.

2.) Thomas von Aquin betont in Anlehnung an Aristoteles die *materielle* Seite der Wahrheitsentsprechung. Der menschliche (theoretische) Verstand e m p -f ä n g t sein Maß von den Dingen. Folglich unterstreicht Thomas v. Aquin den rezeptiven bzw. deskriptiven Charakter der Angleichung. Nicht der Mensch, sondern die Dinge evozieren die Erkenntnis, wodurch eine gewisse Passivität des Menschen beim Wahrheitsakt gefordert wird, die auch Doderer in seinem Ap-perzeptionsbestreben immer wieder verlangt.

---

[438] Vgl. Thomas: Von der Wahrheit, S. 79.

[439] Diese Position wird auch von Heidegger vertreten, der Wahrheit immer auf das Dasein verwie-sen sieht und *ewige* Wahrheiten ausschließt.

„Daß es »ewige Wahrheiten« gibt, wird erst dann zureichend bewiesen sein, wenn der Nachweis gelungen ist, daß in alle Ewigkeit Dasein war und sein wird. Solange dieser Beweis aussteht, bleibt der Satz eine phantastische Behauptung, die dadurch nicht an Rechtmäßigkeit gewinnt, daß sie von den Philosophen gemeinhin »geglaubt« wird. *Alle Wahrheit ist gemäß deren wesen-haften daseinsmäßigen Seinsart relativ auf das Sein des Daseins.*" SuZ 227.

3.) Käthe Hamburger verweist auf die verschiedenen Interpretationen des Verstandesbegriffes bei Thomas von Aquin, die sie darin begründet sieht, daß die „<...> in der Scholastik von Thomas von Aquin begründete, traditionell gewordene Wahrheitsdefinition »adaequatio rei et intellectus« mit dem Begriff intellectus einen Unbestimmtheitsfaktor enthält. <...>"[440] So findet sich bei Thomas von Aquin einerseits die bloße Satzwahrheit, die im wesentlichen in den Analysen Aristoteles' gründet, andererseits öffnet sich jedoch auch eine *intuitive* Seite, die Wahrheit als evidente Einsicht in die Offenbarung Gottes verstanden wissen will. Für Thomas von Aquin kann gerade der Verstand die ontologischen Wesenheiten (das *Was–Sein*) der Dinge selbst aufdecken bzw. erfassen. („Die Sinne nämlich und die Vorstellungskraft erkennen nur äußere unwesentliche Eigenschaften. Allein der Verstand erreicht also das Innere und die Wesenheit eines Dinges."[441]) Dieses führt somit über die formale Satzwahrheit hinaus und entsprechend faßt Thomas v. Aquin auch das Wort *intellectus* auf:

> „Das Wort 'Intellekt' ist daher genommen, daß dieses Vermögen das Innerste eines Dinges erkennt. 'Intelligere' heißt nämlich soviel wie 'intus legere'"[442],

also im *Inneren (der Dinge) lesen.* Doderers Apperzeptionstheorie unterscheidet sich in diesem Punkt kaum von der Position Thomas' von Aquin. Die Apperzeptionstheorie entspricht einer Evidenztheorie (was noch zu erläutern sein wird, Anm. d. Verf.) Die Möglichkeit der Einsicht in die Dinge selbst als erste Wirklichkeit ist für Doderer unumstritten. Entsprechend liest sich diesbezüglich eine Tagebucheintragung zur Apperzeption:

> „*Apperzeption* <...> Wo die Lianen und Ranken des Seienden, mit leichter Hand geteilt, willig den Durchlaß bieten, wo der kaum gestörte Vorhang sogleich hinter uns wieder zusammenschwankt, dort hinein und hinaus laßt uns verschwinden, keine Spur und Veränderung zurücklassend: es ist gewiß der richtige Pfad. Aus dem Seienden lesen und nicht aus dem Sollenden interpretieren."[443]

---

[440] Vgl. Käthe Hamburger: Wahrheit und ästhetische Wahrheit, 1. Aufl., Stuttgart 1979, S. 16.
[441] Thomas: Von der Wahrheit, S. 81.
[442] Thomas: Von der Wahrheit, S. 81.
[443] Tangenten 348.

Apperzeption in Philosophie und Psychologie

Apperzeption bei Leibniz

Leibniz führt den Begriff Apperzeption in die Philosophie ein. Für Leibniz sind alle Erscheinungsformen (einschließlich der Engel und Gott) durch *Monaden* hierachisch strukturiert. Unbelebte Formen zeichnen sich dadurch aus, daß sie zu keinen aktiven *Perzeptionen* (Wahrnehmungsabläufen, Informationen[444], innere Zuständen) befähigt sind, wie etwa Mineralien. Bei be*seelten*, lebendigen Substanzen hingegen können Perzeptionen *Empfindungen* hervorrufen, die durch das Gedächtnis auch längerfristig aufgehoben bleiben.

> „Ein solches Lebewesen nennt man T i e r, wie seine Monade Seele genannt wird."[445]

Das wesentliche Unterscheidungskriterium zwischen Tier und Mensch liegt in der Verarbeitung der Perzeptionen. Beiden gemeinsam ist, daß sie zwangsläufig immer einfachen Perzeptionen (*petite perception*) empirisch ausgesetzt sind und auf diese gemäß ihren Möglichkeiten reagieren bzw. auch daraus lernen können. Darüber hinaus ist der Mensch jedoch in der Lage, aus den Perzeptionen *vernünftige* Schlüsse zu ziehen, die zu einer *Erkenntnis* vordringen können. Bleibt es beim Tier bei einer „Art von rudimentärem Schlußvermögen"[446], so kann der Mensch durch das „wahrhaft vernünftige Schlußfolgern <...> <bezogen auf> notwendige<n> oder ewige<n> Wahrheiten, wie es die der Logik, der Arithmetik, der Geometrie sind, eine unzweifelhafte Verknüpfung der Ideen und unfehlbare Folgerungen herstellen."[447]
Diese Fähigkeit gründet in dem Vermögen zur Apperzeption:

> „Man tut deshalb gut daran, eine Unterscheidundung zu machen zwischen der P e r z e p t i o n oder dem inneren Zustand der Monade, der die äußeren Dinge darstellt, und der A p p e r z e p t i o n, die das B e w u ß t s e i n oder die reflexive Erkenntnis dieses inneren Zustandes ist."[448]

Die nur dem Menschen eigene Apperzeption als die bewußte (vernünftige) Reflexion seines i n n e r e n Zustandes ist zwar eine ausgezeichnete Anlage, sie setzt jedoch nicht zwangsläufig ein. So gibt es eine Vielzahl von Eindrücken (Perzeptionen), die (noch) nicht apperzipiert worden sind.

---

[444] Vgl. Geschichte der Philosophie in Text und Gestaltung, hrsg. von Rüdiger Bubner; Bd. 5, hrsg. von Rainer Specht, Reclam Stuttgart 1979, 1990. Kommentar des Hrsg., S. 236.

[445] ibid.: Gottfried Wilhelm Leibniz, S. 241.

[446] ibid.: Kommentar des Hrsg., S. 242.

[447] ibid.: G. W. Leibniz, S. 243.

[448] ibid.: G. W. Leibniz, S. 242.

„Man ersieht auch hieraus, daß es Perzeptionen gibt, die man nicht apperzipiert. Denn die Perzeptionen der scheinbaren einfachen Ideen setzen sich aus den Perzeptionen der Teile dieser Ideen zusammen, ohne daß der Geist dies gewahr wird; denn jene verworrenen Ideen erscheinen ihm als einfache."[449]

Leibniz veranschaulicht dieses anhand von Farbwahrnehmungn. Das Grüne führt zu einer Perzeption des Grünen als *einer* Idee. Wogegen sich in einem apperzeptiven Verfahren herausstellt, daß die Farbe Grün aus Blau und Gelb zusammengesetzt ist, mithin also aus zwei Ideen, was aber empirisch zunächst nicht gegeben ist, sondern erst durch „vernünftige Einsicht" gefolgert werden kann. Wichtig für die Interpretation der Apperzeption bei Doderer ist der Zusammenhang von Zeit und Apperzeption bei Leibniz. Die Apperzeption ist nach Leibniz ein gewissermaßen nachträglicher Akt. Alle inneren Zustände (Perzeptionen), in denen sich ein „immaterielles Wesen" – der Mensch – befunden hat, bleiben *unbewußt* nachhaltig im G e d ä c h t n i s aufbewahrt bzw. bleiben durch „unmerkliche" Perzeptionen passiv in der Erinnerung. Die bewußte Aktualisierung der Perzeptionen entsteht durch die Apperzeption.

„<...>, aber die Akte der Apperzeption, kraft deren man sich die früheren Empfindungen zum deutlichen Bewußtsein bringt, beweisen zudem die moralische Identität und bringen die reale Identität in der Erscheinung zum Ausdruck."[450]

Leibniz räumt hier ein, daß es gerade bei der Erinnerung nach längerer Zeit oftmals zu Täuschungen kommt. Insofern ist der Akt der Apperzeption am sichersten, wenn er auf u n m i t t e l b a r e Perzeptionen folgt.

„Aber die gegenwärtige und unmittelbare Erinnerung oder die Erinnerung dessen, was sich so eben erst zugetragen hat, d.h. das Bewußtsein oder die Reflexion, die die innere Tätigkeit begleitet, kann von Natur nicht täuschen, sonst wäre man nicht einmal sicher, dies oder jenes zu denken; denn man sagt sich dies innerlich nur von der vergangenen Tätigkeit und nicht beim Vollzug der Tätigkeit selbst. Wenn die inneren, unmittelbaren Erfahrungen nicht gewiß sein sollen, so gibt es gar keine Wahrheit von Tatsachen."[451]

Leibniz trifft sich hierin mit der Dodererschen Auffassung der „Apperzeption im Augenblick", die jedoch wohlweislich auf die von Leibniz postulierten rationalistischen Implikationen verzichtet.

---

[449] Leibniz: Neue Abhandlungen über den menschlichen Verstand, übersetzt und eingeleitet und erläutert von Ernst Cassirer, Felix Meiner, Hamburg 1971, S. 96.
[450] Leibniz: Neue Abhandlungen über den menschlichen Verstand, S. 252.
[451] Leibniz: Neue Abhandlungen über den menschlichen Verstand, S. 250.

Apperzeption bei Kant

Kant faßt die Apperzeption zunächst analog zur Auffassung Leibniz' als Selbstbewußtsein auf.

> „Das Bewußtsein seiner selbst (Apperzeption) ist die einfache Vorstellung des Ich, <...>, <das> Bewußtsein innerer Wahrnehmung."[452]

Während Leibniz mit dem Begriff in gewisser Hinsicht eher anthropologisch die rationalen (rationalistischen) Wahrnehmungszusammenhänge erklären will, um die Präferenz der Vernunft zu dokumentieren, geht es Kant darum, die logische Voraussetzung für die Möglichkeit zur Wahrnehmung überhaupt herauszuarbeiten.

Die Prämisse des Kantischen Apperzeptionsbegriffs ist die Bestimmung der *ursprünglichen bzw. reinen Apperzeption.*

> „Ich denke, in demselben Subjekt, darin dieses Mannigfaltige <der Anschauung> angetroffen wird."[453]

Das „Ich denke", was sich hier mit der cartesianischen Bestimmung des *cogito ergo sum* trifft, wird durch die ursprüngliche Apperzeption als Selbstbewußtsein konstituiert und bestimmt die Identität (Einheit) der »logischen Persönlichkeit«[454]. Es ist ein „Actus der Spontaneität"[455], der mit allen Bewußtseinsakten (Vorstellungen) einhergeht, sich jedoch dabei stets als „ein und dasselbe" selbst versteht und insofern allen Wahrnehmungen vorhergeht. Deswegen kann die ursprüngliche Apperzeption auch als „transzendentale Einheit des Selbstbewußtseins"[456] gefaßt werden, um dann aus ihr die „Möglichkeit der Erkenntnis a priori"[457] abzuleiten.

Die *transzendentale* Apperzeption wird zunächst von der *empirischen* Apperzeption geschieden. Die empirische Apperzeption besitzt nur subjektive Gültigkeit, da die Bewußtseinsinhalte situationsgebunden sind und sich auf „zufällig" gegebene empirische Vorhandenheiten beziehen und nur a posteriori vermittelt sind. Die empirische Apperzeption ist somit die

---

[452] KrV 114.
[453] KrV 175.
[454] Vgl. Martin Heidegger: Logik, Bd. 21 der Gesamtausgabe, Abt. II: Vorlesungen 1923–1944, S. 332.
[455] KrV 174.
[456] KrV 174.
[457] KrV 174.

„<...> subjektive Einheit des Bewußtseins, die eine Bestimmung des inneren Sinnes ist, dadurch jenes Mannigfaltige der Anschauung zu einer solchen Verbindung empirisch gegeben ist <...>. Ob ich mir des Mannigfaltigen als zugleich, oder nach einander, empirisch bewußt sein könne, kommt auf Umstände, oder empirische Bedingungen, an. Daher die empirische Einheit des Bewußtseins, durch Assoziation der Vorstellungen, selbst eine Erscheinung betrifft, und ganz zufällig ist. <Die empirische Apperzeption> hat nur subjektive Gültigkeit. Einer verbindet die Vorstellung eines gewissen Worts mit einer Sache, der andere mit einer anderen Sache; und die Einheit des Bewußtseins, in dem, was empirisch ist, ist in Ansehung dessen, was gegeben ist, nicht notwendig und allgemein wahr."[458]

Die transzendentale Apperzeption hingegen gelangt zur kategorial notwendigen Objektivität, da in ihr das „Mannigfaltige der Anschauung" zu einem Begriff vom Objekt durch die Verbindung (Synthesis) der reinen Verstandesbegriffe *a priori* in die Einheit des Bewußtseins gebracht wird. Die transzendentale (objektive) Apperzeption bedingt so die Möglichkeit einer konkreten (empirischen) Apperzeption überhaupt, oder anders ausgedrückt, die empirische Apperzeption entsteht durch Ableitung von der transzendentalen:

„Ich denke; also durch die reine Synthesis des Verstandes, welche a priori der empirischen zum Grunde liegt. Jene Einheit ist allein objektiv gültig; <...>"[459]

Heideggers Kritik am Apperzeptionsverständnis Kants

Der methodische Zugang zum »Dasein« ist in „Sein und Zeit" von dem geprägt, was unter »jedermann bekannt«, »allbekannt« gefaßt werden kann und somit mit der A l l t ä g l i c h k e i t korrespondiert:

„Primär meint jedoch der Ausdruck Alltäglichkeit ein bestimmtes *Wie* der Existenz, das »zeitlebens« das Dasein durchherrscht. Wir gebrauchten in den vorstehenden Analysen oft die Ausdrücke »zunächst und zumeist«. »Zunächst« bedeutet: die Weise, in der das Dasein im Miteinander der Öffentlichkeit »offenbar« ist, mag es auch »im Grunde« die Alltäglichkeit gerade existenziell »überwunden haben«. »Zumeist« bedeutet: die Weise, in der das Dasein nicht immer, aber »in der Regel« sich für Jedermann zeigt. <...>" (SuZ 370) [vgl. auch 370 / 371]

Die Aufweisung der Alltäglichkeit korrespondiert mit der primären Zeitlichkeit. »Zunächst und Zumeist« besagen dann ein *Vorerst*, womit auf ein vor–theoretisches Verhalten verwiesen wird, das n o c h   n i c h t im *Denken* verhaftet ist. Das *cogito* selbst ist folglich das vermeintlich spätere. Was als »Ich denke« bei Kant auf dem *Seziertisch* der transzendentalen Apperzeption landet, um danach aus formal entleerten Begriffen *Welt* entstehen zu lassen, ist nach Heidegger ein nachträglicher Akt:

---

[458] KrV 182.
[459] KrV 182.

„Nicht ist zunächst gegeben ein Ich denke als das reinste Apriori und dann eine Zeit und diese Zeit als Vermittlungsstation für ein Hinauskommen zu einer Welt, sondern das Sein des Subjekts selbst qua Dasein ist In–der–Welt–sein, und dieses In–der–Welt–sein des Daseins ist nur möglich, weil die Grundstruktur seines Seins die Zeit selbst ist, und zwar hier im Modus des Gegenwärtigens. Und weiter: das pure Verbinden des reinen Verstandes ist seinerseits lediglich ein entleerter und freier Modus des Gegenwärtigens von etwas; nicht aber ist das Ich denke das Primäre, das sich allererst zu einer Zeit verhalten muß und in diesem Verhalten ein Sein zur Welt konstituiert. Das reine, freie Gegenwärtigen – das Ich verbinde – ist der eigenständige, aber abkünftige Modus eines ursprünglichen Gegenwärtigens des faktischen Daseins selbst."[460]

Vielmehr bildet sich also nach Heigegger die „Genesis des reinen und freien Gegenwärtigens" in dem „alltäglichen Sein zur Welt" aus. Wenn Heidegger folglich dem »Ich Denke« die Präferenz abspricht (Vgl. hierzu auch SuZ 319-321), dann destruiert er notwendig auch den Dogmatismus Descartes', nämlich das resultierende »ergo sum«, und hieran anschließend die „ursprüngliche Apperzeption" Kants als das „Bewußtsein seiner selbst"[461]. Das Dasein »ist« nicht zunächst ein Innen und somit seiner Selbst »bewußt« und konstituiert dann mit dem »ich denke« Welt, sondern »ist« primär In–der–Welt, also *draußen*[462]. Heidegger verwirft also, womit die Vernunft – »ratio« – so gerne liebäugelt, nämlich das autonome Subjekt, das meint, sich seiner Herkunft, seiner »conditio« entledigen zu können. Dieses In–der–Welt–sein erweist sich nämlich zunächst als *Verfall,* als *Selbstverlorenheit* (vgl. SuZ 116).

Das Dasein hat demgemäß kein jähes Selbstbewußtsein (»Apperzeption«), sondern repräsentiert sich zunächst als »Man–Selbst«. Heidegger demaskiert hier die – unlängst durch immer ausgefeiltere Meinungsumfragen hochstilisierte – »öffentliche Meinung«. Die »Öffentlichkeit« verschleiert gerade, was ihr Name verspricht, nämlich *offenes Licht,* Transparenz (vgl. SuZ 127). Die Öffentlichkeit gibt dem Dasein sein *Bewußtsein* vor und bestimmt das alltägliche Verhalten. Das Man–Bewußtsein geht also dem Selbst–Bewußtsein voraus. „Jeder ist der Andere und Keiner er selbst. Das *Man*, mit dem sich die Frage nach dem *Wer* des alltäglichen Daseins beantwortet, ist das Niemand, <...>." (SuZ 128) Doderers zweite Wirklichkeit ließe sich somit an die von Heidegger postulierte „Un–Eigentlichkeit" anschließen. Der Zugang zur »zweiten Wirklichkeit«, die „Deperzeption", verstellt die Wirklichkeit nach den Maßgaben einer verschleiernden Öffentlickeit als *Weltanschauung.*

---

[460] Heidegger: Logik – Die Frage nach der Wahrheit –, Bd. 21 d. Gesamtausgabe, II. Abt.: Vorlesungen 1923–1944, Frankfurt am Main 1976, S. 406f.

[461] KrV 114.

[462] Vgl. hier auch UdK: „In der Existenz geht jedoch der Mensch nicht erst aus einem Innern zu einem Draußen hinaus, sondern das Wesen der Existenz ist das ausstehende Innestehen im wesenhaften Auseinander der Lichtung des Seienden." S. 68.

Die Kritik Heideggers an Kant liegt somit im wesentlichen darin begründet, daß Kant das „Ich denke" nicht mit dem „Phänomen der Welt" verknüpft:

> „Denn auch der Ansatz »Ich denke etwas« ist ontologisch unterbestimmt, weil das Etwas unbestimmt bleibt. Wird darunter verstanden ein *innerweltliches Seiendes*, dann liegt darin unausgesprochen die Voraussetzung von *Welt*; und gerade dieses Phänomen bestimmt die Seinsverfassung des Ich mit. <...> Das Ich-Sagen meint das Seiende, das je ich bin als: »Ich–bin–in–einer–Welt«." (SuZ 321)

Mit Kants „isoliertem Subjekt" (vgl. SuZ 321) läßt sich folglich Welt, in der sich das Dasein jäh schon aufhält, nicht herleiten. Viel eher als es vorauszusetzen, muß das Subjekt als Selbst-Sein erst destruiert, das heißt freigelegt werden, weil es vorderst nicht mit sich selbst, sondern mit dem o.g. Man-Bewußtsein identisch ist. (Vgl. zum »Selbst-Sein« S. 36ff in meiner Arbeit).

Apperzeption und Genie – Otto Weininger

Otto Weiningers Arbeit „*Geschlecht und Charakter*"[463] versucht eine psychologische Bestimmung (*Charakterologie*) des *typisch* weiblichen (W) und männlichen (M) Charakters, wobei die Ideen des *W* und des *M* im wesentlichen platonisch abgeleitet werden.[464] Innerhalb dieser Polarität bestimmt er auch das (männliche) Genie bzw. dessen Begabung näher. Der Zentralpunkt ist auch hier die Apperzeption. Im wesentlichen hält er an den Bestimmungen Leibniz' und insbesondere Kants („Das Ich jedoch ist das punktuelle Zentrum, die Einheit der Apperzeption, die »Synthesis« alles Mannigfaltigen."[465]) fest. Darüber hinaus glaubt er in der Apperzeption ein Kriterium gefunden zu haben, welches den Menschen zum Genie erhebt.

Zunächst bestimmt er das „Zentrum der Apperzeption"[466] als *Persönlichkeit*, welche den *Menschen über die Sinnenwelt erhebt.*[467] Wichtig für die Integrität

---

[463] Otto Weininger: Geschlecht und Charakter, Eine prinzipielle Untersuchung, München 1980, folgt der 1. Aufl., Wien, Mai 1903.

[464] Es sei hier angemerkt, daß Weininger zu unhaltbaren frauenfeindlichen und antisemitischen Ergebnissen kommt. Hermann Swoboda diesbezüglich: „W ist nicht das Weib, sondern das Weibliche. Er geht nun noch einen Schritt weiter: W ist auch nicht das Weibliche, sondern eine Idee im Sinne Platons; darum kann auch M, kann auch ein ganzes Volk so wie W geartet sein <das Weibliche ist in jeder Beziehung dem Männlichen unterlegen, Anm. d. Verf>; es ist dann eben die sinnliche Erscheinung der platonischen Idee. Die Juden sind nicht die einzigen, auch die Engländer haben an jeder Idee Teil! <...> Im Handumdrehen hat er das Allerunverträgbarste zu einem System verbunden, <...>. An der Geschicklichkeit, mit der Weininger seine Wahrheiten zusammensetzt, kann man auch dann seine Freude haben, wenn man ihren vollständigen Unwert durchschaut." Hermann Swoboda: Otto Weiningers Tod, Wien/Leipzig 1923.

[465] Weininger: S. 219.

[466] Weininger: S. 195.

dieser Persönlichkeit ist das Gedächtnis. Das Gedächtnis wird zu einer Instanz der Moral, „weil es allein Reue ermöglicht".[468] Weininger verschärft diesen Gedanken, indem er für das (männliche) „intellektuelle Gewissen" in Anspruch nimmt, daß „alles Vergessen <...> an sich unmoralisch <ist>".[469] Hieraus erwächt die *Pflicht*, „nichts zu vergessen". Er trifft sich hier mit Leibniz, der in der Apperzeption früherer Empfindungen die „moralische Identität" aufgehoben sieht.

Aus der Moralisierung des Gedächtnisses folgert Weininger für das Genie das a b s o l u t e G e d ä c h t n i s, das mit der *universalen* Apperzeption einhergehen soll. Das ideale Genie vergißt nicht und birgt so alle Einzelheiten als „lebendige<r> Mikrokosmos"[470]. Das Genie „ist alles".

> „Genialität schließt, wie sich zeigte, ihrer Idee nach Universlität ein. <...> Genialität war universale Apperzeption, und hiemit <sic!> vollkommenes Gedächtnis, absolute Zeitlosigkeit."[471]

Weiningers Apperzeptionsverständnis schließt an den Geniebegriff, den Gaede für Schiller und Goethe herausstellt (vgl. Kap. „Literarische Wirklichkeit", S. 39 in dieser Arbeit), an. Da das Genie durch die universale Apperzeption notwendig anteil an der „Idee des Ganzen"[472] hat, besitzt es zugleich auch immer die Einsicht in den Sinn des Besonderen, womit das Quasi–Göttliche in ihm bestimmt ist.

> „Genial ist ein Mensch dann zu nennen, wenn er in bewußtem Zusammenhange mit dem Weltganzen lebt. Erst das Geniale ist somit das eigentlich Göttliche im Menschen."

Doderer greift den Begriff der „universalen Apperzeption" auf. Obwohl er den Begriff der *Apperzeption* mit konträren Inhalten besetzt <vgl. Kap. „Apperzeption als *aperte percipere*", S. 142 in dieser Arbeit> und sich damit von der Kantischen Vermittlung und der daraus resultierenden Hypostase Weiningers entfernt, hält Doderer an der Forderung des Nicht–Vergessens und damit am Streben nach *Universalität* fest. Das Gedächtnis wird zur appellativen Instanz für die apper-

---

[467] Weininger stützt sich hier auf ein Zitat Kants aus der *Kritik der praktischen Vernunft*, das er für das erhabenste Buch der Welt hält.
[468] Weininger: S. 193.
[469] Weininger: S. 193.
[470] Weininger: S. 220.
[471] Weininger: S. 219.
[472] Weininger: S. 220.

zeptive „Haltung des Epikers"[473], um die „spontane freisteigende Erinnerung"[474] zu ermöglichen, und nicht zuletzt, um sein eigenes Genie zu manifestieren.

> „Alles Schreiben ist Erinnern und Vergleichen; das erfordert die Fähigkeit, aus einem zeitlichen Nacheinander ein Nebeneinander zu machen. Nichts verfällt der Amnesie. <...> Im Schriftsteller kommt die Koexistenz der Zeiten zur höchsten Anschaulichkeit, er kann sich jedes Augenblickes seines ganzen Lebens erinnern und wo er's nicht kann, dort empfindet er eine Art Personenverlust. Von ihm aus ist daher die Koexistenz aller historischen Zeiten konzipierbar. <...> Was Otto Weininger über Begabung und Gedächtnis schreibt, trifft auf ihn voll zu."[475]

Dem (genialen) Schriftsteller wird folglich abverlangt, das Zeit–Kontinuum Vergangenheit–Gegenwart–(Zukunft) zugunsten einer stetigen Aktualisierung aller Zeitabschnitte aufzubrechen und somit durch Vergegenwärtigung des Vergangenen die Gleichzeitigkeit (Zeitlosigkeit) anzustreben. Diese Überlegungen sind bezüglich seiner Apperzeptionskonzeption konsequent bzw. zwingend. Denn da die Apperzeption von Unmittelbarkeit getragen wird, würde es schwer fallen zu erklären, wie das offene Aufnehmen von vergangenen Inhalten möglich sein soll, da diese gemeinhin gerade nicht unmittelbar gegeben sind.

---

[473] Vgl. WdD 157.
[474] Vgl. WdD 158.
[475] Tangenten 500.

Der Apperzeptionsbegriff Heimito von Doderers

Die Doderersche Apperzeption bricht mit dem tradierten Verständnis. Über Umwege (Thomas von Aquin/George Lukács/Otto Weininger) entwickelt sich seine Apperzeptionskonzeption zu einer Abkehr vom abendländischen *logos*. Insofern kann die Apperzeption in der Konsequenz auch als radikale Rationalismus– und Technikkritik verstanden werden, die bereits von Martin Heidegger stringent vorgetragen worden ist. Der diesbezügliche Vergleich der Dodererschen Apperzeption mit dem Wahrheitsverständnis bei Heidegger steht noch aus und soll im folgenden versucht werden. Anfänglich soll ein Gedichtsauszug aus der *Achten Elegie* Rainer Maria Rilkes[476] in das *aperte percipere* einführen:

> Mit allen Augen sieht die Kreatur
> das Offene. Nur unsere Augen sind
> wie umgekehrt und ganz um sie gestellt
> als Fallen, rings um ihren freien Ausgang.
> Was draußen *ist*, wir wissens aus des Tiers
> Antlitz allein; denn schon das frühe Kind
> wenden wir um und zwingens, daß es rückwärts
> Gestaltung sehe, nicht das Offene, das
> im Tiergesicht so tief und frei. Frei von Tod.
> *Ihn* sehen wir allein; das freie Tier
> hat seinen Untergang stets hinter sich
> und vor sich Gott, und wenn es geht, so gehts
> in Ewigkeit, so wie die Brunnen gehen.
> *Wir* haben nie, nicht einen einzigen Tag,
> den reinen Raum vor uns, in den die Blumen
> unendlich aufgehn. Immer ist es Welt
> und niemals Nirgends ohne Nicht: das Reine,
> Unüberwachte, das man atmet und
> unendlich *weiß* und nicht begehrt. <...>

Rilke beschreibt hier eindrucksvoll das Dilemma, in dem sich der „Apperzeptionlehrling"[477] Doderer befindet bzw. das mittels *seiner* Apperzeption überwunden werden soll.

Das *Tier* sieht die Dinge unvoreingenommen, es sieht nur das O f f e n e , das an sich Gegebene. Im Sinne Leibniz' hat die *Kreatur* es nur mit den bloßen Perzeptionen zu tun. Das Tier erlebt noch keine Differenz zum Außen, es gehört selbst zum *Draußen*; es ist in ihm aufgehoben, weil es kein *bewußtes Innen* hat. Das Tier ist „frei von Tod", da es die Endlichkeit nicht kennt, letztlich, weil es zur Apperzeption n i c h t fähig ist. Dieses fehlende Selbst–Bewußtsein läßt es ewig mit der Natur in Einklang stehen. Das Tier fällt nicht aus dem Offenen heraus, sondern ist in ihm selbst aufgehoben, ja es ist das Offene jäh schon selbst.

---

[476] Rainer Maria Rilke: Die Achte Elegie, hier aus: Die Gedichte, Frankfurt 1986, 3. Aufl. 1987.
[477] Vgl. COM 1951–1956, hier aus H. Doderer/A. P. Gütersloh, Briefwechsel 1928–1962, S. 45.

„Sie müssen den Begriff des `Offenen', den ich in dieser Elegie vorzuschlagen versucht habe, *so* auffassen, daß der Bewußtseinsgrad des Tieres es in die Welt einsetzt, ohne daß es sie sich (wie wir es tun) jeden Moment gegenüber stellt; das Tier ist *in* der Welt; wir stehen *vor ihr* durch die eigentümliche Wendung und Steigerung, die unser Bewußtsein genommen hat. Mit dem `Offenen' ist also nicht Himmel, Luft und Raum gemeint, auch *die* sind, für den Betrachter und Beurteiler, `Gegenstand' und somit `opaque' und zu. Das Tier, die Blume, vermutlich, *ist* alles das, ohne sich Rechenschaft zu geben und hat so vor sich und über sich jene unbeschreiblich offene Freiheit, die vielleicht nur in den ersten Liebesaugenblicken, wo ein Mensch im anderen, im Geliebten, seine eigene Welt sieht, und in der Hingehobenheit zu Gott bei uns (höchst momentane) Äquivalente hat."[478]

Der Mensch ist somit von Anfang an genötigt zu vermitteln, sich Rechenschaft (Gründe) vermittels seiner *ratio* über die Welt zu geben. Das *Qualitätsmerkmal* Apperzeption, das der Rationalist Leibniz dem Menschen zuspricht, weil der Mensch via Vernunft Einsicht in die letzten Wahrheiten haben soll, führt dazu, daß die Erscheinungswelt nicht als solche begriffen werden kann, sondern vom Menschen deduktiv rekonstruiert werden muß, so daß er „rückwärts Gestaltung sehe". Ebenso bleibt bei Kant die Apperzeption, wenn es auch sein Anliegen ist, zwischen Empirie und Ratio zu vermitteln, die *logisch–*rationale Voraussetzung beim Menschen, um überhaupt Sinneseindrücke synthetisieren zu können.
Die Apperzeption als Einheit des Selbstbewußtseins erweist sich also als das eigentlich Trennende zum Außen. Sie führt dazu, daß es immer vom Menschen konstruierte „Welt" ist, und nicht das Sein an sich. Das Tier ist „in das Offene <Natur> eingelassen"[479], der Mensch hingegen steht außen vor, nimmt *Welt* immer durch die Blende der Apperzeption wahr, wodurch niemals das „Reine, Unüberwachte, das man atmet und unendlich *weiß* und nicht begehrt", durchdringen kann. Hier zeigt sich, daß der tradierte Begriff der Apperzeption Doderers Anliegen, zum Sein selbst vorzustoßen, die Brücke zwischen Innen und Außen (wieder–) herzustellen, nicht gerecht werden kann. Entsprechend könnte folgendes Zitat auch als direkte Kritik an der Kantischen Apperzeption gelesen werden:

„Alle große und wahre Kunst ist eine Darstellung der Welt durch den Geist des Menschen, nicht aber eine Darstellung dieses Geistes und seiner Mechanik."[480]

Es ging Kant freilich nicht in seinem Apperzeptionsbegriff um die Kunst, wohl aber um die Darstellung „der Mechanik des Geistes", die sich in der Tat in der *Synthesis der reinen Verstandesbegriffe* wiederfinden läßt. Doderer scheut sich deswegen auch nicht, das Wort Apperzeption (bewußt?) falsch zu übersetzen, um der Tradierung zu entrinnen:

---

[478] Rilke: vgl. M. Betz, Rilke in Frankreich. Erinnerungen – Briefe – Dokumente. 1938 S. 289. Hier aus: Martin Heidegger, Wozu Dichter? in: Holzwege, Frankfurt am Main 1950, S. 285.

[479] Vgl. Heidegger: Wozu Dichter?, S. 286.

[480] COM 1951–1956, 14. März 1951.

Apperzeption als „aperte percipere"

Doderer schließt mit seiner Bestimmung der Apperzeption an die Ergebnisse der Interpretation der „Achten Elegie" Rilkes an.

> „Eine Stelle im Kristallfenster der Seele, an welchem die äußeren Sachen sich mit der Zeit etwas alltagsplatt drücken (ohne je die Scheibe eindrücken zu können), ist trüb geworden: wir wissen wohl, was dahinter ist und sein muß, aber ohne Anschaulichkeit mehr."[481]

Es besteht in dieser Hinsicht zwar die Möglichkeit, „mit Verstandesaug'" (vgl. auch hier Kant) – der Form nach – das Außen zu erschließen, jedoch lediglich als „Feststellung", es dringt nicht im eigentlichen Sinne ins Innen ein. Für letzteres bedarf es der Apperzeption, „was von aperte percipere kommt – offen aufnehmen – daher die zwei p in dem Wort, welche ohne weiteres nicht verständlich wären."[482]

Somit wird das Zentrum der Apperzeption völlig neu ausgelegt. Die a k t i v e Reflexion, die der tradierte Begriff impliziert, wird durch die p a s s i v e *Offenheit* substituiert. Der Neologismus trägt damit der Systemimmanenz bezüglich seiner Wirklichkeitskonstruktion Rechnung. Der Zugang zur Unwirklichkeit bzw. zur »zweiten Wirklichkeit« zeichnet sich durch die *Befangenheit* des Menschen aus. Das Ersatzwort bildet Doderer aus der Negation seines Apperzeptionsbegriffs zunächst als *Apperzeptionsverweigerung* dann als Neologismus mit dem Wort *Deperzeption*, also das Nicht–Offene–Aufnehmen. Führt die Deperzeption in das *pseudologische* Nichts, so wird durch die Apperzeption das *analogische* Sein eröffnet.

Insbesondere in den Tagebüchern (Commentarii) der 50er Jahre versucht Doderer den Voraussetzungen für die vollständige (universale) Apperzeption nahezukommen. Die Hauptkategorie ist die *Offenheit*, die variiert auch durch folgende Synonyme ersetzt wird: *Eröffnung zur Wahrheit, Offen–Sein*[483]*, die offene Membran*[484]*, anschickende Eröffnung, ein freigelegter Schacht*[485]*, lichte Leere*[486]*, Ob-*

---

[481] Tangenten 264.

[482] Tangenten 264. Die zwei p in dem Wort hätten für den *Lateiner* Doderer ohne weiteres verständlich sein müssen, denn *apperception* ist eine Zusammensetzung von *ad percipere* (hinzuwahrnehmen). Aus der Präposition *ad* plus dem *p* bildet sich *app*, vgl. auch Haas/von Kiechle, Lateinisch–Deutsches Wörterbuch, Heidelberg: *adp– S. app*, S. 16.

[483] COM 1951–1956, 9. Mai 1954.

[484] COM 1951–1956, 26. Mai 1951.

[485] Tangenten 180.

[486] DLA 21.

jektsoffenheit, eine Pforte öffnen[487], *Entschlossenheit* (im Sinne von nicht verschlossen sein, also *offen*), *das Freisein*[488] von etc. Da diesen tautologischen Wiederholungen im wesenlichen nichts hinzugefügt werden kann, sollen zunächst die Bedingungen für das »offene« Aufnehmen der Außenwelt herausgestellt werden.

Die *apperzeptive* Haltung des Künstlers als „anderer Zustand"

Die *Passivität* des Apperzipierenden
Die Forderung nach Passivität wird von Doderer dialektisch verstanden. Die Apperzeption ist zwar ein „Kampf"[489], eine „Anstrengung", und somit offensichtlich von höchster Aktivität, sie gilt jedoch dem Kampf gegen das Befangen–Sein, das heißt, die aktive Selbstreflexion des Innen mit seinen Vormeinungen soll möglichst überwunden werden, damit das „Ozon der Intelligenz"[490] „einströmen" kann.

> „Die Anatomie dieses Augenblickes hier wird in ihrem Reichtum nur begründet von meiner Zugänglichkeit: unsere höchste und entscheidenste Aktivität sieht passiv aus."[491]

Die Passivität wird damit zur Zueignung, zur Gebung und läßt Kunst durch Talent (Gabe) entstehen. Passiv–Sein bedeutet somit kein Phlegma, sondern die mediale Konfiguration des Künstlers/Schriftstellers, der sein Material „empfängt", was Heidegger entsprechend für die Produktion von Kunst herausstellt:

> „So kann denn das recht gedachte »Feststellen« der Wahrheit keineswegs dem »Geschehenlassen« zuwiderlaufen. Denn einmal ist dieses »Lassen« keine Passivität, sondern höchstes Tun,<...>, insofern das schaffende (schöpfende) Her–vor–bringen »eher ein Empfangen und Entnehmen (ist) <...>«."[492]

Die Voraussetzungslosigkeit des Apperzipierenden
An die geforderte Passivität der Apperzeption knüpft die *Voraussetzungslosigkeit* des Künstlers an. Doderer versteht darunter, daß sämtliche Vormeinungen, jegliches Vorverständnis bezüglich der Apperzeption von Objekten (vom Außen) vermieden werden sollen. Nur so kann das Objekt als solches ins Innen treten, ohne durch subjektive Projektion verzerrt zu werden.

---

[487] COM 1951–1956, 29.11.1953.
[488] Tangenten 365.
[489] Vgl. COM 1951–1956, 12. August 1951.
[490] COM 1951–1956, 17. Januar 1951.
[491] COM 1951–1956, 19. Januar 1951.
[492] UdK 89.

„Eine Apperzeption, die durch keinerlei Voraussetzung mehr gehemmt ist, muß mit uns das Übergewicht bekommen und bricht so aus dem Ring der Befangnis – unseres Gefängnisses – die Stelle heraus, wo wir selbst einst standen."[493]

Die Leere und Apperzeption

Die *Leere* ist gewissermaßen der innere Zustand, der das *voraussetzungslose Denken* bedingt. Sie meint nicht das *pseudologische* Konstrukt des *psychologischen Nichts*, sondern das genaue Gegenteil. Die Leere ist die Abwesenheit innerer Fixierung:

> „Das Geheimnis bleibt doch: die Leere, der Fassungsraum; alles Sparen jeder Art kann nur den Gewinn von Leere zum eigentlichen Ziele haben." (Tangenten 702)

In einer solchen Verfassung ist das Individuum fern von Empfindungen und Bedürfnissen, die auf das Außen gerichtet sein könnten. „Die Leere erscheint unter einem solchen Blicke als matrix der Apperzeption."[494] Verdeutlicht wird diese Leere durch den Zustand der *Langeweile*. Die Langeweile zeichnet sich durch das Fehlen einer aktiven Reflexion der inneren als auch der äußeren Umstände aus.[495]

> „*Die Langeweile* • Die Langeweile muß mit Geduld ertragen, mit Bedacht genossen werden. Aus ihr führen zwei Tore: das eine in's Nichts, das andere in die Leere: in die plane Unmöglichkeit oder in die Fülle unserer größten Möglichkeiten überhaupt. Die heutige Art zu leben ist mißverstandene Langeweile."[496]

Die Interesselosigkeit des Apperzipierenden

Auch hier handelt es sich wieder um eine Variation der vorhergehenden Positionen. Doderer fordert, daß kein (psychisch bedingtes) Interesse des Subjekts am Objekt bestehen darf, da jedes Begehren die angestrebte Objektivität untergräbt. *Sympathien* und *Antipathien* sind Störfaktoren für die Apperzeption[497], die dazu führen, daß das Innen seine Vormeinungen auf das Außen überträgt.

---

[493] Tangenten 765. Vgl. auch COM 1951–1956, 5. Mai 1953: „Voraus–Setzungs–Losigkeit des gestalweisen Denkens" u.a.

[494] Tangenten 365.

[495] Die Begriffe *Leere* und *Langeweile* müßten noch gesondert untersucht werden. Auch hier lassen sich tiefgreifende Affinitäten zu Heideggerischem Gedankengut aufweisen. Vgl. hierzu: § 31. Konkrete Interpretation der tiefen Langeweile am Leitfaden der Leergelassenheit und Hingehaltenheit u.a.; aus Martin Heidegger: Die Grundbegriffe der Metaphysik – Welt/Endlichkeit/Einsamkeit; Bd. 29/30 der Gesamtausgabe; 2., 3., 4. und 5. Kapitel, S. 117–245.

[496] Tangenten 612, vgl. auch Tangenten 96/97 ff.

[497] Vgl. Tangenten 439.

„Ganz bereit sein und offen, das heißt also intelligent, bedeutet, daß kein interessierter Zwang mehr besteht, um die sofortige Apperception auszuschließen."[498]

Askese

Programmatisch heißt es in einem Tagebucheintrag:

„Wir dürfen nicht nach der Ordnung streben, nicht nach dem Geordnet-Sein, sondern nur nach spirituellen Aktionen."[499]

Die *meditative* Konzentration richtet sich dabei auf die innere Losgelöstheit, basiert zugleich auf einer Form der Askese:

„Ohne einem fortwährenden Sich-Enthalten geht's nicht: und dieses wäre – wenn ich hier von den bloßen Vernünftigkeiten absehe – zu umschreiben mit einer Enthaltung vom Hinblicke auf das, was nur hinzugegeben werden kann."[500]

Die Askese erschließt sich dabei nicht aus der bloßen Reduktion auf *weltliche* Enthaltsamkeit.[501] Die damit verbundene »Abstinenz« dürfte sich eher auf festgefahrene mentale Strukturen beziehen. Die diesbezügliche Bedeutung der Askese dürfte sich mit der Erklärung Bergsons decken, der durch die Askese

„ein Sichbefreien von gewissen Gewohnheiten und Selbstverständlichkeiten der alltäglichen Auffassung, also eine Purifikation, ohne welche eine adäquate Schau unseres tieferen Wesens getrübt würde"[502],

gegeben sieht.

Bezogen auf den Literaten (bzw. Künstler) bedeutet das einen entschiedenen Perspektivenwechsel. Literatur (Kunst) ist keine Genie-Leistung mehr (wenn sie denn jemals eine war), nicht die „dezidierte Aktion eines Subjekts"[503], sondern Ergebnis eines (Bewußtsein-)Prozesses, der einen entideologisierten, *freien* Zugang zur Wirklichkeit versucht zu ermöglichen.

---

[498] COM 1951–1956, 9. Mai 1954.

[499] COM 1951-1956, 26. September 1952.

[500] COM 1951-1956, 29. Mai 1951. Vgl. auch Tangenten 15: „Soweit also deckt sich unsere Straße mit der des Mönchs, ja sogar mit der des Heiligen <...> <und soll> in sprachliche<r> Heiligkeit münden <...>: also *beim reinen Ausdruck.*"

[501] Vgl. hierzu auch den Eintrag vom 17./18. Oktober 1951: „Wenn ich mich fragte, was ich denn eigentlich und wirklich haben möchte und mir wünschte: so wäre es viel-viel Geld, um in einer Folge schwerster sexueller Excesse, sinnloser Saufereien und dementsprechender Gewalthändel endlich und endgültig unterzugehen. Statt dessen habe ich das weitaus gewagtere Abenteuer der Tugend gewählt."

[502] Bergson zitiert nach: P. Jurevičs, Henri Bergson, Eine Einführung in seine Philosphie, Freiburg, 1949, S. 32.

[503] Vgl. UdK 68.

„Der moderne Subjektivismus mißdeutet freilich das Schöpferische sogleich im Sinne der genialen Leistung des selbstherrlichen Subjektes. <...> Der dichtende Entwurf kommt aus dem Nichts in der Hinsicht, daß er sein Geschenk nie aus dem Geläufigen und Bisherigen nimmt."[504]

ZEN

Es wird deutlich, daß mit den Begriffen *Passivität, Leere, Voraussetzungslosigkeit, Interesselosigkeit, Askese* usw. merklich ein »anderer Zustand« (vgl. zu Robert Musil in diesem Kapitel weiter unten) gemeint ist, der sich nicht der *ratio* verpflichtet fühlt, vielmehr ein meditatives Versinken intendiert. Hierin knüpft Doderer offensichtlich an »östliche« Traditionen an, wie Blaschek-Hahn anmerkt.[505] Eine Vergleichsmöglichkeit zu dem, was Doderer für sein Verständnis der Apperzeption in Anspruch nimmt, läßt sich an der Bedeutung des *Bogenschießens*, welches Doderer nicht nur metaphorisch verwendet[506], vielmehr selbst enthusiastisch betrieb[507], für die ostasiatische Philosophie veranschaulichen.

„Er <Doderer> führte auch Buch über seine Trefferquote – und so geriet er unversehens in die Nähe der Zen–Bedeutung des Bogenschießens, von dem er damals <1935/36> noch gar nichts wußte (erst in den fünziger Jahren beschäftigte er sich damit). Er stellte – anfangs wohl bloß durch Pedanterie – Ähnlichkeiten seiner Zustandsbeschreibung und der Trefferqoute fest; da mit 'Zustand' jedoch eine geistige (und selten körperliche) Befindlichkeit gemeint war, die sich auch nicht auf den einzigen Begriff Konzentration reduzieren ließ, schloß er – so genau ist das allerdings kaum festellbar – auf etwas, das man vielleicht als moralische Berechtigung zum Treffen mit dem Pfeil bezeichnen könnte, welche geistig erworben werden müßte. Durch diese Verbindung kam eine Rückkopplung zustande: ebenso wie das wahre Denken den guten Schuß ermögliche, ist auch durch Glück (am ehesten: des harmonischen Unbewußten) oder eine richtige innere Einstellung beim Schießen ein spiritueller Fortschritt erreichbar."[508]

Im ZEN-Buddhismus wird das Bogenschießen nicht allein mit dem Geschick verbunden, mit Pfeil und Bogen umgehen zu können, sondern als innere Auseinandersetzung gesehen. Der Topos des Bogenschießens als Meditationsübung kongruiert dabei offenkundig mit Doderers Apperzeptionsbemühungen. Die

---

[504] Vgl. UdK 78.

[505] Blaschek-Hahn verweist hier auf eine Abschrift Doderers des Laotse–Textes „TAO TE KING, Von Sinn und Leben", die er während seiner Kriegsgefangenschaft in Sibirien verfertigte, vgl. Balschek-Hahn, S. 187 und ihre Fußnote Nr. 345 ibid. Vgl. auch Tangenten S. 321: „In den Sprüchen des Tao steht einer 'Vom Nicht-Handeln'. ('Der Weise handelt nicht und das Volk lebt glücklich') <...>" und „Strudlhofstiege", S. 767 „(bemerkenswerte Vorstellung! wie ein chinesischer Tao-Schüler)" u.a.

[506] Vgl. Zitat Doderers S. 50 in dieser Arbeit.

[507] Vgl. auch das Foto in: Lutz W. Wolff, Heimito von Doderer, Monographie, Hamburg 1996, S. 108. Vgl. auch die Beschreibung des Bogenschießens in der „Strudlhofstiege, S. 440-443.

[508] Vgl. Wolfgang Fleischer: Das verleugnete Leben, Die Biographie des Heimito von Doderer, 2. Aufl., Wien 1996, S. 245.

Kunstform des Bogenschießens steht entsprechend in der „geistigen Entwicklung" auf der obersten Stufe.[509]

Bogenschießen ist

> „die Kunst, die Erkenntnis der Wahrheit (das einzig 'Unvergängliche') als Zielscheibe mit dem Denkprinzip als Pfeil zu treffen <...>, welche schließlich zum Einswerden mit dem Ziel <...> ('Vereinigung', Vollendung) führt."[510]

Die einzelnen Schritte, die zu diesem „Einswerden" letztendlich führen sollen, werden hier vernachlässigt; wichtig sind die Grundlagen für diesen „versunkenen" Zustand. Sacharow nennt hier die „'Hingabe' an das Objekt" (S. 46), welche verbunden ist mit einer inneren „Gleichgültigkeit", einem „inneren Losgelöst-Sein" (S. 111), schließlich „im Augenblick des volkommenen Sich-Vergessens die Verschmelzung des Bewußtseins mit dem Ziel" (S. 118) erreichen soll. Retrospektiv dürfte sich das „geistige Bogenschießen" auch für die von Doderer eingeforderte „Entelechie des Inhalts" ausweisen.[511] Gemeint ist damit die (vermeintliche) Kontradiktion einer zweckfreien Zielbestimmung. Bei Doderer bezieht sich die Zweckfreiheit nicht auf den Gegenstand, sondern auf die Wahrnehmung des Beobachters. Er fordert für „seine Person, den Blick aus der Richtung jener Wünschbarkeiten abzuwenden, die als ein 'Du sollst' oder 'Du solltest' sein aktuelles Leben dirigieren <...> möchten." „Nicht Figur zu werden, sondern Figur zu sehen"[512] sei die Lebensform des Künstlers. Interessanterweise nimmt Doderer hierfür die Träume in Anspruch.

> „Nur die Träume des tiefen Schlafs sind nicht von diesem Tag gerufen und aus ihnen blickt uns ein Aug' an, das entfernte Jahre unvermutet aufgeschlagen haben, den Blickstrahl grad auf uns gerichtet."[513]

Im Exkurs zu Kants „Ding an sich" (vgl. S. 29ff in dieser Arbeit) wurde auf die selbstreferentielle Traumbeschreibung Doderers hingewiesen. Was sich dort pathogenverdächtig darstellte, nämlich die Konstitution eines kontinuierlichen

---

[509] Vgl. Yogiraj Boris Sacharow: Das Öffnen des Drittten Auges, Methode und Praxis, Die Technik des geistigen Bogenschießens, Der vollendete Bogenschschütze, Drei Eichen Verlag, 1969, 5. Aufl. 1995, S. 43.

[510] Sacharow: S. 43.

[511] „Spannen des Bogens ist das Zurückziehen (entgegengesetzt der Zielrichtung!) des Pfeiles mit der Sehne (mit dem Sehnen nach dem Objekt) <...> Lösen des Schusses — das Loslassen (Entspannung) des Pfeiles (des Bewußtseins), der nun in Richtung (des Objektes) fliegt. Der Bogenschütze schaut auf das Ziel in Erwartung des Treffens, das er nicht mehr beeinflussen kann, denn er hält den Pfeil nicht mehr <...>" Sacharow, S. 47.

[512] WdD 160.

[513] WdD 158.

148

Traumgedächtnisses, ist für das Öffnen des „dritten Auges" beim „geistigen Bogenschießen" Folge meditativer Übung:

> „So könnte man von einem merkwürdigen, einzigartigen Traumgedächtnis spre-
> chen, welches mehrere Träume miteinander verbindet, ja sogar in die Wirklichkeit
> hineinragt."[514]

> (Vgl. hier nochmals Doderer: „Abends, wenn mein Kopf beim Zurückliegen das
> Kissen berührt, tritt in diesem Kopfe die Traumstimmung der zuletzt durchschlafe-
> nen Nacht hervor, als wollte diese heutige daran wieder anschließen, den Traum
> fortsetzen, <...>"[515])

Es ist sicherlich spekulativ, inwiefern Doderers Traumgebahren Resultat seiner
Apperzeptionsbemühungen ist. Der Stellenwert, den Doderer dem Träumen dabei einräumt, zeigt allerdings nochmals deutlich, daß die Apperzeption keinen
aktiven, teleologischen Bewußtseinakt vorstellt, sondern ein unwillkürliches
Hervorbringen intendiert. Das Loslassen von den Interessen der eigenen Person –
das Sich-Selbst-Vergessen – wird so zur dialektischen Voraussetzung für den
Schaffens- bzw. Erinnerungsprozeß des Schriftstellers. Es geht um die Konsoli-
dierung einer Perspektive, die sich jenseits von subjektiven Vorstellungen aufhält, im weiteren um die Konstitution eines „anderen Zustandes":

> „Damit erst fällt das Egozentrische, kann der Eros zum Objektiven frei werden, die
> Möglichkeit eines aliozentrischen Sehens <...>"[516]

Musil

Robert Musils Aufsatz „Ansätze zur neuen Ästhetik, Bemerkungen über eine
Dramaturgie des Films (Béla Balázs: Der sichtbare Mensch)" von 1925[517] zeigt
Ähnlichkeiten zu Doderers Apperzeptionsverständnis. Vergleichbar mit dem
Doderers zeichnet er ein Zweiweltenbild.[518] Er konstatiert für die „Zivilisation"
eine Geisteshaltung, die sich über „Messen, Rechnen, Spüren", über „das positive, kausale, mechanische Denken" definiert. Drastisch sieht er hierdurch die
„moralische" Weiterentwicklung der Menschheit in Frage gestellt:

> „Sogar die Moral selbst ist in ihrer eigensten Natur völlig durchsetzt und kompro-
> mittiert von den scharfen und bösen Grundeigenschaften unseres Geistes; schon ih-
> re Gestalt als Regel, Norm, Befehl, Drohung, Gesetz und Gut wie Böse quantifizie-

---

[514] Sacharow: S. 59.
[515] Tangenten 203.
[516] WdD 162.
[517] Hier aus: Karl Eibl, „Robert Musil 'Drei Frauen', Text, Materialien, Kommentar", München,
Wien, 1978, S. 160-167.
[518] Vgl. Ulrich Karthaus: Der andere Zustand, Zeitstrukturen im Werk Robert Musils, Philologische
Studien und Quellen, hrsg. von Wolfgang Binder, Hugo Moser, Karl Stackmann, Wolfgang
Sammler, Heft 25, Berlin, 1965, S. 149ff.

rende Abwägung zeigt den formenden Einfluß des metrischen, rechnenden, miß-
trauischen, vernichtungswilligen Geistes."[519]

Dem setzt Musil einen „anderen Geisteszustand" entgegen, der *kontemplativ* der
Welt begegnet und damit „so etwas wie 'originäre' und 'unverfälschte' Seinser-
fahrung verbürgt."[520]

> „Man hat ihn den Zustand der Liebe genannt, der Güte, der Weltabgekehrtheit, der
> Kontemplation, des Schauens, der Annäherung an Gott, der Entrückung, der Wil-
> lenlosigkeit, der Einkehr und vieler andrer <sic> Seiten eines Grunderlebnisses, das
> in Religion, Mystik und Ethik aller historischen Völker ebenso übereinstimmend
> wiederkehrt wie es merklich entwicklungslos geblieben ist."[521]

Wesenhaft hierfür ist die Befreiung von praktischen Zielsetzungen[522], die im
„Normalzustand" verankert sind bzw. von ihm abverlangt werden. Gleichsam
treiben sie aufgrund ihrer utilitären Verwicklung in sprachliche „Formelhaftig-
keit", wogegen im „anderen Zustand" das „Bild jedes Gegenstandes" zunächst
zu einem „wortlosen Erlebnis" wird. Gemeint sind damit Erfahrungen, die das
Korsett der kausalen, zweckmäßigen Gewohnheit durchbrechen und erst durch
„schöpferisches Verhalten" Verwirklichung und Versprachlichung finden. Als
Beispiel für einen „anderen Zustand" nennt Musil die „»Liebesglut«" (vgl. hierzu auch Doderer: „Die existentielle Apperzeption <...> ist eine Verschmelzung,
ein erotischer Vorgang"[523]), die sich als „vorübergehende Anomalie" ähnlich
verhält wie das künstlerische Empfinden. Durch „Intuition"[524] zeigt sich der „andere Zustand" nicht als Permanenzerscheinung, sondern bleibt — auch darin
gleicht er Doderer — ein „Grenzfall".

> „Bekanntlich ist dieser Zustand, außer in krankhafter Form, niemals von Dauer; ein
> hypothetischer Grenzfall, dem man sich annähert, um immer wieder in den Nor-
> malzustand zurückzufallen, und eben dies unterscheidet die Kunst von der Mystik,
> daß sie den Anschluß an das gewöhnliche Verhalten nie ganz verliert, sie erscheint
> dann als ein unselbständiger Zustand, als eine Brücke, die vom festen Boden sich
> wegwölbt, als besäße sie im Imaginären ein Widerlager."[525]

---

[519] Musil: S. 160.
[520] Vgl. Volkmar Altmann: Totalität und Perspektive: zum Wirklichkeitsbegriff Robert Musils im
„Mann ohne Eigenschaften", Frankfurt am Main, Berlin, Bern New York, Paris, Wien, 1992,
S. 54.
[521] Musil: S. 161.
[522] Musil: S. 161.
[523] Tangenten 267.
[524] Musil: vgl. Fußnote S. 167.
[525] Musil: S. 167.

Der „andere Zustand" bezieht sich dabei nicht auf die unmittelbare Gegenwart[526], vielmehr erlaubt die Unmittelbarkeit einer solchen Verfassung den Zugriff auf Verborgenes, Unbewußtes, somit auf vergangene Strukturen.

> „In einem Augenblick gesteigerter Wachheit und zugleich der Entrückung aus der Realität erfährt er <Ulrich> etwas Ähnliches wie im Zusammensein mit Bonadea, nämlich 'jene in sein Leben eindringende Helle' (MoE, 604); es ist eine Helle der Erkenntnis und zugleich der Distanz von sich selbst. Wir nannten das oben die Erfahrung von Unwirklichkeit des Gegenwärtigen und Wirklichkeit des Abwesenden."[527]

Sowohl Doderers „Apperzeption" als auch Musils „anderer Zustand" zielen letztlich auf eine Entideologisierung von Literatur bzw. zunächst natürlich auf die *Entideologisierung* der Autoren selbst. Divergenzen zeigen sich allerdings in den damit verbundenen Ansprüchen, das heißt bezüglich der Bedeutung und Funktion von Literatur. Doderers Neutralitätsbestrebung (Apperzeption) dient dazu, einen Abstand von der Welt zu gewinnen, damit diese dann via Gedächtnis sich selbst anzeigt und darauf durch den Roman Gestaltung findet. Das selbstreflexive Moment der Apperzeption bleibt damit zwar Voraussetzung für das Erzählen, wird jedoch nicht ausdrücklich zum Motiv der Erzählung *darüber*, genauer: ist damit nicht das explizite Thema des Romans (abgesehen ex negativum in der Erzählung „Die Posaunen von Jericho", vgl. S. 87ff in dieser Arbeit). Wobei etwa bei Musils „Mann ohne Eigenschaften"[528] der Titel offensichtich zum literarischen Programm (für den Autor selbst) wird. Zwar konstatiert Doderer – in diesem Sinne – für den Schriftsteller ebenso *Eigenschaftslosigkeit*:

> „Was aber ist er denn nun wirklich, der Schriftsteller, dieser Mensch, dem nichts heilig ist, weil alles? Nichts ist er, garnichts, und man suche nichts hinter ihm. Er ist ein Herr unbestimmten Alters, der einem dann und wann im Treppenhaus begegnet."[529]

Nur geht es Doderer nicht darum, diese Indifferenz über Literatur zu etablieren, sondern er insistiert damit auf seiner Unabhängigkeit, um *universal* repräsentieren zu können, das heißt gelöst von ideologischer, (fach-)wissenschaftlicher, gesellschaftlicher Determinierung. Wenn Doderer polemisch gegen Musil einwendet, daß die „mitunter minimale erzählende Strömung unter der Belastung mit explikativen Bemerkungen versickert", daß der „sichtbare Text <...> nur als

---

[526] Die Unbedeutsamkeit der Gegenwart liegt darin, daß sie sich für den Einzelnen bloß noch als nivellierte Summe von Ereignissen bzw. Sensationen vorstellt, deren Folgen unabsehbar sind. Vgl. Ulrich Karthaus, S. 51ff.

[527] Vgl. Ulrich Karthaus: S. 122f.

[528] Robert Musil: Der Mann ohne Eigenschaften, hrsg. v. Adolf Frisé, Hamburg, 1952.

[529] WdD 175.

Vorwand für Randglossen dient"[530], wird deutlich, daß es Doderer in seinen Romanen weniger darum geht, (Selbst-)Reflexion an Literatur zu delegieren, denn um den zu erzählenden Gegenstand. Insofern bietet Doderer auch Handlungsstränge mit Identifikationsmöglichkeiten und Sinngebungen, sofern diese *als dargestellte* im Roman erkennbar bleiben.

> „Die Sinngebung wird, soweit sie sich antreffen und festhalten läßt <!>, im totalen Roman Objekt <!> der Darstellung sein, wie alles andere <!>."[531]

Wogegen bei Musil „die Romanhandlung <selbst> aufhört, Romanhandlung zu sein."[532] Musil sucht insofern jedes sinngebende Erzählen zu konterkarieren:

> „Die Krise des Romans kann im Lichte der Äußerung über Ideologie und Literatur nur bedeuten, daß das jeweils weltanschaulich konforme Geschichtenerzählen als erschüttert gilt und daß an diese Erschütterung der Gedanke einer neuen Freiheit geknüpft wird, wenn auch dieser Zustand durch Ungewißheit erkauft sein mag. Das Vereinfachende von Musils These besteht darin, daß der Schluß nahegelegt wird, eine konsistent angelegte Handlung in einem Erzählwerk gerate von Haus aus in den Verdacht, sie diene der weltanschaulichen, ideologischen Übereinkunft."[533]

Während im Sinne Musils der Romancier „der Künder der Krise" ist, Literatur habe mithin „den Zweifel zu verbreiten"[534], sieht Doderer die Aufgabe des Literaten gerade darin, diese „Krise des Romans" als „Krise der Wirklichkeit"[535] durch den Roman zu überwinden, und nicht im Selbstzweck der Krisendarstellung. Eine *stimmige* Romanhandlung kann, aber muß deswegen nicht *weltanschaulich* werden. Gerade darin liegt die Gradwanderung:

> „Dieses Schweben des Schriftstellers zwischen der klaren Konstruktion und deren ständiger Auflösung ist eine der größten Paradoxien innerhalb der Kunst des Romans. Es kommt aber nicht darauf an, eine endgültige Lösung für diese Paradoxie zu finden, sondern darauf, daß man sie aushält."[536]

In diesem Sinne wirft Doderer Musil vor, sich vom *erzählenden* Roman gänzlich verabschiedet zu haben, somit die „ständige Auflösung" zum Prinzip zu machen, <was zu einer> „<...> im Essayismus erstickende<n> fadendünne<n> Handlung bei Musil"[537] führe. „Daß Romanhandlungen etwas Überwundenes darstellen,

---

[530] Vgl. Tangenten 428.
[531] WdD 174.
[532] Vgl. Ulrich Karthaus: S.55.
[533] Vgl. Viktor Žmegač: Der europäische Roman, Geschichte seiner Poetik, 2. Aufl., Tübingen 1991, S. 269.
[534] Vgl. Žmegač: S. 270.
[535] WdD 164.
[536] WdD 175.
[537] WdD 165.

und daß man ab Robert Musil in dieser Hinsicht nur mehr mit Wasser zu kochen habe"[538], kommt für Doderer einem Offenbarungseid gleich und deute eher auf ein Unvermögen, denn „Musil kann bekanntlich nicht erzählen und will es also auch nicht".[539] Nun ließe sich umgekehrt für Musil konstatieren, daß gerade die Abkehr von der bis dato *realistischen* Erzählhaltung hin zu einer Mischung von Romangeschehen und ironischem[540] Essayismus eine möglich Fortschreibung des *modernen* Romans darstellt, während bei Doderer das reflexive Moment zwar durch einzelne Figuren seiner Romane vertreten wird, hauptsächlich aber im Tagebuch stattfindet.[541] Beiden gemeinsam ist dabei allerdings, daß sie »Welt« nicht mehr als statisches (positivistisches) Programm auffassen, das *realistisch* abgearbeitet werden könnte. Erst die eingehende Auseinandersetzung mit dem eigenen Bewußtsein (»Apperzeption«, »anderer Zustand«), der eigenen Wahrnehmung öffnet Sichtweisen, die in Literatur übergehen können, ohne den Gegenstand ideologisierend (moralisierend usw.) in Szene zu setzten.[542] Vorgestellt werden (Lebens-)Entwürfe, die sich nicht als „pragmatische »Botschaften«"[543] verstehen, sondern als Möglichkeiten.

Apperzeption und Phänomen

Da jede Intentionalität des Subjekts vermieden werden soll, muß das *Objekt* der »Apperzeption« sich selbst als solches anzeigen. Insofern wird das *Objekt* der Betrachtung als dasjenige bestimmt, was sich von sich selbst her öffnet, um das herzugeben, was es seinem *Wesen* nach eigentlich *ist*. Gemäß dieser Bestimmung wird es zum *Phänomen*:[544]

---

[538] WdD 169.

[539] WdD 140.

[540] Die ironische Gebrochenheit der *analytischen* Teile bei Musil stellen diese damit gleich wieder zur Disposition. Das Dementi wird quasi durch geistigen Vorbehalt (vgl. Žmegač, S. 270) mitgeliefert. Bei Doderer hingegen vertreten die Figuren jeweils verschiedene (konkurrierende) Konzepte. Die Gebrochenheit wird weniger durch Ironie, sondern über das Personal geleistet, „und es wird schwerfallen, eine Antwort auf die Frage zu finden, welche dieser Figuren dem Autor am nächsten steht." (Vgl. Windfuhr, a.a.O., S. 307)

[541] Vgl. auch Schröder: Apperzeption und Vorurteil: „Doderer verlegt die Reflexion ins Tagebuch – die 'Tangenten' sind nichts anderes als das Ergebnis fortlaufender, angestrengter Reflexion – und in die oftmals weit ausholenden Gespräche seiner Romanfiguren." S. 27.

[542] Einzuschränken ist hier, daß es bei Doderer durchaus klar umrissene Figuren gibt, die durchweg befangen agieren (etwa Kajetan von Schlaggenberg in den *Dämonen*). Dabei handelt es sich aber um die (negative) D a r s t e l l u n g und Wirkung von ideologischen (bei Kajetan sexuellen) Festlegungen, nicht aber um einen ideologischen Transfer seitens des Autors.

[543] Vgl. Žmegač: S. 270.

[544] Vgl. hierzu auch Blaschek-Hahn: Kapitel „Doderers Phänomen–Begriff", a.a.O., S. 35ff.

„Der Schriftsteller versinkt dem Phainomenon gegenüber (denn alles ist Begegnung) in apperzeptives Schweigen. Nach mitunter sehr langer Zeit schließt sich das
Phänomen dann auf, es beginnt zu klaffen wie eine Muschel. Der Mensch guten
(aber nicht des besten) Willens protestiert nicht selten gegen ein Phänomen. Es öffnet sich dann nie."[545]

Schröder kritisiert die Möglichkeit einer „reinen, objektiven Erkenntnis der Phänomene"[546]. Für Schröder ist jede Erkenntnis notwendig mit einer Positionierung
verbunden, mit einem „Dafürhalten"[547]. Jedes Erkennen sei ein „Stellungneh-
men". Zum einen sind damit offensichtlich »Erkenntnisse« gemeint, die einem
rationalen Kalkül unterworfen sein sollen; nur muß hier zwischen *ästhetischer*
(vgl. vorangehendes Kapitel) Erfahrung und der bloß empirisch–rationalen unterschieden werden. Zum anderen ist nicht einzusehen, warum die »Erkenntnis«
eines *Phänomens* notwendig Zustimmung (bzw. Ablehnung), somit ein „Stel-
lungnehmen" erfordert. Schröder geht es dabei nicht allein um wahrnehmungs-
stheoretische Einwände[548], sondern er fordert indirekt für die Literatur ein „kriti-
sches Engagement" und unterstellt Doderer eine „klare politische, strikt konser-
vative Position"[549], weil Doderer für sich in Anspruch nimmt, daß „der
Schreibende <...> in mir" es „mit der Welt zu tun <hat>, wie sie *ist*, niemals
<...> mit einer, die sein *soll*." (Hervorhebung durch Doderer)[550] Schröder unter-
schlägt, daß Doderer mit dieser Aussage nicht per se die Notwendigkeit gesellschaftlicher Veränderungen negiert, sondern sich auf den persönlichen Status
quo des Erzählers bezieht. Die von Schröder zitierten „Zustände" sind hier zwar
indirekt an Gesellschaft adressiert, rückbeziehen sich dabei aber auf den „Zustand" des „Schreibenden" selbst. Das „Sollen" meint hier die mögliche Erwar-
tungshaltung des Erzählers an veränderte gesellschaftliche Strukturen[551], um dadurch vermeintlich die eigenen Umstände verbessern glauben zu können. Doderer selbst faßt an genannter Stelle diesen Zusammenhang mit einem Jaspers-Zitat
zusammen:

„'Ich verrate die eigene Möglichkeit, <wenn> sobald ich aus dem Anderswerden
der Zustände erst erwarte, was ich aus mir sein kann'

---

[545] COM 1957–1966, S. 318.

[546] Schröder: Apperzeption und Wirklichkeit, S. 79.

[547] Schröder: Apperzeption und Wirklichkeit, S. 80.

[548] Schröder sieht in Rückbezug auf Allport das empirisch Gegebene immer der Selektion und Interpretation unterworfen. Vgl. Apperzeption und Wirklichkeit, S. 80.

[549] Vgl. Schröder: Apperzeption und Wirklichkeit, S. 82.

[550] TB, Bd. 1, 5. III. 1935, S. 671. Vgl. Schröder: Apperzeption und Vorurteil, S. 82. Schröder läßt
den Zusatz „in mir" bei seiner Zitation weg.

[551] Doderer geht es an dieser Stelle um Strukturen des Verlagswesens. Vgl. TB, Bd. 1, S. 667-670.

„'Ich weiche aus, wenn ich auf ein Anderes lege, was an mir liegen könnte, während dieses Andere nur gedeiht, wenn ich selbst werde, wie ich sein soll.'"[552]

Im weiteren unterstellt Schröder Doderer einen Phänomenbegriff, der sich der hypostasierten Wertfreiheit[553] des Positivismus „verpflichtet" fühlen soll.[554] Es dürfte unschwer einzusehen sein, daß sich der *Positivismus* (etwa bei Comte) vornehmlich auf (natur–)gesetzliche *Tatsachen*[555], in *moderner* Hinsicht auf statistisches Datensammeln bezieht.[556] Doderer selbst spricht zwar ebenso von *Tatsachen*, meint damit jedoch keine (naive) Faktengläubigkeit. Blaschek–Hahn schreibt richtig, daß Doderer „darum besser nicht mehr von 'Tatsachen' spräche – meint er doch Phänomene."[557] (Deswegen ist „der Schriftsteller" <Doderer?> allerdings nicht eo ipso „Phänomenologe", wie sie zuätzlich schlicht unterstellt.[558]) Vielmehr als zum „Positivismus" zeigt Doderer Verwandtschaft zum Phänomenverständnis Heideggers als auch – im erweiterten Sinne – zu der Voraussetzung der Phänomenologie bei Edmund Husserl. Husserls „Evidenz" gründet darauf, „die phänomenologischen Verhältnisse rein, von aller Einmischung der intentionalen Gegenständlichkeit ungetrübt, auf sich wirken zu lassen", wobei die „unmittelbar greifbare Nützlichkeitsbeziehung zum praktischen Leben"[559] fehle.

---

[552] Vgl. TB, Bd. 1, S. 671.

[553] Doderer erkennt hierbei sehr wohl die Problematik wertfreien Denkens und verbindet diese mit der Eigenart von Sprache: „Daß jede unserer Deskriptionen zugleich kritisch ist, ergibt sich schon aus dem wertenden Beigeschmack fast unseres ganzen Vorrats an Eigenschaftswörtern." (Vgl. Tangenten 412)

[554] Schröder: Apperzeption und Wirklichkeit, S. 79.

[555] Vgl. Auguste Comte: Das Drei-Stadien-Gesetz, Metaphysik, Wissenschaft, in Rede über den Geist des Positivismus, übersetzt, eingeleitet und hrsg. von I. Fetscher, Hamburg, 1956, S. 13ff.

[556] Vgl. hierzu auch die Kritik Adornos am Positivismus. Adorno sieht gerade umgekehrt im Positivismus die Gefahr der Hypostase der subjektiven Wahrnehmung und behält für das Kunstwerk den Anspruch auf Objektivität aufrecht: „Abgelöst von ihrem immanenten Anspruch auf Objektivität wäre Kunst nichts anderes als ein mehr oder minder organisiertes System von Reizen, welche Reflexe bedingen, die die Kunst von sich aus, autistisch und dogmatisch jenem System zuschriebe anstatt denen, auf welche es einwirkt. Damit würde der Unterschied des Kunstwerkes von den bloß sensuellen Qualitäten verschwinden, es wäre ein Stück Empirie, amerikanisch gesprochen: a battery of tests <...> Der Kunstbegriff, auf den der Positivismus hinaus möchte, konvergiert mit dem der Kulturindustrie. <...> Das subjektive Wirkungsmoment wird von der Kulturindustrie kalkuliert, nach statistischem Durchschnittswert zum allgemeinen Gesetz. Es ist objektiver Geist geworden." Ästhetische Theorie, S. 394f.

[557] Blaschek–Hahn: S. 40.

[558] Blaschek–Hahn: S. 38.

[559] Vgl. Edmund Husserl: Untersuchungen zur Phänomenologie und Theorie der Erkenntnis, in Logische Untersuchungen, Teil 2, Untersuchungen zur Phänomenologie, Halle, 1901, S. 10.

Wenn Doderer somit von der „wirklichen Sichtbarmachung des empirisch Gegebenen"[560] spricht, geht es ihm eben nicht um das positivistische Zusammentragen von *Fakten*, vielmehr bewegt er sich damit im Rahmen der methodischen Vorgaben, die Martin Heidegger in „Sein und Zeit" entwirft:

> „Der griechische Ausdruck φαινόμενον, auf den der Terminus »Phänomen« zurückgeht, leitet sich von dem Verbum phainomenai her, das bedeutet: sich zeigen; φαινόμενον besagt daher: das, was sich zeigt, das Sichzeigende, das Offenbare; φαινόμεσθαι selbst ist eine *mediale* Bildung von φαίνω, an den Tag bringend, in die Helle stellen; φαίνω gehört zum Stamm φα– wie φῶζ, das Licht, die Helle, d.h. das, worin etwas offenbar, an ihm selbst sichtbar werden kann."[561]

Heidegger versucht mit dieser etymologischen Herleitung Assoziationen zu begegnen, die mit dem Begriff »Phänomen« Schein, bzw. *Erscheinung* konnotieren. *Erscheinungen* verweisen nämlich auf das, *was sie eigentlich nicht sind*[562]. So zeigt etwa eine „Krankheitserscheinung" das an, „was sich selbst nicht zeigt".[563] (Kopfschmerzen z.b. können als *Erscheinung* auf das verweisen, was sich selbst eben nicht zeigt, z.B. auf einen Tumor.) Der *Schein* indiziert somit keine *objektive* Beschaffenheit der Dinge, sondern lediglich einen möglichen Bezug zum eigentlichen Phänomen.

> „*Phänomen* — das Sich–an–ihm–selbst–zeigen — bedeutet eine ausgezeichnete Begegnisart von etwas. *Erscheinung* dagegen meint einen seienden Verweisungsbezug im Seienden selbst, daß das *Verweisende* (Meldende) seiner möglichen Funktion nur genügen kann, wenn es sich an ihm selbst zeigt, »Phänomen« ist."[564]

Gleich bedeutsam für Heideggers Begriff *Phänomenologie* ist der zweite Bestandteil des Wortes, nämlich *logos*. Auch hier versucht Heidegger der eigentlichen Bedeutung auf die Spur zu kommen. *Logos*, so Heidegger, meint seiner „Funktion" nach soviel wie ein „schlichte<s> Sehenlassen von etwas <...>", ein „*Vernehmenlassen* des Seienden <...>"[565]. Zusammengesetzt schließlich, wird die *Phänomenologie* formal bestimmt, als „das was sich zeigt, so wie es sich von ihm zeigt, von ihm selbst her sehen lassen. <...> So kommt aber nichts anderes zum Ausdruck als die oben formulierte Maxime »Zu den Sachen selbst!«"[566].

---

[560] Vgl. Tangenten 412.

[561] SuZ 28.

[562] Vgl. hierzu Doderers 2. Wirklichkeit.

[563] SuZ 29.

[564] SuZ 31. Blaschek–Hahn bezieht sich hier erstmals auf das in der Doderer–Forschung übersehene Phänomenverständnis Heideggers in bezug zu dem Doderers. Vgl. a.a.O., S. 3 und 35ff.

[565] SuZ 34.

[566] SuZ 34.

Diese Maxime Husserls[567] trifft gleichermaßen auf Doderer zu. Wenn es sich um „die Sachen selbst" dreht, dann kann es sich nicht um die *Meinungen* darüber handeln, sondern sie müssen durch die „adäquate Stellung" des Künstlers – die „Deskription (ausführliche Apperzeption überhaupt)"[568] – ans Licht gebracht werden. („Die Reduktion eines Phänomens bedeutet keine Geringschätzung <...>, sondern eine Sichtbarmachung."[569]). »Phänomene« *eröffnen* folglich das, was sie *eigentlich sind* und entziehen sich deshalb der subjektiven Vorstellung bzw. Bewertung.

> „Jedes Phänomen befindet sich jenseits unserer Wertungen. Es ist im strengen Wortsinne indiskutabel. Daß wir Phänomenen trotzdem sehr oft wie Positionen gegenübertreten, beweist, daß wir ein nicht zu beschwichtigendes Wissen von der Poniertheit jener haben."[570]

Jedoch:

> „Jedes Phänomen ist Position des Schöpfers, Seine <sic!> dingliche Sprache und bleibe schon deshalb unwidersprochen."[571]

Letzteres bringt zwei weitere Gesichtspunkte ins Spiel. Einerseits werden *Phänomene* (im Sinne Doderers) als *gegebene* Entitäten in Berufung auf die scholastische analogia entis postuliert, zum anderen wird die apperzeptive *Begegnung* mit den Phänomenen und insbesondere die Verarbeitung derselben durch den Künstler als analoger Schöpfungsakt erachtet.

> „Schöpferisch sein heißt Gestalt hervorbringen. Nur wer schöpferisch ist, kennt die Mechanik des Geistes aus eigener Erfahrung. Das heißt: auch in den Wissenschaften gebührt nur dem Künstler das letzte und entscheidende Wort."[572]

---

[567] Vgl. Edmund Husserl, Untersuchungen zur Phänomenologie und Theorie der Erkenntnis, in Logische Untersuchungen, Teil 2, Untersuchungen zur Phänomenologie, Halle, 1901, S. 5.

[568] Vgl. Tangenten 411.

[569] COM 30. März 1959.

[570] Tangenten 591. Blaschek–Hahn stört sich an dem Antagonismus zwischen *Phänomen* und *Position* und meint, daß der Übergang zwischen beiden Begriffen nicht gesichert wäre bzw. von Doderer nicht bedacht worden wäre: „Hätte Doderer dabei bedacht, daß 'Position' in der lateinischen Bildung des Partizip Perfekt – **positus** – sich als Kompositum von **sinere** zeigt, welches mit den Bedeutungen lassen, zulassen, gestatten, durchaus nicht Intervention und willkürliche Maßnahmen, sondern Gelassenheit signalisiert, wenn auch noch stark das menschliche Subjekt im Vordergrund steht, wäre ein Übergehen von Phänomen zu Position wesentlich erleichtert worden." (Hervorhebungen durch Blaschek-Hahn) Blaschek–Hahn, a.a.O., S. 38. Es ist dazu anzumerken, daß es Doderer in seinem Apperzeptionsverständnis ausdrücklich um diese „Gelassenheit", um die Unterbindung von „willkürlichen Maßnahmen" geht (vgl. auch das Doderer-Zitat S.164 in dieser Arbeit).

[571] Tangenten 727.

Diese schöpferische Tätigkeit nennt Doderer auch das „gestaltweise" *Denken* (im Gegensatz zum „zerlegungsweisen" *Denken*, das er auch hinsichtlich seiner Romantheorie als analytische Reflexion der technischen Mittel betrachtet – als „Pathologie des Romans"[573]). Der phänomenale Kern im Denken Doderers meint dagegen das Betreten der „äußersten gestaltweisen Wahrheit"[574].

> „Es kann sich beim gestaltweisen Denken nicht darum handeln, die Phänomene in den bereits gewonnen Begriffs–Systemen unterzubringen, also sie auf kurzem Wege zu neutralisieren, zu sterilisieren, zu desodorieren: sondern ihren G e r u c h unaufhörlich tief einzusaugen, darum geht es; und um Description, nicht um Subsumption."[575] (Hervorhebung durch den Verfasser)

Es wird klar, daß Doderers Phänomenverständnis nicht durch „Selegieren" <sic!>, „Interpretieren"[576], Einordnen, Klassifizieren usw. identifiziert werden kann; es handelt sich folglich nicht um die Bestimmung, was ein Phänomen sei – also um eine (naturwissenschaftliche) *rationale* Kategorisierung –, sondern um die Beschreibung dessen, wie sich die Phänomene anzeigen und auswirken, *bevor* sie systematisiert werden. Phänomene unterliegen dabei, wenn sie *beschrieben* werden sollen, der Sprache. Genaugenommen halten sich Phänomene, sofern sie sich anzeigen (ansonsten wären sie keine[577]), je schon in Sprache auf. Der künstlerische (schöpferische) Aspekt diesbezüglich ist die *angemesse* Versprachlichung, das meint Durchdringung des Phänomens. *Angemessen* hieße, eine Sprache zu finden, die dem Phänomen gerecht wird, und nicht das Phänomen via Sprache zu assimilieren.

Sprache und Wahrheit

Der Konnex zwischen Apperzeption und Sprache ist für den *Schrift*steller Doderer notwendig gegeben. Die *reine* Sprache kann entsprechend nur aus einer apperzeptiven Haltung entspringen. „Sprache kann immer nur aus der universellen Perzeption kommen <...>"[578] Sprache wird somit zur media res der Wirklichkeitsentsprechung. Die Wirklichkeit muß folglich ganz in Sprache aufgehen, bzw. die Wirklichkeit ist im eigentlichen Sinne in der Sprache aufgehoben, denn „alles kommt aus der Sprache. Komische Mistkäfer oder ein Sonnenband auf deinem Blumenkisteln vor dem Fenster. Denn am Anfang war das Wort. Alles

---

[572] Tangenten 727.
[573] WdD 171.
[574] COM 1951–1956, 3. August 1951, S. 61.
[575] COM 1951–1956, 1. August 1951, S. 60.
[576] Vgl. Schröder: Apperzeption und Vorurteil, S. 80.
[577] Vgl. SuZ 36.
[578] Tangenten 637.

geht in die Sprache, beim Schriftsteller."[579] Die Analogie, die zwischen Sprache und Wirklichkeit hergestellt wird, geht somit auch in das dialektische Wirklichkeitsverständnis Doderers ein. Die zweite (Un–)Wirklichkeit, die *Dämonologie* hat ihre eigene zweite Sprache. Sie bedient sich zwar des selben Repertoirs, läßt die Sprache jedoch nicht als *adaequatio* des Seins sprechen, sondern mißbraucht ihre Vieldeutigkeit für die Bewältigung der inneren, realitätsfernen Vorstellungszusammenhänge:

> „<...> mag sich nun das Nichts detaillieren in den Gebieten der Ordnung, auch der konstruktiv ordnenden ʻWeltanschauungenʼ und ihren ʻSinngebungenʼ, in der Dialektik einer gespensterhaften Sprache, in dem architektonisch–biographischen Bild, das einer von sich selbst macht, in der Aufstellung von ʻNotwendigkeitenʼ, ʻAufgabenʼ, ʻMissionenʼ, in der Sexualität und ihren ʻProblemenʼ. Jeder Wahnsinn ist in sich vernünftig. <...> Der Unterschied liegt nur in der Prämisse. Ein Wahnsinniger spricht mit unserer Grammatik und unseren Vokabeln eine zweite Sprache."[580]

Der angemessene Umgang mit der Sprache liegt darin, ihre Transparenz wiederherzustellen. Die Grundbedeutung der Wörter, die durch die vielen aufgesetzten Bedeutungszusammenhänge durchschimmert, gilt es aufzudecken. Die Haltung des Apperzipierenden ist die Umkehr zur *Wörtlichkeit*.

> „Wörtlichkeit ist die Kernfestung der Wirklichkeit. Schau' in den Grundsumpf deiner Sprache! Lasse ihre Metaphern genau senkrecht über den Grundbedeutungen stehen. Wahrhaftig, man kann hier loten wie ein Maurer."[581] (Vgl. auch Kap. »Spiegelungen in dem Divertimento „Die Posaunen von Jericho"«, S. 87 in dieser Arbeit.)

Dieses »apperzeptive« Verhältnis zur Sprache und Wirklichkeit vollzieht sich dann durch die „Bekehrung zur Wahrheit". Sprache ist dann *Wahrheit* und zugleich Aufgang der Wirklichkeit:

> „Alles beiseite werfen und sofort in die Wahrheit versinken: diesen Kunstgriff gegen alle umtreibenden Sprachtrümmer und Vorstellungs–Gruppen muß der Schriftsteller beherrschen, um an der Pseudologie seiner Zeit vorbei zu manövrieren."[582]
>
> „Wer sich zur Sprache bekehrt, bekehrt sich zur Wahrheit, und wer sich zur Wahrheit bekehrt, der tut's auch zur Objektivität hin."[583]
>
> „Sprache und Wahrheit bedingen einander nicht nur, sondern sie können als identisch erschaut werden."[584]

---

[579] Tangenten 276 (?), hier aus: Renè Tschirky, Heimito von Doderers „Posaunen von Jericho", Berlin 1971. Die Seitenangabe 276 (Tschirky benutzt die selbe Ausgabe der *Tangenten*) ist falsch.
[580] Tangenten 381/382. Vgl. auch Dämonen 670.
[581] WdD 203.
[582] COM 1951–1956, 31.3.1951, S. 41.
[583] COM 1951–1956, 14.4.1951, S. 43.
[584] Tangenten 637.

Apperzeption und Wahrheit – Martin Heidegger

> *„Niemand bemüht sich um Grundbegriffe,*
> *Grundbilder, sollt' ich sagen.*
> *Ich seh' da Heideggern ganz vereinzelt."*[585]
>
> Heimito von Doderer

Inwiefern Doderer tatsächlich mit dem Werk Heideggers vertraut gewesen ist, soll, wie bereit angesprochen, nicht diskutiert werden. Es geht maßgeblich darum, auf die sprachlichen und inhaltlichen Konvergenzen aufmerksam zu machen.

Generelle Verwandtschaften lassen sich an dieser Stelle zusammenfassen und an folgenden Punkten aufzeigen :

Beide gehen, wenn auch jeweils theoretisch hergeleitet bzw. behauptend gesetzt (Doderers Berufung auf die *analogia entis*), von der These (Hegels) aus, daß die Objektwelt direkt zugänglich sein müße, bzw. im weiteren davon, daß der Subjekt–Objekt–Antagonismus zu überwinden sei.

Die Wirklichkeitskonzeption (erste und zweite Wirklichkeit) könnte – ontologisch tiefergreifend – durch die „Existenzialanalyse" in *Sein und Zeit* begründet werden. Heideggers Begrifflichkeiten der *Eigentlichkeit* versus *Uneigentlichkeit*, *Selbst–Sein* versus *Verfallen–Sein an das Man* etc. könnten ohne weiteres die Fundamente für eine Zwei–Wirklichkeitskonstruktion (bzw. für die *Menschwerdung*, *Personenwerdung*) darstellen, wie sie Doderer entwirft.

Wird „Sein und Zeit" in diesem Sinne »ethisch« gelesen, was allerdings der Heideggerschen Selbstinterpretation widerspricht, so ergibt sich z. B. aus der Tendenzdarstellung Adornos[586], daß die »Eigentlichkeit« Terrain des Elitären ist, was Schröder im gleichen Tenor der Figurenfindung Doderers als „Elite–Ideologie"[587] vorwirft. Selbst Windfuhr, der das Werk Doderers weitgehend positiv beurteilt und sicherlich einer existentialistischen Vereinahmung *unverdächtig* ist, konstatiert, daß es in der Regel den „Bevorzugten" vorbehalten ist, zu ihrer Menschwerdung zu finden.[588]

Das Phänomenverständnis Doderers stimmt in seinen Grundzügen und seiner Sprachlichkeit mit dem Heideggers überein.

---

[585] COM 1951–1956, 16. Januar 1953, S. 183.
[586] Vgl. hierzu nochmals Theodor W. Adorno: Jargon der Eigentlichkeit, Zur deutschen Ideologie Frankfurt am Main, 1964, 1989.
[587] Schröder: Apperzeption und Vorurteil, a.a.O., S. 413.
[588] Vgl. Manfred Windfuhr: Erfahrung und Erfindung, a.a.O., S. 309.

Doderers *wörtlicher* Zugang zur Sprache trifft verschärft auf Heideggers Philosophie zu. Die sogenannte *Sprach–Philosophie* Heideggers *öffnet* sich erst durch eine *wörtliche* Lesart. Insofern ist der Tenor o.g. Doderer–Zitats zutreffend. Daran anschließend erkennen beide den existentialen Vorrang der Sprache an, das heißt Sprache ist kein subjektives Erzeugnis, sondern Sprache *existiert* bereits *vor* jeder Subjektivität. (Sprachkritisch müßte hier nach der oberflächlich benannten *Sprachbeherrschung* gefragt werden, wodurch suggeriert wird, das Subjekt wäre *Herr* der Sprache. Bei genauerer Betrachtung dürfte sich das Verhältnis verkehren, nicht zuletzt auch in Anbetracht der Möglichkeit ideologischer Manipulation durch Sprache.)

Da Doderer die philosophische Evidenz des Apperzeptionstheorems nie hinreichend überprüft hat, was mit ein Grund für die herbe Kritik Hans Joachim Schröders ist, der unter Berufung auf den Heidegger–*Schüler* Hans Georg Gadamer versucht[589], die Willkür der Apperzeptionstheorie Doderers herauszustellen, sie als „Ideologie der Ideologielosigkeit"[590] zu charakterisieren, könnten gerade Heideggers Untersuchungen dazu dienen, die Apperzeptions*theorie* erkenntnistheoretisch zu gründen, ohne damit behaupten zu wollen, daß nicht auch *Heidegger* selbst kritisch zu hinterfragen sei.

Für das Apperzeptionstheorem Doderers könnte diesbezüglich der Wahrheitsbegriff Heideggers Pate gestanden haben. Bereits in „Sein und Zeit" verweist Heidegger auf den griechen Ursprung der Wahrheit als ἀ–λήϑεια (aletheia) (vgl. SuZ 219), somit Un-Verborgenheit, Erschlossenheit, Offenheit.

Um hier gleichzeitig auf die Gedächtnisimplikation aufmerksam zu machen, was Heidegger an der genannten Stelle nicht expliziert[591], bedeutet λήϑη (lethe) zugleich Vergessen, Vergessenheit, ἀ–λήϑεια entsprechend Un–Vergessenheit, wodurch Gedächtnis implizit mitgedacht werden muß.

Die entscheidenden Stellen finden sich allerdings in dem Aufsatz „Vom Wesen der Wahrheit", der hier vergleichend hinzugezogen wird.

---

[589] Vgl. Schröder: Apperzeption und Vorurteil, Kapitel 4.33: Die erkenntnistheoretischen Grenzen der Offenheit, S. 76 ff.

[590] Vgl. Schröder: Kritische Überlegungen zum Wirklichkeitsverständnis Doderers, S. 72.

[591] Bei Heidegger formuliert sich dieser Zusammenhang über das Anmahnen der „Seinsvergessenheit", vgl. SuZ 2ff.

„Vom Wesen der Wahrheit"

Heideggers kleiner Aufsatz „Vom Wesen der Wahrheit"[592] läutet die sogenannte *Kehre* in seinem Denken ein.

> „Auszugehen wäre davon, daß die Kehre nicht primär Sache des Denkens, sondern Sache der Erfahrung sei. Heidegger spricht von einer Grunderfahrung. <...> Wiewohl das Erfahren kein Denken ist, gelangen wir im Erfahren in eine Offenheit, die weder dem Denken zu verdanken ist noch in das Denken aufzulösen ist."[593]

Mit den Begriffen *Erfahrung* und *Offenheit* ist ein erster Hinweis auf das gegeben, was bei Doderer unter das *aperte percipere* fällt. Bei der Analyse dieser „Grunderfahrung" geht es Heidegger jedoch nicht darum, *(logische)* Kriterien für die *Wahrheitsfindung* herauszuarbeiten, sondern den Ursprung für die Möglichkeit der Wahrheit überhaupt zu sondieren. Wie ist das Verhältnis zwischen Subjekt und Objekt grundsätzlich bezüglich der Wahrheit zu verstehen? Der Ausgangspunkt Heideggers ist die Destruktion der klassischen Adaequatio–Definition: *veritas est adaequatio intellectus ad rem.*[594] Mit dieser Definition wird die Richtigkeit einer Aussage und somit die Sachwahrheit bestimmt. Entsprechend wird aus dem Nichtübereinstimmen die Falschheit bzw. die Unwahrheit einer Aussage gefolgert. Diese vordergründige „Selbstverständlichkeit", mit der diese Defintion hingenommen wird, übersieht jedoch, daß dieses *Übereinstimmen* der Sache mit dem Verstand selbst noch im Unklaren liegt, denn

> „worin sollen aber das Ding und die Aussage übereinkommen, wo doch die Bezogenen offensichtlich in ihrem Aussehen verschieden sind? Das Geldstück ist aus Metall. Die Aussage ist überhaupt nicht stofflich. <...> Und das Stimmen soll nach dem geläufigen Begriff der Wahrheit eine Angleichung sein. Wie kann das völlig Ungleiche, die Aussage, an das Geldstück sich angleichen?"[595]

Es muß also zunächst nach der „innere<n> Möglichkeit der Übereinstimmung"[596] gefragt werden. Bei einer Aussage geht es um die *Vorstellung* des Dinges, „wie es als dieses ist". *Vorstellen* gebraucht Heidegger wörtlich, das heißt, es meint keine Vorab–Imagination von einem Ding (*Praefixierung von Inhalten* bei Doderer), sondern „Vor–stellen bedeutet hier, unter A u s s c h a l t u n g   a l l e r »psychologischen« und »bewußtseinstheoretischen« V o r m e i n u n g e n , das Ent-

---

[592] Heidegger: Vom Wesen der Wahrheit, 7. Aufl. Frankfurt am Main 1986; 1. Aufl. 1943; erstmals 1930 als Vortrag gehalten.

[593] Ekkehard Fräntzki: Die Kehre, Heideggers Schrift „Vom Wesen der Wahrheit", Pfaffenweiler 1985.

[594] Heidegger: Vom Wesen der Wahrheit, S. 8.

[595] Heidegger: Vom Wesen der Wahrheit, S. 11.

[596] Heidegger: Vom Wesen der Wahrheit, S.10.

gegenstehenlassen des Dinges als Gegenstand."[597] (Hervorhebung durch den Verfasser) Dieses Entgegenstehenlassen vollzieht sich in einem Bezugsbereich, den Heidegger als das *Offene* bestimmt. Dieser *Frei*raum ist notwendig damit ein Ding zur Vor–stellung gelangt. Das Verhalten des Menschen ist somit „offenständig" zum Objekt. Das sich so *offenbarende* Seiende wird von Heidegger als das *Anwesende* gefaßt. (Vgl. Doderer: „Anwesenheit und Apperzeption von allem, was anwesend sein will: <...>"[598]) Jedes Ding fordert nach seinen Maßgaben die entsprechende Offenständigkeit des Menschen.

> „Je nach Art des Seienden und der Weise des Verhaltens ist die Offenständigkeit des Menschen verschieden. Jedes Werken und Verrichten, alles Handeln und Berechnen hält sich und steht im Offenen eines Bezirks, innerhalb dessen das Seiende als das, was es ist und wie es ist, sich eigens stellen und sagbar werden kann."[599]

Hieraus folgt, daß das Maß für die Richtigkeit nicht im Subjekt zu suchen ist, sondern von den Dingen selbst evoziert wird. Die Dinge *richten* sich also nicht nach unserem Erkenntnisapparat (Kant), sondern sind selbst die „*Richte*" für die Wahrheit.

> „Das offenständige Verhalten selbst muß dieses Maß sich anweisen lassen. Das bedeutet: es muß eine Vorgabe des Richtmaßes für alles Vorstellen übernehmen."[600]

Wie kann jedoch der Mensch dieses Richtmaß empfangen? Wie kann der Mensch sich so veräußern? Heideggers Antwort ist verblüffend und zeigt zudem auf, wie nahe die *Apperzeptionstheorie* Doderers dem Heideggerschen Gedankengut steht. Der Mensch muß sich für die *bindende Richte*, die das Ding offenbart, *freigeben*. („Das Sich–Freigeben für eine bindende Richte ist nur möglich als Freisein zum Offenbaren eines Offenen."[601]) Hieraus erwächst das Wesen der

---

[597] Heidegger: Vom Wesen der Wahrheit, S.11. Es könnte hier der Eindruck entstehen, daß Doderer durchaus zumindest *psychologische Vormeinungen* hat. Die betreffen jedoch nur seine dialektische Wirklichkeit, die er als *psychologische Erscheinungsform der analogia entis* faßt, wobei selbst hier *psycho–logisch* nicht im Sinne der klassischen Psychologie verstanden wird, sondern lediglich anzeigt, daß der Bezugsraum die *Psyche* (Seele) ist. Für die Apperzeption hingegen werden von Doderer alle Vor–meinungen, Voraussetzungen etc. ausgeschlossen. Heidegger versucht hier zudem *bewußtseinstheoretische* Argumente zu entkräften, die im übrigen H.J. Schröder gegen Doderer ins Feld führt (vgl. *Apperzeption und Vorurteil*, S. 72 ff), die mit dem Wort *Vorstellen* das Vorstellen von inneren Zuständen verstanden wissen wollen, wogegen Heidegger hier nur das jähe Vor–stellen eines Gegen–standes, also das, was *gegenüber steht*, meint. Das heißt, es geht nicht um Repräsentation (Vorstellung) von Welt, sondern um die bloße Präsenz des Gegen–standes.

[598] COM 1951–1956, 30.4.1952, S.123.

[599] Heidegger: Vom Wesen der Wahrheit, S. 12.

[600] Heidegger: Vom Wesen der Wahrheit, S. 12.

[601] Heidegger: Vom Wesen der Wahrheit, S. 13.

Wahrheit, nämlich die Freiheit. „Das Wesen der Wahrheit ist die Freiheit."[602] Die Negation ergäbe dann, daß die Unfreiheit, d.h. B e f a n g e n h e i t zur *Unwahrheit* führt, was Heidegger entsprechend an anderer Stelle formuliert:

> „Die in »Sein und Zeit« gedachte Ent–schlossenheit ist nicht die dezidierte Aktion eines Subjektes, sondern die Eröffnung des Daseins aus der B e f a n g e n h e i t im Seienden zur Offenheit des Seins."[603]
> (Hervorhebung durch den Verfasser)

Mit der Definition *Wahrheit als Freiheit* könnte angenommen werden, so Heidegger, daß die Wahrheit der Willkür des Menschen anheimfällt und dadurch die *Offenheit* der Objekte verstellt wird. Was im übrigen Schröder im gleichen Tenor Doderer vorwirft:

> „Er meint im Prinzip der Offenheit eine Erkenntnismöglichkeit gefunden zu haben, die, wenn sie richtig angewendet ist, zur Universalität und zu Objektivität führt. Die Hypostasierung der Apperzeption, ihre Ablösung von den Bedingungen, an die sie zwangsläufig gebunden ist, muß sie in ein Instrument der Beliebigkeit und der Willkür verwandeln."[604]

Die Fehleinschätzung solcher „Vormeinung" liegt darin begründet, daß angenommen wird, daß die Freiheit eine Eigenschaft des Menschen sei, gemäß seinem subjektiven Wollen (Willkür) so oder so zu handeln. Insbesondere für die künstlerischen *Ambitionen* sieht Heidegger im »Wollen« gerade die Aufhebung der subjektiven Intention:

> „Wollen ist die nüchterne Ent–schlossenheit des existierenden Übersichhinausgehens, <...>"[605]

Bezüglich der Wahrheit hat die *Freiheit* folglich einen tieferen Wesensgrund. Die Freiheit für das Offenbare „läßt das jeweilige Seiende das Seiende sein, was es ist."[606] „Freiheit enthüllt sich jetzt als das Seinlassen von Seiendem." *Seinlassen* heißt jedoch nicht Verzicht oder Abstandnehmen von etwas, sondern „Sein–lassen ist das Sicheinlassen auf das Seiende."[607] *Seinlassen* ist also die Freiheit, die Dinge so *sein* zu lassen, wie sie sich offenständig zeigen. Gerade durch die Passivität des *Sein–lassens* wird die Freiheit der Subjektivität entzogen. Das *sicheinlassende* Verhalten *läßt* somit das Sein sich offenständig zeigen. Doderer steht auch diesem Gedanken nicht fern:

---

[602] Heidegger: Vom Wesen der Wahrheit, S. 13.
[603] UdK 68.
[604] Schröder: Apperzeption und Vorurteil, S. 78.
[605] UdK 69.
[606] Heidegger: Vom Wesen der Wahrheit, S.15.
[607] Heidegger: Vom Wesen der Wahrheit, S. 15

„Postcriptum: Ge–lassen heißt: so gelassen, wie etwas eben ist, un–alteriert. Gelassenheit ist die Abwesenheit jedes Versuchs, das eigene Bild zu modifizieren."[608]

Weiter verweist das *Seinlassen* als das Sicheinlassen auf die *Existenz*weise des Daseins schlechthin. Im *Seinlassen* setzt sich das Dasein (der Mensch) dem Seienden aus.

> „Das Sein–lassen, d.h. die Freiheit ist in sich aus–setzend, ek–sistent."[609]

Hierzu Doderer:

> „*Objekts–Offenheit* <...>, daß es für mich wünschenswert wäre – äußerlich zu werden, <...>. Objekts–interessierter möchte ich sagen, nicht nur interessiert am Kontradiktorischen in mir selbst. Objekts–offener." (Tangenten 482.)

Das „ek–sistente", sich–einlassende Verhalten zum Seienden ist eine *Stimmung*. Hier kommen die Eingangsworte Fräntzkis zum Tragen: die Offenheit zum Seienden ist eine *Grunderfahrung* des Menschen, „d.h. eine ek–sistente Ausgesetztheit in das Seiende im Ganzen, kann nur »erlebt« und »gefühlt« werden".[610] Diese Stimmung bringt also das Seiende *im Ganzen* ans Licht, womit sich Heidegger von der traditionellen Wissenschaft abgrenzt. *Im Ganzen erleben* bedeutet nicht, daß das Seiende quantitativ erfaßt wird, sondern das Seiende wird in seiner *Ganzheit* offenbar.

> „Die Offenständigkeit des Seienden im Ganzen fällt nicht zusammen mit der Summe des gerade bekannten Seienden. Im Gegenteil: wo für den Menschen das Seiende wenig bekannt und durch die Wissenschaft kaum nur roh erkannt ist, kann die Offenbarkeit des Seienden im Ganzen wesentlicher walten als dort, wo das Bekannte und jederzeit Kennbare unübersehbar geworden ist und der Betriebsamkeit des Kennens nichts mehr zu widerstehen vermag, indem sich die technische Beherrschbarkeit der Dinge grenzenlos gebärdet. Gerade im Platten und Glatten des Alleskennens und Nurkennens verflacht sich die Offenbarkeit des Seienden in das scheinbare Nichts des nicht einmal mehr Gleichgültigen, sondern nur noch Vergessenen."[611]

Heideggers Kritik an der Wissenschaft liegt darin begründet, daß der *Fortschrittsglauben* meint, alles und jedes durch wissenschaftliche Methodik zugänglich machen zu können, um die totale (technische) Beherrschung der Natur anzustreben, ohne jedoch den Seinsgrund für die Dinge anfänglich *denken* zu wollen. Diese Geisteshaltung ist gleichermaßen für Doderer bezeichnend. Dode-

---

608 Tangenten 322.
609 Heidegger: Vom Wesen der Wahrheit, S. 16.
610 Heidegger: Vom Wesen der Wahrheit, S. 19.
611 Heidegger: Vom Wesen der Wahrheit, S. 20.

rer hat aus seiner Aversion gegen das wissenschaftlich–technische[612] Denken nie einen Hehl gemacht. Wissenschaftler, Fachwissenschaftler sind für ihn *Apperzeptionsverweigerer*. Es sind „bösartige Dummköpfe, <...> Herabgekommene, <...> Cretins"[613], die sich gegen die Universalität des Menschen stellen. Die Existenz wird auf die Akkumulation von Wissen reduziert, in der Annahme sie dadurch bewältigen zu können. „Verkümmerung kann auch Verkümmerung durch Leistung sein: da haben wir den Fachmann. Er ist notwendig ein Dummkopf."[614] Die Verwandtschaft Doderers zu der oben zitierten Position Heideggers läßt sich noch deutlicher an einer späteren Tagebucheintragung demonstrieren, die Doderers Stellung zum Seienden *im Ganzen* dokumentiert.

> „Eine der Voraussetzungen unseres Lebens ist die Unmöglichkeit, es wissenschaftlich komplett zu durchdringen: es vollständig aufzuzählen, es zu inventarisieren. <...> das ist die Tendenz, sich dem Diffusen des Lebens gegenüber klar aber heillos abzugrenzen, ist Selbstgerechtigkeit und Erweis der Unfähigkeit, den verschwimmenden Rand unserer Existenz zu appercipieren und diese Apperception zu ertragen. Streben nach Vollständigkeit ist Apperceptions–Verweigerung dem notwendig Fragmentarischen gegenüber, ist letzten Endes Leugnung des Lebens selbst. Denn es steht nicht geschrieben: ʻdamit ihr vollständig werdet wie euer Vater im Himmel', sondern:ʻdamit ihr vollkommen werdet <...>' Diese Qualität wird nur soviel Quantität an sich reißen – mit einer Art Gravitation – wie sie bedarf, sich selbst ganz darzustellen."[615]

„Der Ursprung des Kunstwerkes"[616]

Es geht im folgenden nicht um eine Nachskizzierung des Gedankenganges dieses Heidegger-Traktates, das würde hier den Rahmen sprengen, sondern darum, eine Grundlinie der Apperzeptions*theorie* Doderers nochmals zu verfolgen, die im Kapitel „Apperzeption: Sprache und Wahrheit" (vgl. S. 157f in dieser Arbeit) angesprochen wurde. Ist „Sein und Zeit" durch den Dualismus *Eigentlichkeit* und *Uneigentlichkeit* geprägt, so ist nach der „Kehre" im wesentlichen von *Offenheit* und *Verborgenheit* die Rede, worin Heidegger die Wahrheit aufgehoben sieht, als analogen „Streit" zwischen „Himmel und Erde".[617]
– Heuristik:

> „Und gewiß wäre auch diese ferne A n s p r a c h e   a u s   d e m   D u n k e l n zu deuten, wenn wir's nur vermöchten. Da habe ich die Lichter der Landstraße, die zwischen die Hügel hinausläuft: sie sind das »Sternbild des Stabes«. Dieses über-

---

612 Der Zusammenhang zwischen der Technikkritik Heideggers und der Doderers müßte gesondert untersucht werden.
613 Vgl. Tangenten 18 u.a..
614 Tangenten 18.
615 COM 1951–1956, 9. August 1951, S. 62/63.
616 Heidegger: Der Ursprung des Kunstwerkes.
617 UdK 63.

strahlend, gibt es noch mehrere nahe Sterne erster Größe. Dahinter rechts, fast un-
term Horizonte, einen dichten Sternhaufen. Gerade gegenüber aber steht <...> meine »Cassiopeia«, das »W« des Himmels; nein, hier das »W« der Erde." (Dämonen
20) (Hervorhebung durch den Verfasser) –

Das Ergebnis dieses Diskurses („Streites") ist der „Grundriß".[618] Gemeint ist
Schrift, womit die Sprache ins Spiel gebracht wird.

> „Gleichwohl hat das Sprachwerk, die Dichtung im engeren Sinne, eine ausgezeich-
> nete Stellung im Ganzen der Künste. Um das zu sehen, bedarf es nur des rechten
> Begriffes von der Sprache. In der landläufigen Vorstellung gilt die Sprache als eine
> Art von Mitteilung. <...> Aber die Sprache ist nicht nur und nicht erstlich ein laut-
> licher und schriftlicher Ausdruck dessen, was mitgeteilt werden soll. Sie befördert
> das Offenbare und Verdeckte als so gemeintes nicht nur erst in Wörtern und Sätzen
> weiter, sondern die Sprache bringt das Seiende als ein Seiendes allererst ins Offene.
> Wo keine Sprache west, wie im Sein von Stein, Pflanze und Tier, da ist auch keine
> Offenheit des Seienden und demzufolge auch keine solche des Nichtseienden und
> des Leeren."[619]

Zur Sprache bringen heißt somit zugleich ins Sein bringen, kurz: ohne Sprache
kein Sein. Verantwortlich hierfür ist zwar das Dasein im Sinne seiner Sprachbe-
fähigung, was aber nicht zugleich bedeutet, daß der Mensch (subjektiv) intentio-
nal Sprache lediglich zur Welt–Bewältigung erzeugt, sondern das Dasein existiert vor seinem Kommunikations–/Verständigungsbestreben bereits selbst *in*
Sprache, insofern ist Subjektivität und Objektivität (Innen und Außen) *ursprünglich* in Sprache vermittelt, das heißt die Subjekt–Objekt–Trennung wäre
ein Epiphänomen. Mit diesem Kerngedanken wird auch ein anderes Licht auf das
Apperzeptions– und Deperzeptionsgeschehen geworfen. Offenheit, Passivität,
Voraussetzungslosigkeit etc. dienen im wesenlichen der Sprachf i n d u n g , somit der sprachlichen Überwindung zwischen Innen und Außen in „Dichtung"
(vgl. hier Leonhard Kakabsas Sprachfindung, wo die „innere Sprache" zur äußeren wird, Seite 125 in dieser Arbeit). Die »Deperzeption« dagegen hat ihre Sprache immer schon gefunden. Heidegger in diesem Sinne:

> „Man spricht so in jener Sprache, die es bei allen wesentlichen Dingen nicht genau
> nimmt, weil sie befürchtet, genau nehmen hieße am Ende: denken."[620]

---

[618] UdK 69.

[619] UdK 75.

[620] UdK 83

Existentialistische Implikationen in „Der Tod und der Starke"[621]

Die Parabel, die ca. zwischen 1916 und 1918 während Doderers Gefangenschaft in Sibirien verfaßt wurde, verzichtet auf eine raum–zeitliche Verortung und liest sich insofern wie ein paradigmatisches Extrakt späterer Doderer–Texte (vgl. hierzu auch unten Kap.»„Das letzte Abenteuer" in einer „existenzialontologischen" Lesart, S. 172ff), was sich grob in folgender Reihe zusammenfassen läßt: *Leben* (Existenz) ⇨ *Lebensweg* ⇨ *Lebensumweg* ⇨ *mögliche Versöhnung* („Menschwerdung") ⇨ *Tod.*

Die Textur gestaltet sich dabei reminiszierend und antezipierend (sic). Reminiszierend ist sie quasi die literarische Verarbeitung des MYTHOS VON SISYPHOS' im weiteren des Kierkegaardschen Lebens als »Krankheit zum Tode«, nimmt damit gleichsam spätere »existentialistische« Konzeptionen[622] vorweg, hier insbesondere die Albert Camus'.

Der Lebensweg der Menschen in dieser Parabel vollzieht sich ähnlich wie im Mythos über eine „steile Rampe", wodurch er sich als beschwerlicher, mühseliger Gang ausweist. Oberhalb der Rampe wartet der Tod, genauer: die Personifikation des Todes, mit dem „Gehabe" eines Schalterbeamten.
Doderer transformiert den mittelalterlichen, auf eine bäuerliche Kultur verweisenden „Sensenmann" in einen neuzeitlichen Technokraten, der *Leben* nur noch als Massenerscheinung verwaltet, „denn der Beamte hat die Interessen aller zu bedienen, und während er mit dem einen verhandelt, hat er des eben erledigten Vorgängers längst v e r g e s s e n <...>".

Das Individuum wird so bürokratisch assimiliert, wird von Fall zu Fall „erledigt", somit *ad acta gelegt*; verflüchtigt sich – weitergedacht – in die Anonymität von Verwaltungsverschriftung: *geboren ... – gestorben.*

Die Menschen treten demgemäß als „Dutzendware" auf. Sie drängen die Rampe herauf, im Unbewußtsein dessen, was oben zu erwarten ist, und werden dann unversehens „abgefertigt". Nicht nur der Tod, sondern gerade auch das Leben bleibt so für die „Meisten" eine anonyme, abstrakte Größe.

---

[621] Doderer: aus „Die sibirische Klarheit", München 1991, S. 14–16.

[622] „In der Art eines profanen, immanenten Existenzialismus schimmert aber die vielbeschworene und vielgescholtene Doderersche Fatologie auf der ideellen Rückseite von 'Der Tod und der Starke' und 'Der Centaur und die Springschnur' doch schon durch." Vgl. Martin Loew–Cadonna, „Die sibirische Klarheit", Nachwort, München 1991, S. 147.

Der Tod exponiert sich in diesem Gleichnis entsprechend als Person mit Zügen menschlicher Überheblichkeit („Der Tod war sehr eingebildet") und suggeriert damit metaphysische Größe. Er könnte aber deswegen trotzdem als ein dem Leben zugehöriges bzw. *anzugehendes* Phänomen demaskiert werden. Während einige bereits kraftlos „vor der Mitte zu Ende" sind, denen der Tod im doppelten Wortsinn *entgegenkommt*, andere in ihren *Anstrengungen*, die eigentlich dem Leben gelten sollten, den Tod forcieren, profiliert sich in dieser Hinsicht der „Starke".

Dieser bäumt sich in dem Bewußtsein, daß der Weg das Ziel ist[623], gegen den Tod auf und ringt ihm sein Leben ab, gleichwohl wissend, daß das Unvermeidliche dennoch aussteht. Der „Starke" entzieht sich einem sinnlosen Sterben, indem er Zeichen („Vertiefungen") setzt, die ihn einerseits überdauern werden und auf der anderen Seite für andere ein „Weiterkommen" ermöglichen. Der „Starke" wird folglich nicht v e r g e s s e n . Weder verliert er sich in Anonymität, noch transzendiert er ins bloße Nichts, sondern er *überlebt* in der Schrift, im Bewahren seiner Zeichensetzung:

> „Mit einem Male aber hörten alle Sterne am weiten Himmel zu blinzeln auf und sahen mit ernstem Augen herab auf den scheidenden Starken und die blutigen Zeichen, die jener hinterlassen hat."

Die Anspielung auf die Golgatha–Szenerie zeigt, daß das Leben nicht wie im christlichen Sinne an ein Jenseits mit tröstendem Heilsversprechen delegiert wird, sondern im Diesseits seine Spuren hinterlassen kann. Die (Über–)Lebenskraft entzieht dem „eingebildeten" Tod seine Überheblichkeit, seine Herabgelassenheit gegenüber dem scheinbar sinnlosen, absurden Leben. Der „Starke" negiert durch sein Verhalten den vorgeblichen Status quo des Todes als Administrator mit absoluter Machtfülle. Das Leben ist damit nicht mehr allein *Sache* eines anonymen Todes bzw. Gottes, sondern es integriert den Tod als ihm zugehörig soweit, daß dieser <der Tod> „demütig" das Leben empfängt:

> „Der Tod stand und wußte nicht, wie er sich halten sollte. Konnte er ihn 'abtun'? <...> Als der Starke mit wankenden Knien das Ende erreichte, stand der alte <!> Tod demütig und in Achtungsstellung wie ein Soldat. Und er bot der müden, ruhesuchenden Hand des Starken seine Schulter zur Stütze."

Die »Absurdität«, daß am Ende doch der Tod wartet, hält den „Starken" nicht davon ab, die „Ausladerampe des Lebens" zu bezwingen, das heißt *seine* Zeit

---

[623] Vgl. hier nochmals Doderers Auseinandersetzung mit TAO TE KING während seiner Kriegsgefangenschaft, vgl. Fußnote Nr. 505 auf Seite 146 in dieser Arbeit.

t r o t z des Todes bis zum Ende hin auszuschöpfen. Hierin gleicht er dem *Helden* Camus´:

> „Der absurde Mensch sagt Ja, und sein Mühsal hat keine Ende mehr. Wenn es ein persönliches Geschick gibt, dann gibt es kein übergeordnetes Schicksal oder nur eines, das er unheilvoll und verächtlich findet. Darüber hinaus weiß er sich als Herr seiner Zeit. Gerade in diesem Augenblick, in dem der Mensch sich wieder seinem Leben zuwendet (ein *Sisyphos*, der zu seinem Stein zurückkehrt), bei dieser leichten Drehung betrachtet er die Reihe unzusammenhängender Taten, die sein Schicksal werden, seine ureigne Schöpfung, die in seiner Erinnerung geeint ist und durch den Tod alsbald besiegelt wird."[624]

Ulrike Schupp stellt für die Parabel enge Verbindungen zu den Kriegserlebnissen Doderers bzw. zu seinen Erfahrungen während der Gefangenschaft fest.[625] Darüber hinausgehend sieht sie eine Antezipation (sic!) der „'Todesmaschinerie' des Dritten Reichs" durch die Darstellung des Todes als Schalterbeamten gegeben, der – vergleichbar faschistischer Praxis – via „Schreibtischurteile<n>" „maschinelle Menschenvernichtung" betreibt.

Daß sich solche Assoziationen „aus heutiger Sicht" (Schupp) aufdrängen, ist verständlich. Nur läßt sich aus der Tatsache, daß dem „Prinzip einer Aufteilung der Menschen in 'Dutzendware' <...> und schicksalhaft auserwählter Kraft" nicht explizit „widersprochen" wird, keine Affirmation ableiten; abgesehen davon, daß der „Starke" nicht den Eindruck hinterläßt, vom Schicksal gesteuert zu sein, sondern daß er es selbstbestimmt angeht. Die Unangemessenheit ihrer Argumentation zeigt sich wesentlich darin, daß sie den „Gegensatz zwischen Masse und dem Mythos des Starken" entgegen der Darstellung in der Parabel interpretiert. Von ihrer Vermutung, daß der „Starke" möglicherweise für eine „'Durchhalteparole'" für Soldaten in der Gefangenschaft steht, schließt sie übergangslos auf eine „g r u n d s ä t z l i c h e Akzeptanz einer wertenden Kategorisierung von Menschen, die in sich bereits ein strukturell faschistisches Potential freisetzt." Die so verstandene *Beispielhaftigkeit* des „Starken" ist doch an dieser Textstelle für die anderen nicht notwendig, denn die „Dutzendware", die – so Schupp – „zu verächtlich für ein Erbarmen scheint", drängt in der Parabel f r e i w i l l i g und s e l b s t g e t r i e b e n dem Tod zu:

> „War das ein verzweifeltes Drängen und Hasten da herauf! Nun, was gab es heroben schon zu holen, oder was gab es Besonderes zu sehen!? Er fertigte doch alle in gleicher Weise ab. Also, was drängten sie sich da zu ihm herauf? Warum bestürmte man ihn dermaßen?" (Der Tod und der Starke, S. 15)

---

[624] Albert Camus: Der Mythos von Sisyphos, Ein Versuch über das Absurde, Hamburg, 1959, 1988, Org. Paris 1942, S. 101.

[625] Vgl. Ulrike Schupp: Ordnung und Bruch, Antinomien in Heimito von Doderers Roman *Die Dämonen*, Frankfurt am Main 1994, S. 133–136.

Davon kann wohl für die Opfer des »Holocausts« keine Rede sein.

Eher liest sich diese Passage als zynische Beschreibung des Resultats fanatischer Kriegstreiber (zu denken wäre hier z.b. an die Mobilmachungen 1914, insbesondere an die anfängliche Euphorie, für »Kaiser und Vaterland« in den Krieg ziehen zu dürfen), desweiteren wie eine Persiflage auf den Fortschrittsgedanken, nachdem die vermeintlich lebensdienliche Technisierung ins Gegenteil umschlägt. Wenn ein Bezug zur Zeitgeschichte gesehen werden kann, dann doch zu den Ereignissen des 1. Weltkrieges, bei dem erstmals der Einsatz moderner Kriegstechnik Opfer in Millionenhöhe forderte. Der »Mythos« F o r t s c h r i t t zeigt durch die Verkehrung seiner Möglichkeiten sein zweites Gesicht. Er verselbständigt sich zu einer quasi–göttlichen Größe mit Macht über Leben und Tod und nivelliert bzw. funktionalisiert die einzelne Existenz (»Kanonenfutter«), insbesondere im Krieg.

Eingestehen muß Schupp am Ende, daß „die Situationen von Krieg und Gefangenschaft für Lebensbedingungen stehen, deren Schwere außer Frage steht." Die Anstrengung des „Starken" entspricht aber gerade deswegen nicht der „Bedeutung einer 'Durchhalteparole'", sondern ist als Überlebenskampf zu interpretieren, dessen Härte allenfalls noch parabolisch zu beschreiben ist bzw. kühl konstatierend, wie etwa in Dostjewkis „Aufzeichnungen aus einem Totenhaus"[626].

Daß in „Der Tod und der Starke" dennoch nihilistische Züge zu verspüren sind, läßt sich nicht bestreiten. Die Erzählung verweist damit funktionsgeschichtlich aber eher auf den »expressionistischen« Zeitgeist als auf den späteren (deutschen) Faschismus. Was Georg Steiner für Heidegger feststellt, mag stellvertetend für die Kriegsgeneration (1. Weltkrieg) gelten:

> „Diese Vision <Spenglers »Untergang des Abendlandes« > einer Menschheitsdämmerung fand heftigen Widerhall in Kunst und Dichtung des Expressionismus. <...> Auch wenn er <Heidegger> persönlich keine aktive Rolle gespielt hatte, rechtfertigte die bloße Tatsache eines wahnsinnig zerstörerischen, innereuropäischen Krieges und seine revolutionären Nachwehen, wenn es einer Rechtfertigung überhaupt bedurfte, die Auffassung vom Menschen und der Kultur in extremis, von tiefster Unglaubwürdigkeit, von einem Abstieg in den Nihilismus. Sie beweis die Ohnmacht cartesisch–kantischer rationaler Zuversicht und die apokalyptischen Obsessionen, die sich bei den großen einsamen Künstlern, Theologen und Denkern des 19. Jahrhunderts finden."[627]

---

[626] Fjodor Dostojewski: Aufzeichnungen aus einem Totenhaus, Gesammelte Werke in zwanzig Bänden, Berlin und Weimar, 1983.

[627] Georg Steiner: „Martin Heidegger", S. 129.

Dieser »Kulturpessimismus« legt abschließend einen kurzen Vergleich zu Kafka nahe. Wäre anstelle Doderers, der zeitweilig Mitglied in der nationalsozialistischen Partei Österreichs (1933–1938) war, Kafka Autor dieser Parabel, würde niemand auf faschistische Latenz schließen. Wenn Schupp für den „Tod und der Starke" kritisch resümiert, daß „derjenige, der sich mit selbstzerstörerischer Energie sinnlos bewegt, damit belohnt wird, daß er zum Schluß den Tod akzeptieren und wünschen kann, gegen den er ankämpft", daß weiter „das Paradies im landläufigen <sic ?> Sinne dagegen nicht existiert", so ließe sich diese Einschätzung doch nicht minder auf Texte Kafkas übertragen. Kafkas Erzählung „In der Strafkolonie" (1919)[628] etwa beschreibt gleichsam das maschinell abstrakte Töten. Die Foltermaschine steht für technische Destruktionsmechanismen, denen das Leben überantwortet ist und es – wörtlich – *zeichnen*. *Erlösung* heißt auch hier das bloße Aufgehen in Schrift, ohne göttliches Heilsversprechen:

> „Der religiöse Rest zeigt sich im Bösen, das nicht zu vertreiben ist. Daß Kafkas Erzählung *In der Strafkolonie* vom Bösen handelt, wie es sich in den T ä t e r n u n d in d e n U n t ä t i g e n d e s t e c h n i s c h e n Z e i t a l t e r s äußert, d ran ist wohl kaum zu zweifeln. Gott ist abwesend, wenn nicht tot. Der Mensch hat sich von Gott befreit, er ist nun selbst Schöpfer, Schöpfer der technischen Zivilisation, die allerdings die Tendenz hat, sich wiederum von ihrem Schöpfer zu befreien, der nicht mehr Herr seiner Schöpfung ist – so wenig Gott Herr der seinen."[629] (Hervorhebung durch den Verfasser)

---

[628] Franz Kafka: In der Strafkolonie, aus: Sämtliche Erzählungen, hrgs. von Paul Raabe, Frankfurt am Main1970, 1994, S. 100ff.

[629] Vgl. Hans Dietrich Zimmermann: In der Strafkolonie – Die Täter und die Untätigen, in: Interpretationen: Franz Kafka, Romane und Erzählungen, Stuttgart, Reclam, 1994, S. 171.

172

„Das letzte Abenteuer" in einer „existenzial-ontologischen" Lesart

Einleitung

Die Erzählung entstand 1936. Konzipiert wurde sie als »Divertimento«, also in Adaption der *vergnüglichen* Form mehrstimmiger und –sätziger Musikstücke (»Divertimento« = ital. *Vergnügen*; vgl. auch frz., ital. »divertissement« = Zerstreuung, Ergötzung)[630]. In Anlehnung an solche musikalischen Darbietungen wurde die Erzählung zunächst für den Vortrag vorgesehen, was Doderer für eine ganze Reihe ähnlich konstruierter rhapsodischer *Lesestücke* vorsah. Für „Das letzte Abenteuer" hatte Doderer eine Lesezeit von 40 Minuten eingeplant, was sich jedoch nicht einlösen ließ (nach Messungen seitens Doderers beträgt die Lesezeit ca. 2 3/4 Stunden <!?>).[631] Erhalten geblieben ist zwar die Satzform, die formal eine Einteilung in vier Abschnitte vorgibt, was jedoch nicht typisch für die musikalischen Vorbilder ist[632] und insofern allenfalls heuristischen Wert erkennen läßt. Bezeichnenderweise ließ Doderer dann auch den Untertitel »Divertimento N° VII«[633] weg und ersetzte ihn durch »Ein Ritter–Roman«.[634]

Letzteres stellt „Das letzte Abenteuer" in die Tradition des »höfischen Romans«, was sicherlich mit der Vorliebe Doderers für das Mittelalter bzw. seinem Geschichtsstudium – insbesondere des 15. Jahrhunderts[635] – korreliert. „Das letzte Abenteuer" ist jedoch kein Historien–Roman[636], denn die Figuren (z.B. Gamuret) sind zwar dem Namen nach »historisch«, werden jedoch zeitversetzt eingeführt, insofern handelt es sich nicht um eine beabsichtigte zeitliche Verortung. Die historische Verwerfung geht dann auch einher mit der Verarbeitung der Spielmannsdichtung, die sich eher durch fabelhafte, märchenhafte Züge auszeichnet, denn als Zeitdokument. Weiter bestärkt wird der a–historische Charakter durch

---

[630] Vgl. Die Musik in Geschichte und Gegenwart – Allgemeine Enzyklopädie der Musik; Bd. 3; Daquin – Fechner; Basel 1954, Stichwort *Divertimento*.

[631] Vgl. Wendelin Schmidt–Dengler: Nachwort: DLA 102/103.

[632] Ab dem 17. Jhd. gab es eine Anlehnung an Sonaten und Sinfonien, wobei auch einige viersätzige Divertimenti komponiert wurden, ansonsten ist aber die Satzzahl relativ beliebig. Vgl. Die Musik in Geschichte und Gegenwart, S. 598.

[633] Die Bezeichung »Divertimento No. VII« wechselte dann auf die Erzählung »Die Posaunen von Jericho«.

[634] Vgl. Wendelin Schmidt–Dengler, Nachwort: DLA 103.

[635] Vgl. Wendelin Schmidt–Dengler, Nachwort: DLA: Doderer hat mit der Arbeit *Zur bürgerlichen Geschichtsschreibung in Wien während des 15. Jahrhunderts* promoviert.

[636] Vgl. Autobiographisches Nachwort, DLA 98.

die Verwendung des schon fast archetypischen Drachenmythos, der von Doderer zudem als Persiflage verarbeitet wird. Nun ist „Das letzte Abenteuer" im tradierten Sinne weder ein *echter* Ritterroman noch Spielmannsepos, sondern ein stoffliches Konglomarat derselben. Die Motive des Heldentums, der Abenteuer (Aventüren), der Brautwerbung und der Drachenfigur werden von Doderer entmystifiziert, stehen gerade für das *falsche* Leben, für eine »zweite Wirklichkeit«. So ist der „Ritt ins romantische Land"[637] nur vordergründig epigonal – der Anruch des Trivialen wird von Doderer nicht einmal bestritten[638] – und läßt sich als neuzeitliches Spiel mit diesen Formen eher als Parodie mit grotesken Zügen verstehen, was im Einklang steht mit der offensichtlichen *Donquichotterie* des Protagonisten Ruy de Fanez während des Drachenkampfes, der insofern auch einen *überzeitlichen* Lebens–Ritter abzugeben vermag.

Doderer nennt sein Nachwort zum *letzten Abenteuer* „Autobiographisches Nachwort"[639], wodurch eine weitere Dimension für die Erzählung eröffnet wird. Die Unzeitgemäßheit der Erzählung im Zusammenhang mit einer eigenbiographischen Referenz zeigt, daß es Doderer nicht um eine Chronologie seines Lebens geht, was mit seinem eigentümlichen Verständnis von »Autobiographie« in Einklang steht[640], sondern um eine *Grund*–Auseinandersetzung bezüglich seiner Existenz:

> „In Doderers Geistesgeschichte markiert das ˈLetzte Abenteuerˈ gleichsam den tiefsten Punkt seines Schraubenganges in die Tiefe, den innersten Punkt im Labyrinth, an dem der Grund der Existenz abzutasten ist und der zugleich zur Umkehr auffordert, zum Rückgang wieder ins Offene. In seiner eigenen Metaphorik ist es der Punkt, an dem »endlich das Zutagetreten jener Felsrippen metaphysischen Urgesteins« erfahren wird, »die nur derjenige auffindet, der durch Desillusionen das Verabsolutieren weit hinter sich gebracht hat.«"[641]

Ein Motiv hierfür ist die (Eigen–)Zeitlichkeit, die aufdrängend eine *Sinngebung* für das Leben fordert.

---

[637] Vgl. Autobiographisches Nachwort, DLA 98.

[638] Vgl. Autobiographisches Nachwort, DLA 98.

[639] Vgl. Autobiographisches Nachwort, DLA 93.

[640] „Das Direkt–Autobiographische ist nichts anderes als das Schreiben des Nicht–Schriftstellers, des schreibenden Lesers. Man muß nicht gerade das zum Objekt machen wollen, wo Objektivität am allerwenigsten vorgegeben ist. Ein Schriftsteller hat keine Biographie, sondern nur die bei ihm angesammelten Titel einer gewissermaßen versehentlich gesetzten Umwelt: also kann er überhaupt nichts Autobiographisches hervorbringen. Alle anderen können das eher. Jedoch er soll." Vgl. Doderer aus: „Meine neunzehn Lebensläufe und neun andere Geschichten", S. 8.

[641] Dietrich Weber: Heimito von Doderer, Autorenbücher, München 1987, S. 28.

174

Vermittelt wird die Zeitlichkeit als S c h i c k s a l, das rück*wirkend* den (zeitlichen) „Mittelpunkt" der Existenz bestimmt.

Der fast gleichzeitig entstandene Roman „Ein Umweg"[642], ebenfalls ins (allerdings späte) Mittelalter versetzt, steht mit dem *letzten Abenteuer* für die (eben) u m – w e g i g e Gestaltung des schicksalhaften Lebens(wegs) zum Tode[643], was der Autor für den Protagonisten im *Umweg*, Paul Brandter, der in scheinbar stoischer Ruhe seinem Ende entgegensinnt, am Anfang der Geschichte – quasi visionär – zu Protokoll gibt[644].

> „In den letzten Tagen seiner Haft kam über den ehemaligen Korporal Paul Brandter eine versöhnliche Stimmung. Er sah ein, daß er den Strick, der seiner wartete, redlich verdiente. Jedoch eine solche, die bloße Gerechtigkeit betreffende Erkenntnis allein hätte sein Gemüt noch nicht zu befrieden vermocht. Sondern, was er jetzt zurückblickend klar erschaute, das war eben die ganze Richtung seines Lebens: ein Umweg zum Galgen, und weiter nichts; und ihm schien, daß er dies schon oftmals gefühlt hatte."[645]

Da das *letzte Abenteuer* keine historische Vermittlung anbietet bzw. zuläßt und zudem weder konkrete gesellschaftliche noch politische Affinitäten aufweist[646], steht es schlicht für das „Grundgeflecht" des Lebens, das Doderer hier abzutasten versucht. Das Gesellschaftliche bleibt jedoch nicht völlig außen vor, sondern wird, gerade auch durch die zeitlich eingeführte Distanz zum mittelalterlichen *Ethos*, in seinen Grundfesten betrachtet und erschüttert, um auf die prinzipielle Diskrepanz zwischen gesellschaftlichen M a ß stäben und der *eigentlichen* Bestimmung des Daseins – nämlich der von Doderer immer wieder betonten „M e n s c h w e r d u n g " – aufmerksam zu machen.

---

[642] Doderer: „Ein Umweg" aus „Die erleuchteten Fenster oder die Menschwerdung des Amtsrates Julius Zihal", „Ein Umweg", München, 1940, 1950. In gleicher „fatalogischer" Tradition steht im übrigen der *zeitgenössische* Roman „Ein Mord den jeder begeht", der gleichsam durch Verkettung von Zufall und Schicksal die rückwärtsgerichtete Notwendigkeit des „Sich–Selbst–Einholens" im Tode thematisiert. Vgl. Dietrich Weber: Heimito von Doderer, Autorenbücher, München 1987, S. 28–32.

[643] „Die beiden ersten, der 'Umweg' und das 'Letzte Abenteuer', spielen ausgesprochen in den »Talen des Todes« <Zitat aus »Ein Umweg«, S. 145, Anm. d. Verf.> Sie sind, holzschnittartig, wie man es bei von Doderer sonst nicht kennt, Geschichten auf Leben und Tod, fatologische Versuche aus allerweitester Distanz – wie um Schicksalsgesetzlichkeiten ein für alle Mal in ihren Grundlinien zu vergegenwärtigen." Dietrich Weber, a.a.O., S. 22.

[644] Brandter wird zwar am Anfang der Geschichte vom Galgen gerettet, wird am Ende dann aber doch, wie *vorausgeschaut*, gehängt.

[645] Doderer: Ein Umweg, S. 147.

[646] Der mittelalterliche Hintergrund dient hier lediglich als stofflicher Rahmen, nicht als Sujet.

Die folgende Interpretation nimmt sich dieser *Grundmodalitäten* an und versucht denengemäß die Erzählung »existenzial–ontologisch« zu lesen. Diskursiv (Text in Text) soll „Das letzte Abenteuer" mit den „Existenzialien" aus Heideggers „Sein und Zeit" vermittelt werden, um den Weg bzw. Umweg von einer »zweiten Wirklichkeit« (Heideggers „Un–Eigentlichkeit") zu einer »ersten Wirklichkeit« (Heideggers „Eigentlichkeit") mit seinen *apperzeptiven* und *deperzeptiven* Sequenzen zu skizzieren.

Die Geschichte
Ruy de Fanez, ein alleinstehender Ritter, ist mit seinem Knappen Guvain unterwegs zum „verschlossen" geglaubten „Land" Montefal, von dessen Existenz ihm ein *Spielmann* berichtete, um die dort lebende Herzogin zu heiraten. Diese ist jedoch nur gewillt, den zu ehelichen, der ihr als Brautgeschenk das violenfarbene Horn eines in den umliegenden Wäldern hausenden Drachens mitbringt. Ruy gelingt es dann, den Drachen aufzuspüren und das Horn abzuschlagen, er läßt es jedoch in den Wirren des ausgestandenen *Kampfes* im Wald liegen und folglich fehlt ihm das entscheidende Indiz für seinen *Sieg* über den Wurm.
Als Konkurrent in selber Sache tritt der deutsche Ritter Gamuret auf. Er trifft ebenfalls auf den Drachen, der jedoch bereits durch Ruy *enthörnt* worden ist. Er findet das abgeschlagene Horn und bringt es nach Montefal, wo sich zwischenzeitlich auch Ruy eingefunden hat.
Die Herzogin versucht nun, die beiden Ritter gegeneinander auszuspielen, da die Beweislage bezüglich der Enthörnung des Drachens zuungunsten Ruys lastet. Gamuret erweist sich diesbezüglich *ritterlich* und klärt den wirklichen Sachverhalt auf.
Aufgrund dieser Intrige verzichten beide Ritter auf das Herzogtum und überlassen es Ruys Knappen Guvain.
Ruy zieht weiter und trifft abermals auf den Drachen. Er läßt jedoch von ihm ab, da der Grund (die Brautwerbung) für einen erneuten Drachenkampf entfallen ist.
In seinem „letzten Abenteuer" trifft Ruy auf Raubgesindel, das er versucht in die Flucht zu schlagen, wobei er schließlich getötet wird.

Existentiale Verfassung

„In–der–Welt–sein" – Dasein

Ruy de Fanez ist ein Suchender. In der Erkenntnis seines „völligen Alleinseins" (DLA 6) macht er sich auf den Weg, sein großes letztes Abenteuer zu bestehen. Ruys Weg führt ins Ungewisse: „Ich kann nicht sagen, daß ich was wußte."<...> „Ich kann nur sagen, daß mir der Spielmann davon erzählt hatte. Aber solche Erzählungen sind allermeist eine windige Wissenschaft." (DLA 5). Allein die Erzählung jenes *Spielmanns,* der hier als W e g w e i s e r fungiert[647], ist Anlaß genug, dieses zweifelhafte, aber zugleich verlockende Unternehmen – sich mit einem leibhaftigen Drachen messen zu können – in Angriff zu nehmen. So groß diese Verlockung des Drachenkampfes als Krönung des Ritter–Daseins auch sein mag, zumal bei Bestehen eine *sichere* Existenz in Montefal wartet, Ruy sieht darin zugleich die Möglichkeit den Sinn seines Lebens als solches zu klären:

> „<...>: sondern das wirkliche, das große Abenteuer hätte noch immer diesem Herumgeworfensein hintnach seinen Sinn zu geben, ja den Sinn des eigenen Lebens überhaupt erst aufzudecken vermocht." (DLA 7)

„Das große Abenteuer" steht somit als verborgenes *Telos*[648] aus. Es bleibt etwas *aufzudecken,* was „hintnach" seines U m h e r – G e w o r f e n s e i n s bisher verschlossen blieb. Der verborgene Sinn seines Lebens (*Daseins*) soll in „einer wohl möglichen letzten Aventüre" (DLA 6) freigelegt werden.

Die Sichtweise, den Sinn des (Da–)Seins *aufzudecken, offenzulegen,* zu *lichten*[649], konvergiert mit Heideggers philosophischem Anliegen hinsichtlich der Interpretation des Daseins bzw. seines Wahrheitsbegriffes („Sein und Wahrheit »sind« gleichursprünglich." SuZ 230). Der *verborgene* Sinn von Sein muß gelichtet werden, das *Sein* zeigt sich als L i c h t u n g , ἀλήθεια, in *Un–verborgenheit, Un–vergessenheit* (vgl. SuZ 219). Das Sein muß *gelichtet* werden, denn „der Begriff des »Seins« ist vielmehr der *dunkelste.*" (SuZ 3) Diese Lumineszenz-Bilder finden sich durchgängig in den *dunklen* Wäldern wieder, die Ruy, der tief in sie eindringen muß (DLA 13), (ver-)bergen und ihn „wahrhaft zum irrenden

---

[647] „Er <der Spielmann> war ein bemerkenswerter Mann, auch neben seiner Kunst noch, und sah mit ein wenig schrägen Augen fast drein wie ein Sarazene. Zudem hat er mit dem Bogen vortrefflich umzugehen gewußt." (DLA 8) Doderer war selbst ein begeisterter Bogenschütze (vgl. Fotos in *Neunzehn Lebensläufe,* S. 80/81). Für Doderer ist der gespannte Bogen und damit das anvisierte Ziel Metapher für das Leben, das sich dann entelechisch wie ein Pfeil auf seiner *Bahn* verhält.

[648] τελοζ: hier nicht nur Ziel, sondern auch *Ausgang, Grenze, Tod.*

[649] Vgl. auch DLA 21, „lichte Leere", und von Doderers Tagebucheintragung vom 26.05.1952 – „Offen–Sein"– bzw. vom 19.05.1953 –„Geöffnet–Sein"– beides COM 1951-1956.

Ritter" (DLA 13) werden lassen, um sich dann als l i c h t e Weite, den W e g preisgebend – „endlich werden wir sehen, werden wir Ausblick haben, endlich steigen wir aus der Tiefe" (DLA 14) –, zu öffnen. Neben den Wäldern ist es aber das Leben selbst, das in seiner „Mitte" o f f e n - zulegen ist, das es aus der B e f a n g e n h e i t zu befreien gilt:

> „Befangen war das Leben in dieser Wirrnis, die immer wieder neue und unbekannte Blumentiefen in den Gärten und bisher nie betretene, halbdunkle oder von Sonnenbändern durchwebte Riesenräume zeigte." (DLA 27)

Offenlegungen gibt es jedoch nur, wo Verschlossenheit herrscht, oder anders ausgedrückt: die Deperzeption geht der Apperzeption voraus. Doderer notiert am 12. Januar 1953 in seinem Tagebuch:

> „*extr./rep ex: Autobiographie in Kürze* • Welch' ein vertracktes Leben war dies! Ein viel herumgeworfenes Postpaket – auf Bahnhöfen, in Zügen, und wieder in Postämtern – aber es blieb ein in sich gekehrtes Postpaket, auf seinen verborgenen Inhalt konzentriert." (COM I, 182)[650]

Das Leben ist ein *Postpaket* mit einem *verborgenen* Inhalt, das es letzlich gilt *auszupacken*, nachdem es von *hier* nach *dort* geworfen wurde. Doderers räumliche Metaphorik („Postpaket")[651] des Lebens schließt an Heideggers Interpretation des Daseins an. „D a s e i n a <sic!> Da–Sein *worin* der Mensch west." (SuZ, Randb. 442) Der Mensch als „Da–Sein" heißt schlicht „In–der–Welt–sein". „Die existenziale Räumlichkeit des Daseins, die ihm dergestalt seinen »Ort« bestimmt, gründet selbst auf dem In–der–Welt–sein." (SuZ 132) Diese Räumlichkeit[652] konstituiert sich durch ein *hier* und *dort*.

> „Das »hier« eines »Ich–Hier« versteht sich immer aus einem zuhandenen »Dort« im Sinn des entfernend–ausrichtend–besorgenden Seins zu diesem. <...> »Hier« und »Dort« sind nur möglich in einem »Da«, das heißt wenn ein Seiendes, das als Sein des »Da« Räumlichkeit erschlossen hat." (SuZ 132)

Die räumliche Konzeption dieses von *hier* nach *dort* Verschlagen–Seins erschließt sich auch für Ruy. Er ist ein Herumirrender (vgl. DLA 6), seine bisherige Existenz besteht aus dem Umher– G e w o r f e n s e i n ohne Ziel und Sinn.

---

[650] COM 1951–1956.

[651] Vgl. hierzu auch *Dämonen* S. 21: „Gefäß eines einzelnen Lebens" u.a.

[652] Heideggers *Raum* ist nicht apriorisch leer und ermöglicht lediglich das Kantische Nebeneinander „der reinen Mannigfaltigkeit der drei Dimensionen" (vgl SuZ 110), sondern meint das Existenzial des *In–Sein[s]*. „Das In–Sein meint so wenig ein räumliches »Ineinander« Vorhandener, als »in« ursprünglich gar nicht eine räumliche Beziehung der genannten Art bedeutet; »in« stammt von innan-, wohnen, habitare, sich aufhalten; »an« bedeutet: ich bin gewohnt, vertraut mit, ich pflege etwas; es hat die Bedeutung von colo im Sinne von habito und diligo." (SuZ 54)

Dieses Konstatieren – sich vor Augen führen – (*hinsehendes Feststellen*, vgl. SuZ 135), daß der Mensch in die Welt gestellt wurde und die Sinnhaftigkeit der „vielen Abenteuer" zunächst verstellt bleibt, ist zentral für Heideggers Daseins– Analyse: der Mensch ist in die Welt (ins *Da*–Sein) *geworfen.*

> „Diesen in seinem *Woher* und *Wohin* verhüllten, aber an ihm selbst um so unver-
> hüllter erschlossenen Seinscharakter des Daseins, dieses »Daß es ist« nennen wir
> die Geworfenheit dieses Seienden in sein Da, so zwar, daß es als In–der–Welt–sein
> das Da ist. Der Ausdruck Geworfenheit soll die Faktizität der Überantwortung an-
> deuten." (SuZ 135)

Der Verfall an das Man: Gesellschaft und Öffentlichkeit

Ruy de Fanez scheint sich seiner Existenz angenommen zu haben. Seine Bestandsaufnahme ist ernüchternd:

> „Man war ein Mann von vierzig Jahren, und dieses Alter ist ein in gewisser Hin-
> sicht geheimnisvolles, sonderlich wenn einer noch nirgends sich festgelegt, noch
> nirgends den Kahn endgültig angebunden hat. Man war ein Mann von vierzig Jah-
> ren, der selten durch längere Zeit an einem Orte gelebt und also kaum Freunde er-
> worben hatte. <...> Man war allein. Man war allein und man trug eine ausgebrei-
> tete Welt in sich: <...>" (DLA 7)

Mit vierzig Jahren hat Ruy die Mitte seines Lebens überschritten. (Populär–psy-
chologisch läßt sich sein Zustand auch als *midlife–crisis* beschreiben und konvergiert hier mit dem biographischen Lebensalter Doderers.) Die Zeit *scheint* zu
drängen, sich eine stetige Existenz aufzubauen, einen Ruhepunkt zu finden, „den
Kahn endgültig" anzubinden. Die Zeit drängt auch, einmal das große (letzte)
Abenteuer zu bestehen, um so in dem Bewußtsein, nunmehr alles erreicht zu haben, was von ihm e r w a r t e t werden konnte, sich ruhigen G e w i s s e n s nie-
derlassen zu können und seiner Einsamkeit ein Ende zu bereiten.
Diese ernüchternden Erkenntnisse sind jedoch zu Ruy selbst in ihrer Tragweite
nicht durchgedrungen. Nicht *er* – Ruy de Fanez – ist der direkt Angesprochene,
sondern *man* war allein, *man* war ein Mann von vierzig Jahren und noch immer
ungebunden. „*Man* war allein und *man* trug eine Welt in sich." (Vgl. DLA 7,
Hervorhebungen durch den Verfasser.) Diese zunächst in ihrer eigentlichen Bedeutung nicht begriffene Selbstdiagnose[653] führt ihn in die Wälder, eben jenen
Drachen zu töten, der als Schlüssel für die Sinngebung seiner Existenz das Tor
nach Montefal öffnet, wo, so scheint es, die herumirrende Bewegung seines Lebens zur Ruhe kommen könnte.
Ruys Sorge um seine Existenz schließt zunächst an die Vorgaben der Gesellschaft an. Die Möglichkeiten einer Sinngebung seines Lebens stehen unter dem

---

[653] Vgl. Wendelin–Schmidt–Dengler: Nachwort: „Die Diagnose, die Ruy gestellt wird, ist eine
Selbstdiagnose. Nicht nur in bezug auf das erreichte Lebensalter: auch Doderer hat sich nicht
»festgelegt«, hatte keine sichere Existenzgrundlage; <...>." DLA 101.

Verdikt dessen, was „dem bereits sinkenden Stande noch immer für angemessen gehalten wird <wurde>" (DLA 6). Ruys Weg durch die unzugänglichen, „allseits umschließenden" (DLA 12) Wälder ist somit zugleich der metaphorische Diskurs durch das *Dickicht*[654] der Öffentlichkeit, der öffentlichen Meinung. Bereits durch die Zugehörigkeit Ruys zu dem „sinkenden" Ritterstande angedeutet, zeigen sich erste Zweifel an diesem Unternehmen, das sich möglicherweise als Beweis der ritterlichen Tapferkeit (der Drachenkampf) – lediglich um die Gunst und die Hand einer unbekannten Herzogin zu gewinnen – in seiner Zweckmäßigkeit als Anachronismus (einer *zweiten Wirklichkeit*) herausstellen könnte. Wenn Ruy demnach zum „wahrhaft <...> irrenden Ritter geworden <ist>"(DLA 13), dann wird damit nicht zuletzt eine Irritation seines Selbst–Welt–Verständnisses gekennzeichnet. Denn die vordergründige Klarheit seines Tributs an seinen Stand, sein Bestreben, durch Ruhm, Ehre und Tapferkeit ein in der Gesellschaft angesehenes Dasein als Herzog von Montefal führen zu können, verliert sich zunehmend in den Tiefen der Wälder.

Der Tribut an die Gesellschaft nimmt auch in der Analyse Heideggers eine zentrale Stellung ein; es ist die *Uneigentlichkeit*, der V e r f a l l an das *Man* als Entfremdungserfahrung[655] :

> „Abständigkeit, Durchschnittlichkeit, Einebnung konstituieren als Seinsweisen des Man das, was wir als »die Öffentlichkeit« kennen. <...> Die Öffentlichkeit verdunkelt alles und gibt das so Verdeckte als das Bekannte und jedem Zugängliche aus. Das Man ist überall dabei, doch so, daß es sich auch schon immer davongeschlichen hat, wo das Dasein auf Entscheidung drängt. Weil das Man jedoch alles Urteilen und Entscheiden vorgibt, nimmt es dem jeweiligen Dasein die Verantwortlichkeit ab. Das Man kann es sich gleichsam leisten, daß »man« sich ständig auf es beruft." (SuZ 127)

Die Selbstverantwortung wird zur Delegation. Ruy überläßt sich den für angemessen gehaltenen Vorgaben seines Standes, in den er *überantwortet, geworfen* bzw. *geboren* wurde.[656]
Er läßt sich von der Teleologie seiner Zeit leiten, ohne seine Situation zu *durch-denken*; Ruy verhält sich demgemäß „apperzeptionsverweigernd", denn er han-

---

[654] Der Wald wird desöfteren als Dickung (z.B. DLA 13) oder auch als Dickicht charakterisiert.

[655] Heideggers „Verfall an das Man" ist durchaus dem frühmarxistischen Entfremdungsbegriff verwandt. Heidegger beruft sich sogar im *Humanismusbrief* direkt auf Marx: „Was Marx in einem wesentlichen und bedeutenden Sinne von Hegel her als die Entfremdung des Menschen erkannt hat, reicht mit seinen Wurzeln in die Heimatlosigkeit des neuzeitlichen Menschen zurück. <...> Weil Marx, indem er die Entfremdung erfährt, in eine wesentliche Dimension der Geschichte hineinreicht, deshalb ist die marxistische Anschauung von der Geschichte der übrigen Historie überlegen." Vgl. Hum 30 ff.

[656] Diese Standesriten lassen sich sicherlich mit v o n Doderers adliger Herkunft identifizieren.

delt nur um des Handel(n)s[657] willen; nicht nach dem, was i s t, sondern nach dem, was *sein* soll.

> „Vom Sehen sagt Aristoteles, daß wir es auch dann gerne üben würden, wenn es zu gar nichts nütze. Das reine Denken ist nun das beste Beispiel für eine höchst intensive, aber doch vollends zwecklose Anspannung und Anstrengung: denn nur ein einziger Tropfen Zwecköles würde eine Tonne solchen Geistesfluidums bereits trüben. Das wirkliche Denken wird nie aufs Handeln sich richten; es ist keine Vorstufe des Handelns und hat nicht darin seine direkte Verlängerung. <...> Das Handeln kommt aus dem Sein: nicht aus dem Denken.“[658]

Der Drachenkampf

Die Angst

Der Drachenkampf steht für die Wende in Ruys Leben. In diesem Kampf erschließt Ruy den Sinn seines Daseins, aber keinesfalls so, wie er es erwartet hatte. Durch das plötzliche (vgl. DLA 16), t a t s ä c h l i c h e [659] Auftreten des Drachens wird Ruy sein Verfall an diesen archaisch–anachronistischen Ritus vor Augen geführt.

> „Wie spitze Kristalle erhoben sich in Ruy während des Laufens – und zu seiner eigenen Verwunderung – Hohn, Geringschätzung, ja Verachtung gegen jene Frau, die sich selbst in ihrer Torheit solcher Proben für wert hielt.“ (DLA 21)

Aufgrund seiner offensichtlichen Hilflosigkeit („wogegen ein langes Schwert zum kleinen Stichel wurde.“ DLA 21) gegenüber dem riesigen Ungetüm und seiner damit verbundenen Überantwortung zum Tode, eröffnet sich für Ruy seine Existenz als Blick –

> „dies erkennend, sah Ruy zugleich in seinem Inneren eine Weite und l i c h t e
> L e e r e , wie jemand, der sein Haus noch nicht lange bewohnt <...>
> – vgl. hier nochmals Heidegger: *die Räumlichkeit des Daseins, Dasein worin der Mensch west, »in« [In–Sein] stammt von wohnen, sich aufhalten* (vgl. SuZ 54) –

in die erste Wirklichkeit:

---

[657] Da Ruy nicht aus Liebe nach Montefal unterwegs ist, ist die angestrebte Ehe dann wohl eher als angestrebte Güter–Gemeinschaft zu verstehen.

[658] Autobiographisches Nachwort, DLA 95.

[659] Für Doderer sind Drachen nicht bloß Fabelfiguren. Wenn der „Wurm“ hier also *tatsächlich* auftritt, ist er zwar „Untier“, bleibt jedoch weiterhin tierischer Herkunft als empirische Reminiszenz an eine ausgestorbene Gattung. Vgl. hierzu „Die Wiederkehr des Drachens“, wo sich Doderer mit der biologischen Existenz solcher »Untiere« – z. B. eines Großwarans, den er als „Drachen von Komodo“ auf Seite 21 ff beschreibt – beschäftigt. Vgl. auch meine Ausführungen auf Seite 185 f.

<...> und eines Tages darin neue, bisher nicht bemerkte und betretene Räume entdeckt." (DLA 21) (Hervorhebung durch den Verfasser)

Diese Befindlichkeit Ruys entspricht dem „Existenzial" der „Angst" bei Heidegger.

„Angst d.h. L i c h t u n g des Seins als Seins." (SuZ Randb. 445) (Hervorhebung durch den Verfasser)

Angst ist ein Grundphänomen des Daseins und ermöglicht erst eine Abkehr von der Verfallenheit an die Welt, an das Man. (SuZ 186) In der Angst wird der Mensch mit dem Nichts konfrontiert. Das »Wovor« der Angst ist das Nichts der Welt in seiner gewohnten Weise (Zuhandenheit). Nichts ist so wie sonst. Die Welt zeigt sich von einer bisher nicht bekannten Seite, sie zeigt sich als *solche*. Das »Wovor« der Angst ist somit das f a k t i s c h e In–der–Welt–sein selbst. (Vgl. SuZ 187)

In der Angst bricht alles bisherige zusammen (ugs.: *eine Welt bricht zusammen*), und der Mensch steht vereinzelt vor dem Nichts. War dem Menschen in der Geworfenheit sein *Wohin* und *Woher* verhüllt (Ruy als der herumirrende Ritter), so zeigt ihm die Angst jetzt sein „Nichts und Nirgends" (SuZ 188) auf. Dem Menschen wird *un*–h e i m l i c h .

Das Selbstverständnis, die „Vertrautheit" (SuZ 189) mit der Welt, die Sicherheit in der Öffentlichkeit – mit den *anderen* –, ja jegliche *Vor*–stellung von der Welt wird in ihren Grundfesten erschüttert und stürzt zusammen.

Der Zustand, indem »Nichts« mehr seine Gültigkeit hat, befremdet den Menschen an sich selbst. Diese in der Angst gründende Befindlichkeit ist ein *Un–zuhause–sein*. (SuZ 189) (Vgl. nochmals Ruy: „lichte Leere, wie jemand, der sein Haus noch nicht lange bewohnt." <DLA 21>)

Die existentiale Verfassung des Seins zum Nichts erschließt sich dergestalt auch für Ruy.

„Er fiel und flog mit großer Schnelligkeit durch diese unbekannten und ungenutzten Kammern seiner Seele, und während solchen immer rascheren Dahinsausens – welches ihn geradezu ein Aufprellen fürchten ließ – erkannte er, daß dort, w o j e t z t n i c h t s w a r , die Todesangst hätte wohnen sollen." (DLA 21/22)

Die „exsitenziale" Zeitlichkeit – Gedächtnis

Wiederkehren kann nur das, was vergangen war, wirklich vergangen war nur, was solchermaßen wiedergekehrt ist. Die Gegenwart des Schriftstellers ist seine wiedergekehrte Vergangenheit.[660]

Heimito von Doderer

Die Begegnung mit dem Drachen und die damit verbundene extreme Gemütsverfassung zeigt Ruy seine innere (eigentliche) Zeitlichkeit auf, die von der chronologisch–mathematischen Zeit als Dreiteilung in *Vergangenheit–Gegenwart–Zukunft* abhebt.

In der Verfassung seiner eigenst begriffenen Leere wird aus der alltäglich verstandenen Gegenwart, die nur das banale *Jetzt* und *Hier* beschreibt, das wörtliche *Warten–gegen*, was somit in die Zukunft gerichtet ist.

> „Er aber ruhte völlig, in dieser Lage hier, vor dem braunen Gebirg mit dem großen violnfarbenen Zacken stehend, und wartete, <...>. Er wartete darauf." (DLA 22)

Die Vergangenheit hingegen verliert den Charakter des Präteritums – *Tempus des Verbums, das ein Geschehen in der Vergangenheit bezeichnet,* w e l c h e s n i c h t   i n   d i e   G e g e n w a r t   f o r t w i r k t[661] – im Sinne von *praeter* (erstarrt, vorbei) und kennzeichnet sich durch eine das Leben bestimmende Lebendigkeit aus.

> „Er aber ruhte völlig, <...>, und wartete, wie hinter ihm, <...>, all sein Leben,<...>, als ein kleines Gepäck sich versammelte." (DLA 22)

Ruys Begreifen der Gegenwart ist ein Warten auf das, was *gewesen* ist, denn „er wartete darauf", daß er *all sein Leben*, „wo und wie immer gelebt", ablaufen („abrollen") lassen konnte.

Die Erwartung Ruys bezieht sich somit weniger auf die Konfrontation mit dem Drachen, sondern die *Gegenwart* des Drachens ermöglicht ihm selbst erst die Vergegenwärtigung seiner *Gewesenheit*.

> „Es waren die Augen des Wurms. <...> So tief führten die Augen hinein, und wie durch Wälder, welche nicht in Tagen, Wochen oder Monaten, sondern in ganzen Jahrtausenden nur zu durchschreiten waren."(DLA 22)

---

[660] Autobiographisches Nachwort, DLA 96.

[661] Explikation aus einem *Fremdwörterlexikon;* vgl. hier auch Heidegger: „»Solange« das Dasein faktisch existiert, ist es nie vergangen, wohl aber immer schon *gewesen* im Sinne des »ich *bin* gewesen«. Und es *kann* nur gewesen *sein*, solange es ist." (SuZ 328)

In den Augen des Drachens spiegelt sich Ruys bisheriges Leben mit „vielen Einzelheiten" von Burgen, Dörfern und Gefechten. Es ist jedoch nicht allein seine *Gewesenheit*, die sich ihm öffnet, sondern seine ganze Zeitlichkeit wird ihm aufgetan, in der geradezu t r a u m a t i s c h die drei Zeitteile zusammenfallen.

> „Sie umschlossen, wie der Wald von Montefal hier dieses eine Abenteuer, so alle auf Erden möglichen Abenteuer überhaupt, s o m i t   d a s   g a n z e   L e b e n, das in solchen Wäldern tief befangen blieb und in ihnen stand,<...>" (DLA 22, Hervorhebungen durch den Verfasser)

Somit löst sich Ruys Gegenwart zum einen in ein Déjà–vu–Erlebnis seiner Gewesenheit auf, zum anderen stellt es einen (Bewußtseins–)Sprung in seine Zukunft dar.

> „Hindurch zog Herr Ruy, und er stieß für einen Atemzugs Länge auch aus diesem allergrößten Walde hervor und hinaus und wandte sich um und sah den »Banier« Ruy de Fanez darin reiten und mit seinem Knappen auf der von dünnerem Almgras bewachsenen Kuppe haltend oder hier vor des Wurmes Haupt stehen." (DLA 23)

Ruy ist aus seiner Vergangenheit in die Zukunft vorgelaufen. Aus der Zukunft heraus sieht er sich selbst „vor des Wurmes Haupt stehen". Ruy konstruiert aus der Vergangenheit seine mögliche Zukunft und blickt aus dieser Zukunft zu sich selbst zurück. In dieser Hinsicht zeigt sich die Zukunft als „Kunft, in der das Dasein in seinem eigensten Seinkönnen <bei Heidegger: der Tod> auf sich zukommt." (Vgl. SuZ 325) Diese rückwirkende V o r – S e h u n g (auch Schicksal) wird somit zur »universalen Apperzeption«, zum totalen Gedächtnis[662].
Insofern kann auch durch das eingangs beschriebene Vergegenwärtigen (*Sein–bei,* SuZ 326) der Gewesenheit, also Ruys Vergangenheit –„wo und wie immer gelebt" –, ein vorlaufendes Entwerfen seiner Zukunft entstehen, in der sich dann „a l l e möglichen Abenteuer" einstellen können.
So Heidegger:

> „Nur sofern Dasein überhaupt *ist* als ich *bin* gewesen, kann es zukünftig auf sich selbst zukommen, daß es *zurück*–kommt. Eigentlich zukünftig *ist* das Dasein *gewesen*."(SuZ 326)

Diese zirkelhafte Interpretation der menschlichen Zeitstruktur, in der die Zukunft aus der Vergangenheit rekonstruiert wird und umgekehrt, *die Schlange, die ihren*

---

[662] Vgl. Heidegger: „Der Mensch ist in seinem Wesen das Gedächtnis des Seins, aber des <kreuzhaft durchgestrichen, läßt sich technisch nicht darstellen, Anm. d. Verf.) Seins." Zur Seinsfrage, Frankfurt am Main 1956, 1977, S. 31.

eigenen Schwanz frißt[663], wird entsprechend auch von Ruy so empfunden und formuliert.

> „»Ich sah sie <die Herzogin> im Auge des Drachens <...>« <...>»Ich sah sie dort, Lidoine, wie eben alles, was mein Leben enthält, dicht gedrängt und, wie es scheint, das Zukünftige ganz ebenso wie Vergangenes." (DLA 31)

Und dann noch radikaler, schon fatalistisch gedacht:

> „Wir kommen zu spät zu dem, was unser Leben ausmacht und immer ausmachte <...> zu der Mitte also." (DLA 31/32)

– *Werde, der du bist* – (frei nach Nietzsche)

In der Angst erwies sich Ruys Existenz als ein Sein zum Nichts, anders ausgedrückt: als ein Sein zum Tode (vgl. SuZ 329). Aus dieser Befindlichkeit heraus wird Ruy seine Zeitlichkeit vor Augen geführt. Ruy hat nur eine Zukunft, solange er gewesen ist. Seine Existenz ist endlich.

Aus der Konfrontation mit seiner eigenen Nichtigkeit (erfahren als Angst) entwickelt Ruy die (apperzeptive) Ent–schlossenheit, sich seines Schicksals (die gewesene Zu–*kunft, Schickung*) frei anzunehmen.

So kann er auch die Last seiner Vergangenheit, das <ge–>Wesen seines Daseins, das zugleich auch für seine Zukunft bestimmend ist, für leicht befinden, um damit dem Drachen entschieden entgegenzutreten.

> „<...>: und jetzt war Herr Ruy ganz leicht imstande, mit seinem starken, bannenden Blicke alles, was dieser in Silber und Eisen schimmernde Mann, welcher da vor dem Drachen träumte, je erlebt haben mochte, alles zwischen dessen Schulterblättern als ein kleines Bündel zu versammeln: und – siehe da! – er befand es als leicht." (DLA 23)

Der Drachenkampf selbst erweist sich als Groteske. Der (tölpelhafte) Wurm gibt sich wenig Mühe, seinem Mythos gerecht zu werden. Offensichtlich ohne Appetit („Dem Drachen seinerseits aber schien dieser eiserner Mann,<...>, wenig Freßlust zu machen. Vieleicht war er auch satt." <DLA 23>) ist er nicht angriffslustig. Die Begegnung mit dem „eisernen Mann" scheint ihm eher lästig zu sein und bereitet ihm sogar Unbehagen. Selbst als Ruy dem Wurm sein violnfarbenes Horn vom Scheitel schlägt, zeigt dieser keine Anstalten, sich zu verteidigen. Der Drache ist zwar „verdutzt", aber dieser Ritter ist ihm nicht wert genug, sich weiter mit ihm zu beschäftigen, zumal er nicht „zum Spielen" aufgelegt zu sein scheint. So zieht er es vor, sich mit Getöse, den Wald verwüstend, zurückzuziehen. Die spätere *hündisch* anmutende Beschreibung des Drachens durch

---

[663] Vgl. Georg Steiner: Martin Heidegger, S. 169.

seinen Konkurrenten Gamuret, der ebenfalls auf den – allerdings schon enthörn-
ten – Wurm trifft, entmystifiziert die Drachengestalt dann in Vollendung und läßt
sie lediglich als animalisches Dasein unter anderen erscheinen, „ denn das Tier
(!) tollte in täppischer Weise um sich selbst und schien plötzlich darauf verses-
sen, die eigene Schwanzspitze einzufangen – ohne im geringsten des Männleins
von Stahl und Silber zu achten." (DLA 34)
Das von Ruy erwartete große und vielleicht letzte Abenteuer entpuppt sich somit
als Scheinkampf. Der große Abschluß seiner Ritterkarriere wird ihm versagt.
Entsprechend verliert auch der Lohn des Unternehmens seinen Reiz. Bezeichnend für das aufkommende Desinteresse an dem Herzogtum Montefal ist Ruys
offensichtliche Orientierungslosigkeit.

> „»Wir reiten <...> und dann lagern wir bald«, sagte er endlich. »Dorthin <...>!«
> Er wies die Richtung, aus der sie gekommen waren. Gauvain starrte ihn betroffen
> an. »Montefal ... die Herzogin ... und vielleicht hat der Wald dort hinaus früher ein
> Ende! Anders müßten wir ja an drei Wochen reiten ...«, brachte er schüchtern her-
> vor." (DLA 25)

Da Ruy den kürzesten Weg sehr wohl kennt (vgl. DLA 9), ist seine gequälte Reaktion auf Gauvains Vorschlag ein Entschluß gegen seine eigentliche Überzeugung: „»Meinetwegen« <*wessenwegen denn sonst, wenn nicht seinetwegen!?*>
antwortete Ruy. »Nun denn, aufgesessen, nach Montefal!«"
Wird schließlich die Tatsache in Betracht gezogen, daß Ruy die Trophäe, das
violenfarbene Horn, als Beweis seines *Sieges* über den Drachen schlicht v e r -
g i ß t und im Wald liegen läßt, so zeigt dies deutlich, daß Ruy weder dem ausgestandenen Kampf <hier hinsichtlich seiner Zweckmäßigkeit> noch der Herzogin von Montefal weiterhin größere Bedeutung zugesteht.

Die Sinngebung seines Lebens, das *letzte* Abenteuer, steht noch aus.

Exkurs – Bergson

Daß auf das *totale* Gedächtnis eine partielle Amnesie folgt – nämlich das V e r -
g e s s e n des Horns –, zeigt die Unmöglichkeit, diese *traumatische* Zeittotale
aufrechtzuerhalten. Als Permanenzzustand würde die gleichzeitige Repräsention
von Vergangenheit als Zukunft und umgekehrt sicherlich in den Wahnsinn bzw.
Tod treiben bzw. stellt hier bereits die Antezipation desselben dar (vgl. S. 187 in
dieser Arbeit). Erinnerungen bleiben damit punktuelle Erscheinungen. Interessant ist in diesem Zusammenhang, daß das Gedächtnis bei Ruy durch das Zusammentreffen mit dem Drachen s p o n t a n angeregt wird. Doderer greift diesbezüglich in seinem „Autobiographischen Nachwort" den Bergsonschen Zeitbe-
griff auf:

„Die Dauer eines Lebens mißt sich nicht nur nach der Zahl der Jahre. »Wer lange lebt, hat viel erfahren«, sagt Mephistopheles; jedoch »lange« ist hier im Sinne der psychologischen, nicht der mathematischen Zeit zu verstehen; ein Leben von achtzig Jahren kann kurz gewesen sein, wenn zwischen Geburt und Tod nichts übergewaltiges Drittes getreten ist, das seine Pfeiler errichtete, die Brücke zwischen zwei Reichen stützend, aber auch teilend; ipso facto erscheint sie hiedurch <sic!> länger."[664]

Die »durée«, die als Gedächtnis „das kontinuierliche Leben" garantiert, denn „ohne das Überleben des Vergangenen gäbe es keine Dauer, sondern nur eine Augenblicklichkeit" [665], erweist sich gegenüber der mathematisch–quantitativen Zeit im Vorteil, weil sie allererst die *Qualität* des Lebens als *andauernden* Zustand konsolidiert. Gedächtnis bedeutet dabei aber eben nicht, daß alle Vergangenheitszustände stetig parat sind, sondern daß sich die Vergangenheit via Gedächtnis j e d e r z e i t anzeigen kann, was nur möglich ist, weil sich die Erinnerung im G a n z e n selbst erhält[666]. Wenn Doderer metaphorisch von der „Brücke zwischen zwei Reichen" spricht, verweist er darauf, daß die Vergangenheit eine eigene Sphäre vorstellt, in die sich das Gedächtnis allzeit versetzen kann, was ganz auf der Linie Bergsons liegt:

„Man versetzt sich mit einem Schlag in die Vergangenheit, man springt in das Vergangene wie in ein eigenes Reich."[667]

Was hier im allgemeinen für die Vergangenheit zutrifft, gilt gleichsam für die Sprache:

„Bergson analysiert nämlich die Sprache auf dieselbe Weise wie das Gedächtnis. Was man uns sagt, machen wir auf dieselbe Art und Weise verständlich, wie wir nach einer Erinnerung suchen. Den sprachlichen Sinn konstruieren wir keinesfalls vom gehörten Laut oder von assoziierten Bildern her, wir versetzen uns mit einem Schlag in die Sphäre des Sinns und danach in einen bestimmten Bezirk dieser Sphäre. Ein wahrhafter Sprung ins Sein. <...> Man muß sich mit einem Schlage ins Vergangene versetzen — mit einem Sprung, mit einem Satz."[668]

Dieser Aspekt ist wesentlich für das schriftstellerische Selbstverständnis Doderers. Der Stoff einer Erzählung, eines Romans wird, wie bereits dargestellt (vgl. S. 51ff in dieser Arbeit), nicht der Gegenwart abgerungen, „sondern von selbst wird plötzlich ein Teil aufleuchten wie ein von innen erhellter Smaragd <...>"[669]

---

[664] Vgl. Autobiographisches Nachwort, DLA 93.

[665] Vgl. Bergson: Denken und schöpferisches Werden, S. 201.

[666] Vgl. Gilles Deleuze: Bergson – Zur Einführung, Hamburg, 1989, S. 72ff.

[667] Deleuze: S. 75. Vgl. auch Bergson, Materie und Gedächtnis, S. 131.

[668] Deleuze: S. 76/77.

[669] Vgl. Autobiographisches Nachwort, DLA 97.

Noch präziser:

> „»Ecrire, c'est la grammaire, revélée par un souvenir en choc.« So formulierte es der Verfasser dieser Zeilen einst in französischer Sprache, weil er sich gerade in Frankreich befand. (»Schreiben ist die Entschleierung der Grammatik durch ein schlagartig eintreffendes Erinnern.«")[670]

Das letzte Abenteuer: *Sein und Zeit*

Indes reitet Ruy doch nach Montefal. Für ihn selbst, der den Sinn seines Dasein aufdecken will, der den „Weg ins Freie" (DLA 39) versucht „frei<zu>hauen" (DLA 39), [vgl. auch hier nochmals Heidegger: *alêtheia* –Wahrheit– = *Lichtung*, dort wo keine Bäume sind], kann die Episode in Montefal nur als Umweg verstanden werden.

Jedoch hat er hier die Ruhe, sich seines Schicksals bewußt zu werden. Er ist in die Welt g e w o r f e n und muß sich seines Lebens annehmen.

> „Aber, in welche Sache immer uns das Leben nun einmal hineingestellt hat: man muß sie führen." (DLA 40)

In der Gewißheit seiner b l o ß e n Existenz, die es zu führen gilt, verliert sich Ruys Wertegefüge. Er ist bei sich und den Dingen selbst. Er ergreift *unbewußt* von sich selbst Besitz.

> „<...>, so doch im Schlaf eines Mannes, der von den Dingen dieser Welt allseits genügend Abstand genommen, um in ihrer Mitte zu ruhen." (DLA 49)

Zu diesem Abstand zur Welt gehört auch der Verzicht auf das Herzogtum Montefal zugunsten seines Knappens Gauvain. Dies erlöst Ruy von der Bürde, ein ihm fremdes, behäbiges Dasein führen zu müssen, das zu sehr durch festgefahrene Strukturen geprägt wäre. Die beim Drachenkampf empfundene Verachtung gegen die Herzogin findet sich zudem in Montefal durch ihr intrigantes Verhalten bestätigt. Die Vorgaben seines Standes und die vordergründig positiven Assoziationen mit dem B e g r i f f »Herzogin«, der Tribut an das *Man*, befremden ihn.

> „Warum soll ich in einen Apfel beißen, bloß weil er Apfel h e i ß t ?" (DLA 51) <Hervorhebung durch den Verfasser>

---

[670] Vgl. Autobiographisches Nachwort, DLA 96.

Ruy ist sich der essenzlosen Begrifflichkeit (der *zweiten Sprache*) der noch herrschenden Vormeinung bewußt geworden, und er sieht gerade in der *Pseudologie*[671] seiner Zeit seine Freiheit gefährdet.

> „Gegen derlei möcht ich mir meine Freiheit gewahrt haben." (DLA 51)

Ruys Unterfangen, die Reise nach Montefal zu wagen, basierte auf den Entscheidungskriterien des bereits überholten Wertegefüges seines Standes. In bezug auf seine Absicht, den Sinn seines Lebens aufzudecken, ließ Ruy sich von den unverbindlichen Leitvorstellungen des Spielmanns *über r e d e n*. In Montefal kann sich Ruy nur einer determinierten Ordnung fügen und somit dem Man verfallen bleiben.

Die Freiheit hingegen konstituiert sich aus der Sorge um seine Zukunft („das Freisein für das eigenste Seinkönnen" SuZ 191). Aus dieser Einsicht heraus gibt er seinem ehemaligen Konkurrenten wohlwollend einen Rat mit auf den Weg:

> „Da d r a u ß e n, Herr Gamuret, liegt Eure Ritterschaft <das wahre, eigentliche Leben>. Ihr vor allem ist die schwere Fahrt zu Nutzen, die Ihr getan habt.<...> Darum ist mein Rat: streckt eure Glieder noch, so lange es euch behagt, wie auch ich das getan habe, und sodann schlagt den alten Männern ein Schnippchen und reitet." (DLA 52f, Hervorhebung durch den Verf.)

Nur solange der *Lebens*-Ritter l e b t, „den alten Männern ein Schnippchen schlägt", hat er eine Zukunft. Der primäre Sinn des Lebens, der Existenzialität, ist die Zukunft. (SuZ 327) Aus Sorge um sein eigentliches Dasein besteht Ruy auf seiner Freiheit. Der Verzicht auf Montefal ist das *Frei–sein von* der Uneigentlichkeit – das *Man* oder auch Doderers zweiter Wirklichkeit – hin zum *Frei–sein für* das eigentliche Leben – Doderers erste Wirklichkeit.

Der zeitliche Rahmen seiner Existenz präzisiert sich für Ruy kurz vor seiner Abreise.

> „»Wohin wird Euch der Weg führen?«" sagte Lidoine und sah hinaus <...> „»Ich kann's nicht wissen«, sagte er kurz. Es wurde Herbst, das war's, nun wußte er's plötzlich." (DLA 65/66)

Es ist Herbst geworden in seinem Leben, und so macht er sich auf, sein letztes Abenteuer zu bestreiten. Es zieht ihn wieder in die Wälder, aus denen er gekommen war. Ruy will sich seinem Schicksal, das ihm bereits im ersten Aufeinandertreffen mit dem Drachen aufgezeigt wurde, stellen.

---

[671] *Pseudologie*: eine von Doderer in seinen Tagebüchern (Commentarii) immer wieder verwendete Vokabel, die eine Entsprechung für die *zweite Wirklichkeit* darstellt, also den Menschen vom eigentlichen *Sein* entfremdet.

Aufgeräumten Sinnes („Herr Ruy ritt als einer – und fühlte sich auch so – der alles wohlgeordnet hinter sich gelassen hat. Jeder saß dort in Montefal über dem Seinem, wie ein Essender über Tische beim Teller. Nur er war vom Tische aufgestanden." <DLA 71>) läßt er eine sich stetig selbstbestätigende »Jeder–Mans«–Welt zurück und sucht erneut die Konfrontation mit dem Wurm, um *endlich* den (Mittel–)Punkt seines Lebens zu finden, der als *Augenblick* („<...> irgendwo ein Punkt zu sitzen, von welchem ein tiefgrünes Leuchten ausging, doch nur für einen Augenblick" (DLA 65) seine Zeit (gewesene Zukunft) beendet, *die Zeit zeitigt.* „Die eigentliche Geschichtlichkeit versteht die Geschichte als die »Wiederkehr« des Möglichen und weiß darum, daß die Möglichkeit nur wiederkehrt, wenn die Existenz schicksalhaft–augenblicklich für sie in der entschlossenen W i e d e r h o l u n g offen ist." (SuZ 391/392, Hervorhebung durch den Verfasser)

Als er in der Ferne die Zacken des „Untiers" (DLA 73) schließlich ausmacht, fühlt er sich *heimgekehrt* („als ergriffe den Heimgekehrten der Anblick vertrauten Hügelschwungs <...> ", vgl. DLA 81). Ruy ist über den Umweg Montefal zu dem Ort zurückgekehrt, der ihm das stetige *Sein zum Tode* nahe brachte und so der Suche nach dem Selbst eine andere Richtung gab.

> „Dasein kann nur dann *eigentlich es selbst* sein, wenn es sich von ihm selbst her dazu ermöglicht. <...> Das Dasein ist eigentlich es selbst nur, sofern es sich *als* besorgendes Sein bei <...> und fürsorgendes Sein mit <...> primär auf sein eigenstes Seinkönnen <bei Heidegger der Tod, Anm. d. Verf.>, nicht aber auf die Möglichkeit des Man–selbst entwirft. <...>" (SuZ 263)

„Das vorlaufende Freiwerden für den eigenen Tod befreit von der Verlorenheit in die zufällig sich aufdrängenden Möglichkeiten,<...>" (Suz 264)

Ruy hat sich aus den Fängen des Man (Montefal) befreit. Das Interesse indes, den Drachen doch noch *im Kampf* zu stellen, verliert sich, denn falls er den Drachen töten sollte, würde er trotzdem seinem Schicksal nicht entkommen.

Dies erkennend, kommt ihm „wie aus einem Traum" ein Lied in den Sinn, was im einst sein Knappe auf dem Weg nach Montefal gesungen hatte und erst jetzt Ruys späte Einsicht bestätigt:

> *„Da kriechst du wieder, wie das Schicksal selbst, <...>*
> *dem Träumer eine ärgerliche Lehre,*
> *und dem der eitle Pläne wälzt. "* (DLA 82)

In seinem Lied dokumentiert Ruy, daß sich das Schicksal nicht bestechen läßt. Wer versucht, das Schicksal durch „eitle Pläne" zu hintergehen, wird letzlich enttäuscht. Das eigene Dasein in seiner Zeitlichkeit ist unveräußerlich. Hingegen eröffnet das Schicksal sich als Gegenwart – „<...> dem wirfst Du einen tiefen Blick" den lebensvollen Abgrund, in die eigene Mitte" (vgl. DLA 82) –, dem, der sich freigemacht hat für den Tod als *Ab*–Grund des Lebens. In Ruys Lied stimmt plötzlich der Spielmann ein. Dieser Spielmann, der ihm einst den Weg gewiesen hatte, singt alt bekannte Verse.

> *„Es zieht die Ferne,*
> *es glüht die Nähe,*
> *wie Edelsteine schimmert des Waldes Grund.*

> *Leicht sitzt die Klinge*
> *die sausende – o Leben,*
> *Dein Summlied mir, o Geheimnis,*
> *küsse im tiefen Wald meinen Mund."* (DLA 83)

Ruy wird in Erinnerung gerufen, daß sich das Geheimnis des Lebens, das „Summlied" des Seins, nur in den tiefen Wäldern der Vergessenheit[672] (als verhülltes *Gedächtnis*) einstellt. In der letzten Strophe offenbart der Spielmann Ruy die zukünftige Bestimmung seines Daseins –

> *„Und Gefechte und Fahrten*
> *und frohes Erwarten der hellen Trompeten*
> *des Morgens frühe –*
> *leicht geht die Hand, und nichts wird mit Mühe –*
> *o gestreut im Lande, am Straßenbande,*
> *die Hügel, die Wälder weit!"* (DLA 83) –,

die sich gleich auch schon als gewesenes Schicksal herausstellt. Denn die letzte Strophe (von Ruys Leben) singt der S p i e l m a n n <als Personifikation des Todes> „herumgewendet im Sattel". (DLA 84) So entfernt er sich – weisend in die Zukunft (vgl. DLA 83) –, seines Blick richtet sich jedoch nach hinten, ins Vergangene. Für Ruy werden die Augen des herüberschauenden Spielmanns unsichtbar, und er sieht zwei „leere Höhlen" auf sich gerichtet. Seine gewesene Zukunft verliert sich im Nichts der leeren (Augen–)Höhlen des Todes.

Ruys *letztes Abenteuer* ist das Ende seines Daseins, der Tod. In diesem Bewußtsein macht er sich wieder auf. Hinter ihm versammelt sich der ganze „Z u g " seiner Vergangenheit. Alles, was er je erlebt haben mochte, findet sich ein. (Vgl. DLA 87) Und Ruy führt diesen „feierlichen Leichenzug" (DLA 86), den „breiten Trauerzug" (DLA 88), seiner Bestimmung folgend an. In einem kleinen Dorf, das von „Raubgesindel" verwüstet wird, kommt es zur letzten Aventüre. Mit dem Schlachtruf „Montefal! Montefal!" (DLA 91) befreit er sich endgültig aus der Szenerie der Uneigentlichkeit <des Man> und stürzt sich in den Kampf, um

---

[672] Vgl. hier auch Doderer: „Sondern von selbst wird plötzlich ein Teil aufleuchten wie ein von innen erhellter Smaragd, grünglühend, und jedesmal wird gerade dieser Teil als eine Hauptsache erkannt werden, die rätselhafterweise lange und ganz in V e r g e s s e n h e i t geraten war." Autobiographisches Nachwort, DLA 97.

seiner *eigentlichen* Bestimmung, die sich nicht in Ruhm und Ehre erschöpft, sondern einem humanistischen *Ethos*[673] entspringt, nämlich „den Bedrängten zu helfen, die Witwen und Waisen zu schützen <...>" (vgl. DLA 92), fürsorgend gerecht zu werden, um in der freien Annahme seines Schicksals, dem Dasein den Sinn in seiner Zeitlichkeit („Die ursprüngliche Zeit ist endlich." SuZ 331) zu geben.

> „Die Charakteristik des existenzial entworfenen eigentlichen Seins zum Tode läßt sich dergestalt zusammenfassen: *Das Vorlaufen enthüllt dem Dasein die Verlorenheit in das Man–selbst und bringt es vor die Möglichkeit, auf die besorgende Fürsorge primär ungestützt, es selbst zu sein, selbst aber in der leidenschaftlichen, von den Illusionen des Man gelösten, faktischen, ihrer selbst gewissen und sich ängstigenden F r e i h e i t z u m T o d e ."* (SuZ 266)

Trotzdem Ruy seinen Tod geahnt hat, erfolgt dieser unerwartet. „Jedoch zu seiner eigenen Verwunderung sank er rasch und weich rechter Hand vom Pferde, <...>" (DLA 92) Ruys Vergegenwärtigung seiner möglichen Nichtigkeit erweist sich somit als ständige, jedoch unbestimmte Bedrohung.

„Diese Stimmung bringt das Dasein vor die Geworfenheit seines „daß–es–ist" (SuZ 265) und führt Ruy zu der Mitte seines Lebens, wo „nichts mehr <ist> als ein tief leuchtendes Grün" im *Augenblick* des Todes. Die gewesene Zukunft ist *gezeitigt* „auf dem <...> Grund eines letzten Ermattens" (DLA 92). Das Dasein „hat nicht ein Ende, an dem es aufhört, sondern *existiert endlich*." (SuZ 329)[674]

---

[673] Vgl. hierzu auch Heidegger: Hum 44 ff.

[674] Den Tod »humanistisch« zu begreifen, erscheint zynisch, zumal Heidegger von verschiedenen Seiten vorgeworfen wird, daß „Sein und Zeit" eine »Todesphilosophie sei. Ich schließe mich der Interpretation Sartres an:
„Es war Heidegger vorbehalten, dieser Humanisierung des Todes eine philosophische Form zu geben: wenn nämlich das *Dasein nichts erdulde,* eben weil es Entwurf und Sichvorweg ist, muß es Sichvorweg und Entwurf seines eigenes Todes als der Möglichkeit sein, keine Anwesenheit in der Welt mehr zu realisieren. Somit ist der Tod die eigene Möglichkeit des *Daseins* geworden, das sich als »Sein zum Tode« definiert. Insofern Dasein über seinen Entwurf auf den Tod hin entscheidet, realisiert es die Freiheit–zum–Sterben und konstituiert sich selbst als Totalität durch die freie Wahl der Endlichkeit." Jean–Paul Sartre: „Das Sein und das Nichts", 1. Aufl. der Neuübersetzung, Hamburg 1952, 1962, 1991, S. 916.

Apperzeptive Aussichten – Peter Handke

Es soll hier nochmals dem Grundgedanken der Dodererschen Apperzeption hinsichtlich der Produktion von Sprache nachgegangen werden. Schröder selbst gibt einen entscheidenden Wink:

> „Die Prinzipien der Selektion und Interpretation, die seine <Doderers> Wahrnehmung bestimmen, sind damit der eigenen Kontrolle entzogen und müssen sich dementsprechend 'unkontrolliert' auswirken."[675]

In der Tat geht es bei der »Apperzeption« um ein „unkontrolliertes" Wahrnehmen, letztlich um den Versuch einer Überwindung der von Schröder herangezogenen rationalistischen Restriktionen. Als Kern der Apperzeption zeigte sich die Kontemplation und das „freisteigende Gedächtnis", welche einen »anderen« Zustand voraussetzen bzw. sich Grenzsituationen verdanken (wie etwa bei der Figur *Ruy de Fanez*). Die Apperzeption ist allerdings kein Talent, keine Gabe; sie zeitigt sich zwar mitunter spontan, bedarf aber ansonsten der eingehenden Übung. Doderers diesbezügliche Bemühungen richten sich nicht nach Klassifizierungen, Ordnungen, Kategorien, also nach Prinzipien, denen sich die Wissenschaft verschrieben hat, sondern halten sich in einem *meditativen* Rahmen auf; sind für den Literaten notwendig zugleich eine sprachliche Anstrengung. Das Experimentierfeld hierfür ist bei Doderer wesentlich das Tagebuch gewesen. Peter Handkes „Journal" „Das Gewicht der Welt", in dem er mehrmals auf Doderer eingeht[676] – („Und doch: Doderer lesen und denken: Ach, diese ideale Welt! (ein Seufzer der Sehnsucht)"[677] –, dürfte in dieser Hinsicht ähnlich ambitioniert sein.

Exkurs „Melzer": Interessant ist zunächt eine Eintragung Handkes vom 27. September 1976, die den Amtsrat Melzer aus der „Strudlhofstiege" betrifft:

> „Er brachte es fertig, nichts von dem zu denken, was man sich so im allgemeinen denkt; und damit setzte Melzer, freilich ohne es zu ahnen, die zweite erhebliche Leistung seines Lebens."

Worauf Handke hier offensichtlich mit anspricht, ist der meditative „Denkschlaf"[678], dem Melzer öfters anheimfällt und der die Dinge in einem anderen

---

[675] Vgl. Schröder: Apperzeption und Vorurteil, S. 80.

[676] Peter Handke: Das Gewicht der Welt – Ein Journal (November 1975 – März 1977), 1. Aufl., Salzburg, 1977, 1979. Vgl. 27. Mai 1976, 31. Mai 1976, 24./26./27. September 1976, Februar 1977.

[677] Vgl. Handke: 27. Mai 1976.

[678] Vgl. Stiege 296, 310 u.a.

Licht erscheinen läßt. Das intentionale Denken verliert sich beim „Denkschlaf" in assoziativen Tropen, die unkontrolliert und somit voraussetzungslos passieren:

> „Aber solcher Vorbeisturz an uns selbst, revue passée im Schnellzugtempo, er läßt dasjenige, worauf es ankommt, intensiver aufleuchten als jede mühsam wurmisierende Denkerei, aufleuchten an den Weichen oder Wechseln die jener Schnellzug befährt, in sein angemessenes Gleis gleitend (das sind eben die Wendepunkte oder Trópoi, wie's die Alten nannten). <...> Um die Sache eindrucksvoller zu machen, blitzt dann überall, wo die Kugel ihren Weg entscheidet, eine kleine elektrische Birne auf, grün, rot, oder gelb. Damit könnte man solch eine sekundenlange revue passée oder revue du passé vergleichen." (Stiege 310/311)

Mit diesem »Denkschlaf« greift Doderer einerseits Therapieformen der Psychoanalyse auf (vgl. hier und nachfolgend Schröder: Apperzeption und Vorurteil, S. 174ff), mit denen Freud versucht, seine Patienten in eine Art Vor–Schlaf zu versetzen, damit diese ihre Vorstellungen möglichst reflexionslos äußern können.[679]

> „Wie man sieht, handelt es sich darum, einen psychischen Zustand herzustellen, der mit dem vor dem Einschlafen (und sicher auch mit dem hypnotischen) eine gewisse Analogie in der Verteilung der psychischen Energie (der beweglichen Aufmerksamkeit) gemein hat. Beim Einschlafen treten die 'ungewollten Vorstellungen' hervor durch den Nachlaß einer gewissen willkürlichen (und gewiß auch kritischen) Aktion <...>"[680]

Es geht Freud im weiteren darum, wie Schröder selbst ausführt, die „Steigerungen der Wahrnehmungen" zu forcieren und die Kritikfähigkeit zu minimieren, mit der der Patient „die ihm auftauchenden Gedanken sonst zu sichten pflegt", wodurch im Sinne Doderers ein »apperzeptiver Zustand« erreicht wäre. Es wird deutlich, daß es auch Freud darauf ankommt, die von Schröder angemahnte Selektion und Interpretation zu unterminieren, das heißt die utilitären, teleologischen Kontrollen des Bewußtseins auszuschalten, damit Erinnerungsbilder eben unkontrolliert passieren können. Die anschließende Kritik Schröders, daß Doderer mit der Figur Melzers die psychoanalytische Methode nicht *korrekt* anwendet, kann ja nur dann bestehen, wenn angenommen wird, daß überhaupt die Möglichkeit besteht, den von Freud beschriebenen „psychischen Zustand" anzutreffen. Schröder richtet die Kritik, die nach seiner »wissenschaftlichen« Auffassung eigentlich Freud gelten müßte, unversehens gegen Doderer. Skurril wirkt zudem, daß Schröder dem Autor zugesteht, daß dieser „sehr bewußt das psy-

---

[679] Vgl. Schröder: Apperzeption und Vorurteil, S. 174/175.

[680] Freud: Studienausgabe Bd. II. Die Traumdeutung, Frankfurt am Main 1972, 121/122. Zitiert nach Schröder.

chologische Verhalten seiner Figuren kontrolliert."[681] Natürlich *kontrolliert* der A u t o r die Psyche seiner Protagonisten. Wer denn sonst?

Zum anderen läßt Doderer – neben der Reminiszenz an die hypnotische Verfahrensweise Freuds – anhand der Figur Melzer auch die Möglichkeit durchblicken, über den Konsum von »Drogen« die Basis für *freies* Assoziieren und Erinnern herzustellen, im weiteren einen Konnex zwischen *Bewußtem* und *Unbewußtem* zu erreichen:

> „Dann tat er <Melzer> Ungewohntes. Er stellte die Servierplatte mit dem fertigen Mokka neben das Bärenfell auf den Boden, stopfte einen Tschibuk und streckte sich der Länge nach auf dem Fell aus. Der Tschibuk ist die stärkste Art, in welcher man Tabak genießen kann <...> Gebraucht man den Tschibuk selten und in beschriebener Weise, immer in Verbindung mit richtig bereitetem türkischen Kaffe, dann bietet sich in ihm ein fein-narkotisches Mittel zur Beruhigung und Sammlung, die dann allmählich in jenen Zustand übergehen können, in welchem der Türke seinen 'Kef' hält: das ist kein vollständiger animalischer Schlaf, sondern ein schwebendes Dahindämmern ohne jede Dumpfheit und sogar geeignet, die schöpferischen Kräfte im Menschen zu entbinden, genauer: das Bewußte und das Unbewußte aneinander heranzuführen, bis zwischen beiden der Funke springt." (Stiege 94/95)[682]

Aldous Huxley sieht in der kontrollierten Verwendung von Drogen (bei ihm Meskalin) eine Möglichkeit gegeben, das „Reduktionsventil des Gehirns", das lediglich „ein spärliches Rinnsal der Art von Bewußtsein" zuläßt, „die uns hilft, auf der Oberfäche unseres Planeten am Leben zu bleiben"[683], zu umgehen. Sprachkritisch sieht er durch die Reduktionsmechanismen (des Gehirns) ein „Universum" gegeben, das sich als „vermindertes Bewußtsein" ausdrückt und sich in analogen sprachlichen Strukturen zementiert, die bloß für bestimmte Lebenssituationen nützlich sind. Ein erhebliches Potential unseres Bewußtseins wird somit im Vorfeld eliminiert, bleibt folglich im Verborgenen. Auf die Gefahr eines Drogenmißbrauchs braucht hier nicht eigens hingewiesen werden. Huxley insistiert – genau wie Doderer – darauf, daß nicht der Rausch, die „Dumpfheit" im Mittelpunkt steht, vielmehr die Entbindung bisher unbewußter Möglichkeiten:

---

[681] Vgl. Schröder: Apperzeption und Vorurteil, S. 176.

[682] Vgl. in diesem Zusammenhang auch Kakabsa in den Dämonen: „Hier saß er nun in der Wärme, im Lichtschein, hielt die Nase über die Tasse und sog den Kaffeeduft ein. Der erste Zug aus der Zigarette erzeugte einen leichten Rausch. Hier in der Stille, dem feiertäglichen verspäteten Heraufkommen des Getriebes weit voraus, fühlte er sich gleichsam auf dem Dache des Lebens sitzend, fühlte er sich Herr aller seiner Entschlüsse <...>" (Dämonen 564)

[683] Aldous Huxley: Die Pforten der Wahrnehmung Himmel und Hölle – Erfahrungen mit Drogen, München 1970, 1980, S. 17.

„Obgleich der Verstand unbeeinträchtigt bleibt und das Wahrnehmungsvermögen ungeheuer verbessert wird, erleidet der Wille eine tiefgreifende Veränderung zum Schlechteren. Wer Meskalin nimmt, fühlt sich nicht veranlaßt, irgend etwas Bestimmtes zu tun, und findet die meisten der Zwecke, für die er zu gewöhnlichen Zeiten zu handeln und zu leiden bereit war, äußerst uninteressant. Er »kann sich nicht mit ihnen abgeben«, aus dem guten Grund, daß er über Besseres nachzudenken hat. <...> Dieses Bessere kann (wie in meinem Fall) »dort draußen« oder aber »hier innen« erlebt werden, oder in beiden Welten, der inneren und der äußeren, gleichzeitig oder nacheinander."[684]

Melzers »Universum« ist im wesentlichen durch den »militärischen Geist« und dessen Sprache vorgeprägt und eingeschränkt. Erst seine »Denkschlafübungen« führen sukzessive dazu, den militärischen Habitus inklusive seiner Sprachlichkeit abzulegen. Hervorgebracht wird eine vorher unbewußte Sprache, die sich dann allmählich verselbständigt und Melzer vom militärischen *common sense* dispensieren läßt:

„Damals sind bei Melzer noch andere selbständige Wortbildungen aufgetaucht, eine Geheimsprache für den intimen Gebrauch könnte man´s nennen." (Stiege 296)

Ähnlich wie bei Leonhard Kakabsa (vgl. S. 116ff in dieser Arbeit) zeitigt sich eine *Sprachfindung*, ein zweiter Spracherwerb, bei Melzer schließlich die Sprache des *Zivilisten*:

„(Also: unser Melzer ist Zivilist geworden; derlei gibt´s überhaupt nur im Zivilverstand; aber – er wunderte sich doch über seine eigenen Ausdücke, die jetzt auch schon außerhalb des Melzerischen 'Denkschlafs' Macht gewannen; ja, es war, als zöge ihn die Sprache, die er fand, hinter sich her und in ein neues Leben hinüber: die Sprache stand vor seinem Munde, schwebte voran, und er folgte nach.)" (Stiege 763)

Melzers Beispiel zeigt, daß die Apperzeption in ihren verschiedenen Modi („anderer Zustand", Askese, „Denkschlaf" usw.) immer zugleich auch das Hervorbringen einer *vergessenen* bzw. unbewußten Sprache intendiert, die nicht an die Notwendigkeiten des Alltags gebunden ist und ideologische Strukturen (bei Melzer etwa die militärischen) hintertreibt. Die so *entdeckte* Sprache verweist zunächst nicht auf vordergründige »Sinngebungen«. Ihre direkte Dienstbarkeit im Kommunikationsgeschehen, ihre Zweckmäßigkeit bleibt vorerst im Unklaren (etwa Kakabsas Erwerb der lateinischen Sprache), zeigt sich erst später. Übertragen auf Literatur bzw. auf den Literaten, dürfte die Einschätzung Helmstetters bezüglich der (literarischen) Sprachlichkeit – hier die der „Strudlhofstiege" – zutreffend sein:

---

[684] Huxley: S. 18f.

„Die Stiege (prä)figuriert eine nicht-instrumentelle, sondern ästhetisch-mediale Sprache, die kein Mittel zu vorgegebenen Zwecken, kein verbales Vehikel für vorgegebene Inhalte ist."[685]

Die literarische Bedeutung einer (noch) nicht-instrumentalisierten Sprache ist durchgängiges Thema in Handkes „Journal". Eine direkte Analogie zu Doderers „Denkschlaf" bei Melzers kann in den „Halbschlafbildern" bei Handke[686] gesehen werden:

> „Halbschlafbilder: es gibt nur noch sie, kein Innen und kein Außen mehr; sie erfüllen alle Räume als Gefühl, und ich bin in dem Gefühl geborgen; als gäben sie das Gefühl, das keine nähere Bezeichnung mehr braucht: das Gefühl »Gefühl«." (18. März 1976)

> „Die Halbschlafbilder, zu denen man gelangt, wenn es einem glückt, innerhalb der geschlossenen Augen noch einmal die Augen zu schließen: dann leben sogar die Steine."[687]

Sowohl der „Denkschlaf" als auch der „Halbschlaf" gewährleisten quasi eine »Entweltlichung«. Sie setzen damit »metaphysisches«[688] Potential frei, erlauben den Übergang (Trance) zu einer unbewußten bzw. erweiterten *Welt*. Vergleichbar mit der Berufung Doderers auf die analogia entis, die ihm einen Zugang zum »Sein« öffnen soll, „erlebt der Schreibende <Handke> Momente, da man 'so entgrenzt wird, daß man tatsächlich eine Art *Welt*seele fühlt, statt die beschränkte eigene' <Zitat Handkes, S. 100>"[689] Kommentarlos, damit offensichtlich zustimmend, zitiert Handke Heidegger und trifft damit sowohl das Wesen seiner Anstrengungen als auch das Wesen der Dodererschen Apperzeption:

> „»Bereitschaft des Sich-Offen-Haltens für die Ankunft oder das Ausbleiben des Gottes. Auch die Erfahrung dieses Ausbleibens ist nicht nichts, sondern eine Befreiung des Menschen von der Verfallenheit an das Seiende.« (Heidegger)" (31. Mai 1976)

Den Aspekt der Befreiung von „der Verfallenheit an das Seiende", von – im weitesten Sinne – »weltanschaulichen« Absichten greift Handke in dem von ihm selbst vorgeschlagenen Alternativtitel „Phantasie der Ziellosigkeit" auf, wodurch der gesamte Tenor dieses Diariums treffend gekennzeichnet ist. Handkes „Vornotiz" gibt die entscheidenden Hinweise für seine Vorgehensweise, für *seine*

---

[685] Vgl. Helmstetter: S. 226.

[686] Vgl. auch Doderer TB, Bd. 1, „'Aus dem H a l b s c h l a f kommend, bring' ich ein Stück Wahrheit mit herauf ...'" S. 469.

[687] Vgl. Handke: S. 104.

[688] Vgl. Katharina Mommsen: Peter Handke: *Das Gewicht der Welt* – Tagebuch als literarische Form, S. 249, in: Peter Handke, hrsg. von Raimund Fellinger, Frankfurt am Main, 1985.

[689] Vgl. Mommsen: S. 249.

sprachliche »Purifikation«. Ursprünglich waren die Aufzeichnungen zweckdienlicher Natur. Es handelte sich zunächst um Notizen, Skizzen, die zur direkt literarischen Ausarbeitung gedacht waren.

> „Die täglichen Wahrnehmungen wurden also im Kopf zunächst übersetzt in das System, für das sie gebraucht werden sollten, ja, die Wahrnehmungen an sich, wie sie zufällig geschahen, wurden auch schon ausgerichtet für einen möglichen Zweck."
> (Vornotiz)

Handke stellt fest, daß er dabei restriktiv vorgegangen war. Folglich sind viele Wahrnehmungen verlorengegangen, weil sie dem „System" widersprachen, für das sie „gebraucht werden konnten"; „sie »konnten <deshalb> vergessen werden«." Zur Disposition stehen also Eindrücke, Reminiszensen, die mangels Dienstbarkeit unbeachtet bleiben. Die dafür verantwortlichen teleologischen Selektionsmechanismen versucht Handke durch simultane Sprachreflexe zu umgehen, um das „spontane <Aufzeichnen> zweckfreier Wahrnehmungen" zu ermöglichen:

> „Ich übte mich nun darin, auf alles, was mir zustieß, sofort mit Sprache zu reagieren, und merkte, wie im Moment des Erlebnisses gerade diesen Zeitsprung lang auch die Sprache sich belebte und mitteilbar wurde; einen Moment später wäre es schon wieder die täglich gehörte, vor Vertrautheit nichtssagende, hilflose »Du weißt schon, was ich meine« – Sprache des Kommunikations–Zeitalters gewesen."
> (Handke, S. 7)

Handke setzt sich mit diesem Anspruch natürlich vermeintlich in Widerspruch zu der von Doderer eingeforderten diachronischen Gedächtnisdistanz, die für das Gelingen eines Romans ausschlaggebend sei (vgl. S. 51ff in dieser Arbeit u.a.) Allerdings ist einzuräumen, daß Handkes Aufzeichnungen nicht den Charakter eines ausgearbeiteten literarischen Werkes beanspruchen, sondern – ähnlich den »Denkschlafübungen« Melzers – dazu dienen, eine „Sprachlebendigkeit" allererst wiederherstellen zu können bzw. – bezogen auf den Autor – „unbekannte literarische Möglichkeiten" (Handke, Vornotiz) zu entdecken. Die Synchronie dieses Verfahrens erlaubt deswegen nur eine Sammlung von Fragmenten, deren zeitliche Fixierung im vorliegenden »Tagebuch« eine Ordnung, eine »Form« nur vorgibt. Doderers Selbstverständnis bezüglich der Bedeutung seiner Tagebücher liefert eine gewisse Analogie zu Handke:

> „Dies ist kein Werk der Kunst. Das Tagebuch – wenn wir für diesmal von seiner Verwendung als literarische Form absehen – beruht auf der zum Formprinzip erhobenen Formlosigkeit. <...> Der Mensch, welcher die folgenden Blätter beschrieb, befand sich schon seiner äußeren Lage und dem Drucke der Zeitumstände nach außerhalb der Möglichkeit, auf eine Publikation hin zu schreiben. So entsprach er ohne Verdienst und ohne es zu wissen dem Postulat: Schreibe, als ob du allein im Universum wärest. Kurz: es sind echte Tagebücher.
> Warum nun werden sie gedruckt?

Nur um für Interessenten den Quellgrund zu zeigen, aus welchem alles kam, was Form gewann und inzwischen publik geworden ist. Nun, seht her, so unscheinbarer Herkunft war es!" (Tangenten, Vornotiz)

Im Unterschied zu Handke gibt Doderer an, daß seine Tagebücher zwar nicht für die Publikation geschrieben worden sind, allerdings eine wesentliche Vorarbeit („Quellgrund") für die spätere literarische Ausarbeitung bzw. eine Reflexion über die „technischen" Voraussetzungen darstellen. Er gibt damit Einblick in die »Werkstatt" des Schriftstellers. Handkes »Tagebuch« hingegen steht für sich, verweist auf keine direkte (literarische) Weiterverarbeitung. Dennoch findet auch bei Handke ein Nachdenken über die Funktion von Literatur statt. Gewichtig bleibt auch bei Handke die Rolle des Gedächtnisses gegen das stetige Vergessen. Das „Kommunikations-Zeitalter" unterdrückt dabei eine „vergessene" »ursprüngliche« Sprachlichkeit, die sich etwa durch den Literaten bzw. via Literartur ihren Weg an die Oberfläche bahnen könnte:

> „die vergessene, anonyme Sprache aller Menschen wiederfinden, und sie wird erstrahlen in Selbstverständlichkeit (meine Arbeit)". (Handke, 21. März 1975)

Die sprachliche Alternative besteht dabei in der Konkretion der Beschreibung, die sich von keiner Programmatik ableiten läßt:

> „Literatur: die noch nicht vom Sinn besetzten Orte ausfindig machen".
> (Handke, November 1976)

Die Gemeinsamkeit bei Doderer und Handke ist die Abkehr von einer ideengeleiteten, im weiteren ideologischen Betrachtungsweise von Welt. Unterschiedlich sind ihre Vorgehensweisen.

Doderer erzielt die Distanz durch den zeitlichen Abstand. Die Reproduktion von entfernten Vergangenheitszuständen, die unter anderem eben im Tagebuch fixiert sind, gewährleistet *innere* Zweckfreiheit, da sie für die Gegenwart, den Allltag des Literaten keinen unmittelbaren Nutzen intendiert. Die *äußere* Zweckmäßigkeit liegt ausschließlich in der literarischen Übersetzung bzw. Übertragung, in ihrer Versprachlichung im Roman.

Handkes Bemühungen in seinem Diarium beziehen sich direkt auf seine Gegenwart. Ihm geht es um eine simultane Gedächtnisleistung, um die direkte Versprachlichung der Empfindungen, die der stetigen utilitären »Selektion und Interpretation« (Schröder) *normalerweise* verborgen bleiben müssen.

Die literarische Präferenz liegt bei beiden in der Deskription. Der »Sinn« von Literatur ergibt sich nicht daraus, eine »Idee« voranzustellen und diese dann literarisch auszufüllen, sondern darin, eine Sprachlichkeit *zu finden*, die sich nicht an „Universal–Pictures" hält, somit vielmehr darum bemüht ist, dieselben stetig aufzulösen:

Handke:

„Was es, für mich, vor zehn Jahren noch für Einschüchterungen gab: »Die konkrete Poesie«, »Andy Warhol« und dann Marx und Freud und der Strukturalismus, und jetzt sind all diese Universal–Pictures verflogen, und nichts soll irgendeinen mehr bedrücken als das Gewicht der Welt." (Handke, 6. März 1975)

Doderer:

„Einer solchen Sprachlichkeit vereidigt bis zum Stande metaphorischer Heiligkeit innerhalb ihrer, tritt nur der erzählende Dichter einer Welt gegenüber, von welcher er nichts will, und am allerwenigsten, daß sie sich profund ändere: denn das empirisch Gegebene ist für ihn eine letzte inappellable Instanz. In diesen Zustand zu gelangen erforderte viel Disziplinierung, in ihm zu verbleiben erfordert davon noch mehr. Die Etablierung solcher innerer Dialektik aber projiziert diese auch gleich wieder in's äußere Leben hinaus, welches jedoch unter jeder Soll–Vorstellung verzerrt, ja genau hingenommen unsichtbar wird. <...> Anders: der Sinn jeder Disziplinierung kann nur ihre Selbst–Aufhebung sein."[690]

Handke:

„Doderer: Es ist vielleicht ganz gut, wenn jemand beim Schreiben nicht mehr viel Sehnsucht spürt, sondern nur die Erinnerung daran als Energie für seine Figuren verwendet." (31. Mai 1976)

---

[690] Tangenten 15, Eintrag vom 13. Januar 1940.

Verzeichnisse

TEXTE HEIMITO VON DODERERS

SIGL

Briefwechsel 1928–1966
Heimito von Doderer/Albert Paris Gütersloh,
hrsg. v. Reinhold Treml, Biederstein, München 1986.

Commentarii 1951–1957, 1957-1966 .... COM
Tagebücher aus dem Nachlaß,
hrsg. v. Wendelin Schmidt–Dengler,
Biederstein: München 1976/1986.

Das letzte Abenteuer, Stuttgart 1953, 1981. ....DLA

Die Dämonen, München, 1. Aufl. 1956, 1985. ....Dämonen

Die Merowinger oder die totale Familie, München, 1962. ....Merowinger

Die Strudlhofstiege oder Melzer und die Tiefe der Jahre
München, 1951, 1966. ....Stiege

Die sibirische Klarheit, Texte aus der Gefangenschaft,
München, 1991.

Die Wiederkehr der Drachen, Aufsätze/Traktate/Reden,
Vorw. v. Wolfgang H. Fleischer,
hrsg. v. Wendelin Schmidt–Dengler,
Biederstein: München, 1970. .... WdD

Divertimento No VII: Die Posaunen von Jericho
hier aus: Heimito von Doderer – Die Erzählungen,
hrsg. von Wendelin Schmidt–Dengler, München, 1972, 1976. .... POS

Ein Umweg in: Die erleuchteten Fenster oder
die Menschwerdung des Amtsrates Julius Zihal,
München, 1940, 1950.

Meine neunzehn Lebensläufe und neun andere Geschichten
Biederstein: München, 1966.

Repertorium – Ein Begreifbuch von höheren
und niederen Lebens–Sachen –, hrsg. v. Dietrich Weber,
Biederstein: München, 1969.

Tagebücher 1920-1939, Bd. I und II, München, 1996. .... TB (I, II)

Tangenten, Tagebuch eines Schriftstellers, 1940–1950,
Biederstein: München, 1964. ....**Tangenten**

LITERATUR

Zitation: Bei der ersten Nennung wird jeweils der komplette Nachweis in den Fußnoten vermerkt. Danach wird nach Sigln zitiert bzw. nur noch der Name des Autors und die entsprechende Seitenzahl angegeben. Bei Autoren, bei denen nachfolgend mehrere Veröffentlichungen registriert sind, wird nach dem Namen jeweils zusätzlich der Titel der Publikation angegeben mit nachfolgender Seitenzahl.

Theodor W. Adorno:
- Ästhetische Theorie, Frankfurt am Main, 1970, 1992.
- Jargon der Eigentlichkeit, Zur deutschen Ideologie, Frankfurt am Main, 1964, 1989.
- Notizen zur Literatur, Frankfurt am Main, 1974, 1991.
- Negative Dialektik, 8. Aufl., Frankfurt am Main, 1966, 1994.

Volkmar Altmann: Totalität und Perspektive: zum Wirklichkeitsbegriff Robert Musils im „Mann ohne Eigenschaften", Frankfurt am Main, Berlin, Bern, New York, Paris, Wien, 1992.

Thomas von Aquin(o):
- Summe der Theologie, 1.–3. Bd., zusammengefaßt, eingeleitet und erläutert von Joseph Bernhart, 3. durchgesehene und verbesserte Auflage, Stuttgart, 1985.
- Über Seiendes und Wesenheit – De ente et essentia – mit Einleitung, Übersetzung und Kommentar, hrsg. v. Horst Seidl, Lateinisch–Deutsch, Hamburg, 1988.
- Von der Wahrheit – De veritate –, ausgewählt, übersetzt und hrsg. von Albert Zimmermann, Lateinisch–Deutsch, Hamburg, 1986.

Aristoteles: Metaphysik, Schriften zur ersten Philosophie, übersetzt und hrsg. v. Franz F. Schwarz, Stuttgart, 1970, bibliographisch ergänzte Ausg., 1984.

Ernst von Aster: Geschichte der Philosophie, 17. Aufl., Stuttgart, 1932, 1980.

Walter Benjamin: Illuminationen – Ausgewählte Schriften I, Frankfurt, 1955, 1977.

Henri Bergson:
- Denken und schöpferisches Werden, Frankfurt am Main, 1985.
- Materie und Gedächtnis, Eine Abhandlung über die Beziehung zwischen Körper und Geist, Hamburg, 1991.

George Berkeley: Eine Abhandlung über die Prinzipien der menschlichen Erkenntnis, Hamburg, 1979.

Helga Blaschek–Hahn: Übergänge und Abgründe – Phänomenolgogische Betrachtungen zu Doderers Roman Die Wasserfälle von Slunj, Würzburg, 1988.

Rudolf Borchardt: Gesammelte Werke in Einzelbänden, Bd. 3, hrsg. v. Marie Luise Borchardt/ Herbert Steiner, Stuttgart, 1957.

Bertolt Brecht: Schriften zum Theater, Über eine nicht–aristotelische Dramatik, 21. Aufl., Frankfurt am Main, 1989.

Walter Bröcker: Aristoteles, 5. Aufl., Frankfurt am Main, 1987.

Hans Christoph Buch: Ut Pictura Poesis, Die Beschreibungsliteratur und ihre Kritiker von Lessing bis Lukács, München, 1972.

Albert Camus: Der Mythos von Sisyphos, Ein Versuch über das Absurde, Hamburg, Juni 1959, 1988.

Auguste Comte: Das Drei-Stadien-Gesetz, Metaphysik, Wissenschaft, in: Rede über den Geist des Positivismus, übersetzt, eingeleitet und hrsg. von I. Fetscher, Hamburg, 1956.

Gilles Deleuze: Bergson, Zur Einführung, Hamburg, 1989.

Jacques Derrida: Vom Geist, Heidegger und die Frage, Frankfurt am Main, 1992.

Fjodor Dostojewski: Aufzeichnungen aus einem Totenhaus, Gesammelte Werke in zwanzig Bänden, Berlin und Weimar, 1983.

Wolfgang Düsing: Erinnerung und Identität, Untersuchungen zu einem Erzählproblem bei Musil, Döblin und Doderer, München, 1982.

Karl Eibl: Robert Musil 'Drei Frauen', Text, Materialien, Kommentar, München, Wien, 1978.

Erinnerungen an Heimito von Doderer, hrsg. von Xaver Schaffgotsch, München, 1972.

Roswitha Fischer: Studien zur Entstehungsgeschichte der „Strudlhofstiege" H. v. Doderers, Wien, 1975.

Wolfgang Fleischer: Das verleugnete Leben, Die Biographie des Heimito von Doderer, 2. Aufl., Wien, 1996.

Ekkehard Fräntzki: Die Kehre – Heideggers Schrift „Vom Wesen der Wahrheit", Pfaffenweiler, 1985.

Sigmund Freud:
- Schriften zur Krankheitslehre der Psychoanalyse, Frankfurt am Main, 1991.
- Abriß der Psychoanalyse, Das Unbehagen der Kultur, Frankfurt am Main, 1953, 1992.
- Studienausgabe Bd. II., Die Traumdeutung, Frankfurt am Main, 1972.

Hans–Georg Gadamer: Die Aktualität des Schönen, Reclam, Stuttgart, 1977, 1986.

Friedrich Gaede: Realismus von Brant bis Brecht, München, 1972.

Ulrich Greiner: Das Unsagbare am Rande des Unsäglichen – Über das literarische Straucheln großer Schriftsteller, in: Akzente – Zeitschrift für Literatur, hrsg. von Michael Krüger, Heft 3/Juni 1997.

Peter Handke:
- Das Gewicht der Welt, Ein Journal, Salzburg, 1977, 1979.
- Wunschloses Unglück, Salzburg, 1972, 1974.

Käthe Hamburger: Wahrheit und ästhetische Wahrheit, 1. Aufl., Stuttgart, 1979.

Martin Heidegger:
Nachfolgende Sigl nach dem
- Index zu Heideggers „Sein und Zeit", zusammengestellt von Hildegard Feick, 4. neubearbeitete Auflage von Susanne Ziegler, Tübingen, 1991, S. XV.
- Sein und Zeit, zuerst erschienen 1927, 16. Aufl., Tübingen, 1986. Sigl: **SuZ**
- Vom Wesen der Wahrheit, erste Aufl. 1943, überprüfte Texte eines öffentlichen Vortrages, der unter gleichem Titel seit 1930 öfter gehalten wurde, 7. Aufl., Frankfurt am Main, 1986.
- Die Grundbegriffe der Metaphysik, Gesamtausgabe, II. Abt.: Vorlesungen 1923–1944, Bd. 29/30, Frankfurt am Main, 1983.
- Beiträge zur Philosophie, Gesamtausgabe, III. Abt.: Unveröffentlichte Abhandlungen, Bd. 65, Frankfurt am Main, 1989.
- Der Ursprung des Kunstwerkes, mit einer Einführung von Hans Georg Gadamer, 1935 als Vortrag gehalten, erstmals erschienen in *Holzwege*, S. 1-74, Frankfurt am Main 1950, hier: Reclam, Stuttgart, 1960, 1988. Sigl nach Feick: *Holzw*)
- Logik, Bd. 21 der Gesamtausgabe, Abt. II: Vorlesungen 1923–1944.
- Zur Seinsfrage, Frankfurt am Main, 1956, 1977.
- Über den Humanismus, Frankfurt am Main, 1949, 1991. Sigl: **Hum**
- Wozu Dichter?, in: Holzwege, Frankfurt am Main, 1950, 1994.

Rudolf Heinz:
- Oedipus complex, Zur Genealogie von Gedächtnis, Wien, 1991.
- Pathognostische Äquivalente zu „Erinnern, Wiederholen und Durcharbeiten", aus: „KAUM, Halbjahresschrift für Pathognostik, hrsg. von Rudolf Heinz, Bd.2, „Die kranken Dinge" • I, Büchse der Pandora, 1986.
- Zeitkritik nach Heidegger, in: Philosophie in der Blauen Eule, Bd. 9, S. 133-147.
- Philosophenlesung über Technik – Todestrieb – Tod, aus: Perspektiven des Todes, Interdisziplinäres Symposium, hrsg. v. Reiner Marx u. Gerhard Stebner, Heidelberg, 1990, Sonderdruck..

Rudolf Helmstetter: Das Ornament der Grammatik in der Eskalation der Zitate – „Die Strudlhofstiege" – Doderers moderne Poetik des Romans und die Rezeptionsgeschichte, München, 1995.

Imke Henkel: Lebensbilder, Beobachtungen zur Wahrnehmung in Heimito von Doderers Romanwerk, Tübingen, 1995.

Michael Horowitz: Heimito von Doderer – Versuch einer Biographie, aus Begegnungen mit Heimito von Doderer, Wien-München, 1983.

Edmund Husserl: Untersuchungen zur Phänomenologie und Theorie der Erkenntnis, in Logische Untersuchungen, Teil 2, Untersuchungen zur Phänomenologie, Halle, 1901.

Aldous Huxley: Die Pforten der Wahrnehmung – Himmel und Hölle, Erfahrungen mit Drogen, München, 1970, 1980.

Internationales Symposium – Heimito von Doderer – Ergebnisse, 4.,5. Oktober 1986. Prein/Rax, NÖ, Hg. Niederösterreich–Gesellschaft für Kunst und Kultur, Wien, 1986.

Karl Jaspers: Die großen Philosophen, erster Band, München, 1957, 5. Aufl. 1989.

P. Jurevičs: Henri Bergson, Eine Einführung in seine Philosophie, Freiburg, 1949.

Franz Kafka: In der Strafkolonie, aus: Sämtliche Erzählungen, hrsg. von Paul Raabe, Frankfurt am Main, 1970, 1994.

Wolfgang Kaiser: Die Vortragsreise, Studien zur Literatur, Bern, 1958.

Immanuel Kant:
- Kritik der reinen Vernunft, hrsg. von Ingeborg Heidemann, Reclam, Stuttgart, 1966.
- Die drei Kritiken – in ihrem Zusammenhang mit dem Gesamtwerk. Mit verbindendem Text zusammengestellt von Raymund Schmidt, Kröner, Stuttgart, 1975. Kapitel: Die Kritik der ästhetischen Urteilskraft, S. 283ff.

Ulrich Karthaus: Der andere Zustand, Zeitstrukturen im Werk Robert Musils, Philologische Studien und Quellen, hrsg. von Wolfgang Binder, Hugo Moser, Karl Stackmann, Wolfgang Sammler, Heft 25, Berlin, 1965.

Gottfried Wilhelm Leibniz: Neue Abhandlungen über den menschlichen Verstand, übersetzt, eingeleitet und erläutert von Ernst Cassirer, Hamburg, 1971.

Georg Lukács:
- Die Theorie des Romans, Ein geschichtsphilosphischer Versuch über die Formen der großen Epik, 4. Aufl., Luchterhand, Darmstadt und Neuwied, 1971, 1977.
- Kunst und objektive Wahrheit, Deutsche Zeitschrift für Philosophie 2, 1954, S. 113-148, hier aus: Theorien der Kunst, hrsg. von Dieter Henrich und Wolfgang Iser, Frankfurt am Main, 1982, 1992.

Claudio Magris: Doderers erste Wirklichkeit, in: Heimito von Doderer 1896–1966, Symposium anläßlich des 80. Geburtstages–, S. 41–59, Neugebauer, Wien, 1976.

Thomas Mann: Der Tod in Venedig, in: Die Erzählungen, Bd. 1, Frankfurt am Main, 1977.

Odo Marquard: Aesthetica und Anaesthetica – Philosophische Überlegungen , Kap.: Kunst als Antifiktion – Versuch über den Weg der Wirklichkeit ins Fiktive, Paderborn, 1989.

Eva Meyer: Die Strudlhofstiege: Ein Gedächtnistheater, in: Début eines Jahrhunderts – Essays zur Wiener Moderne, Salzburg, 1974.

Katharina Mommsen: Peter Handke: Das Gewicht der Welt – Tagebuch als literarische Form, in: Peter Handke, hrsg. von Raimund Fellinger, Frankfurt am Main, 1985.

Robert Musil: Der Mann ohne Eigenschaften, hrsg. v. Adolf Frisé, Hamburg, 1952.

Parmenides: hier aus: Die Vorsokratiker, Griechisch/Deutsch, Reclam, Stuttgart, 1983, 1991.

Platon: Menon, in: Sämtliche Werke, Bd. 2, Hamburg, 1957, 1986.

Heinz Politzer: Realismus und Realität in Heimito von Doderers Posaunen von Jericho, in: The Germanic Review, XXXVIII, New York, 1967.

Karl Raimund Popper: Die offene Gesellschaft und ihre Feinde, Bd. II, Tübingen, 1980.

Marcel Proust: Auf der Suche nach der verlorenen Zeit, 1. Aufl. in zehn Bänden, Frankfurt am Main, 1979.

Otto Rank: Die künstlerische Sublimierung, in: Der Künstler und andere Beiträge zur Psychoanalyse des dichterischen Schaffens: Int. psychoan. Verlag 1925, Imago–Bücher 1, S. 51–53.

Rainer Maria Rilke: Die Achte Elegie, hier aus: Die Gedichte, Frankfurt, 1986, 3. Aufl. 1987.

Anton Reininger: Die Erlösung des Bürgers, Eine ideologiekritische Studie zum Werk Heimito von Doderers, Bonn, 1975.

Yogiraj Boris Sacharow: Das Öffnen des Dritten Auges, Methode und Praxis, Die Technik des geistigen Bogenschießens, Der vollendete Bogenschschütze, Drei Eichen Verlag, 1969, 5. Aufl., 1995.

Jean-Paul Sartre: Das Sein und das Nichts, Versuch einer phänomenologischen Ontologie, Philosophische Schriften Band 3, Hrsg. von Traugott König, erste Auflage der Neuübersetzung, Hamburg, 1991.

Friedrich Schlegel: „Athenäums" – Fragmente, hier aus: Kritische Schriften, Reclam, 1978, 1990.

Karl Heinrich Schneider: Die technisch, moderne Welt im Werk Heimito von Doderers, Frankfurt am Main, Bern, New York, 1985.

Hans Joachim Schröder:
- Apperzeption und Vorurteil, Untersuchungen zur Reflexion von Heimito von Doderers, Heidelberg, 1976.
- Kritische Überlegungen zum Wirklichkeitsverständnis Doderers, aus: Heimito von Doderer 1896–1966 – Symposium anläßlich des 80. Geburtstages, S. 61–81, Wien, 1976.

Erich Schönleben: Wahrheit und Existenz – Zu Heideggers phänomenologischer Grundlegung des überlieferten Wahrheitsbegriffes als Übereinstimmung, Würzburg, 1987.

Ulrike Schupp: Ordnung und Bruch, Antinomien in Heimito von Doderers Roman *Die Dämonen*, Frankfurt am Main, 1994.

Oswald Spengler: Der Untergang des Abendlandes, Umrisse eine Morphologie der Weltgeschichte, Bd. I und II , Erstausgabe 1918.

Hildegard Stauch: Kritik der klassischen Literaturwissenschaft, Zur Entwicklung einer modernen Literaturtheorie, München, 1973.

Georg Steiner: Martin Heidegger, Eine Einführung, München, Wien, 1989.

Hermann Swoboda:
- Studien zur Grundlegung der Psychologie, Leipzig, 1905.
- Otto Weiningers Tod, Wien/Leipzig, 1923.

René Tschirky: Heimito von Doderers Posaunen von Jericho, Berlin, 1971.

Dietrich Weber:
- Heimito von Doderer, Studien zu seinem Romanwerk, München, 1963.
- Heimito von Doderer, Autorenbücher, München, 1987.

Ingrid Werkgartner Ryan: Zufall und Freiheit in Heimito von Doderers »Dämonen«, Wien, Köln, Graz, 1986.

Otto Weininger:
- Geschlecht und Charakter, Eine prinzipielle Untersuchung, München, 1980, folgt der ersten Auflage, Wien, 1903.
- Über die letzen Dinge, München, 1980, erstmals erschienen 1904.

Gero von Wilpert: Sachwörterbuch der Literatur, 7. Aufl., Stuttgart, 1989.

Manfred Windfuhr: Erfahrung und Erfindung – Interpretationen zum deutschen Roman vom Barock bis zur Moderne, Heidelberg, 1993.

Lutz W. Wolff: Heimito von Doderer, Monographie, Hamburg, 1996.

Peter V. Zima:
- Literarische Ästhetik, UTB, Tübingen, 1991.
- Dekonstruktion, UTB, Basel, 1994.

Hans Dietrich Zimmermann: In der Strafkolonie – Die Täter und die Untätigen, in: Interpretationen: Franz Kafka Romane und Erzählungen, Stuttgart, Reclam, 1994.

Viktor Žmegač: Der europäische Roman, Geschichte seiner Poetik, 2. Aufl., Tübingen, 1991.

SONSTIGES – LEXIKA

Das endgültige zynische Lexikon, Ein Alphabet harter Wahrheiten –, Zürich, 1989.

Die Bibel, vollständige dt. Ausgabe, 20. Aufl., Freiburg, 1965, 1976.

Die Musik in Geschichte und Gegenwart, Allgemeine Enzyklopädie der Musik, Bd. 3, Basel, 1954.

Duden, Band 7, Etymologie, 2. Aufl., 1989.

Enzyklopädie zur bürgerlichen Philosophie im 19. Und 20. Jahrhundert: Hrsg. Manfred Buhr, 1. Aufl. Köln: Pahl-Rugenstein, 1988.

Geschichte der Philosophie in Text und Darstellung,
- Band 2: Mittelalter, hrsg. v. Kurt Flasch, Stuttgart, 1982, 1988.
- Band 5: Rationalismus, hrsg. v. Rainer Specht, Stuttgart, 1979, 1990.

J. Laplanche/J.–B. Pontalis: Das Vokabular der Psychoanalyse, Frankfurt, 1992.

Lexikon der Ästhetik, hrsg. von Wolfhart Henckmann und Konrad Lotter, München, 1992.

Lexikon der Sprachwissenschaft, 2. neub. Aufl. Stuttgart, 1990.

Wörterbuch der Symbolik, hrsg. von Manfred Lurker, 5.Aufl., Stuttgart, 1991.

Wolfgang Stellmacher (Hrsg.)

Stätten deutscher Literatur

Studien zur literarischen Zentrenbildung 1750-1815

Frankfurt/M., Berlin, Bern, New York, Paris, Wien, 1998. 515 S.
Literatur – Sprache – Region. Herausgegeben von Roland Berbig, Klaus
Hermsdorf und Dieter Stellmacher. Bd. 1
ISBN 3-631-31319-5 · br. DM 98.–*

Die hier vereinigten Studien wollen die Bedingungen des soziokulturellen
Raumes, unter denen Literatur entsteht, entschiedener berücksichtigen, als
das in der Literaturgeschichtsschreibung gemeinhin geschieht. In den
Vordergrund treten Fragen regionaler Besonderheiten des „literarischen
Lebens", der unverwechselbaren kulturgeographischen Voraussetzungen,
die das Entstehen von Literatur fördern, behindern, jedenfalls prägen. Der
Band formuliert theoretische Aspekte der Literaturgeschichtsschreibung,
ohne diese aber systematisch zu untersuchen. Er konfrontiert sie vielmehr
mit konkreten historischen Untersuchungen zu bemerkenswerten „Stätten
deutscher Literatur".

Aus dem Inhalt: Zusammenfassende Problemdarstellung zu Fragen
regionaler Besonderheiten des „literarischen Lebens" in einer wichtigen
Epoche der deutschen Literaturgeschichte · Ergänzung durch eine Reihe von
Fallstudien, die eine Fülle historischen und lokalen Materials aufarbeiten

Peter Lang · Europäischer Verlag der Wissenschaften

Frankfurt/M · Berlin · Bern · New York · Paris · Wien
Auslieferung: Verlag Peter Lang AG
Jupiterstr. 15, CH-3000 Bern 15
Telefax (004131) 9402131
*inklusive Mehrwertsteuer
Preisänderungen vorbehalten